Brigitte Arms
Jörg Brandt
Peter Neumann

Das professionelle 1x1

Aktiv verkaufen – besser verkaufen

Herausgegeben von
Jörg Brandt

Cornelsen

Die Deutsche Bibliothek – CIP-Einheitsaufnahme

Arms, Brigitte
Aktiv verkaufen – besser verkaufen/Brigitte Arms;
Jörg Brandt; Peter Neumann. Hrsg. von Jörg Brandt. –
Berlin: Cornelsen, 1998
(Das professionelle 1 x 1)
ISBN 3-464-49036-x

Verlagsredaktion: Ralf Boden
Layout und technische Umsetzung: Theo Spangenberg, Neunkirchen
Umschlaggestaltung: Vera Bauer, Berlin

1. Auflage ✔ Druck 4 3 2 1 Jahr 01 2000 99 98

Druck: Lengericher Handelsdruckerei, Lengerich/Westfalen

ISBN 3-464-49036-x

Bestellnummer 490360

gedruckt auf säurefreiem Papier, umweltschonend
hergestellt aus chlorfrei gebleichten Faserstoffen

Geleitwort

»Es geht nicht darum, dass wir unsere Partner besiegen, sondern darum, dass wir kreative Lösungen finden, die allen Seiten Nutzen bringen.« Dieser Ausspruch Richard von Weizsäckers umschreibt für uns sehr eindrucksvoll den Wandel, der sich in den letzten Jahren vollzogen hat. Von diesem Wandel ist auch die Tätigkeit des Verkaufens in zunehmendem Maße betroffen. Wer ausschließlich versucht, seinen eigenen Gewinn zu maximieren, was nur zu Lasten der Kunden gehen kann, der wird vielleicht den kurzfristigen Erfolg erzielen, aber langfristig scheitern.

Die richtige Einstellung zu einer langfristigen Geschäftsverbindung besteht in der Zielsetzung, die »Wertschöpfung« des Kunden zu fördern. Das hört sich relativ einfach an, ist aber in Wirklichkeit eine sehr komplexe Angelegenheit, bei der ganz unterschiedliche Faktoren zu berücksichtigen sind. Oberstes Gebot ist die richtige Einstellung auf Seiten des Verkäufers. Ebenso entscheidend ist aber auch die Kenntnis über das eigene Produkt und zwar auch hinsichtlich dessen Einbettung in sein wirtschaftliches und gesellschaftliches Umfeld. Erst vor diesem Hintergrund kann nämlich die Festlegung eines angemessenen Preises erfolgen. Um die Wertschöpfung des Kunden beurteilen zu können, bedarf es zudem einer umfassen-den Einschätzung der Kundensituation. Hierzu ist es notwendig, die Bedürfnisse und Wünsche des Kunden zu ermitteln.

Auf diesem oft mühsamen Weg hin zum langfristigen Erfolg auf beiden Seiten hilft nach unserer Vorstellung nur eine Kombination, die auf der richtigen Einstellung basiert und getragen sein muss von Offenheit, Verständnisbereitschaft und dem Willen zum beiderseitigen Nutzen. Dieser Prozess des »richtigen« aktiven Verkaufens bedarf aber noch weiterer Voraussetzungen: Um auf den Kunden angemessen eingehen zu können, sollte der Verkäufer ein kreative Persönlichkeit sein, ausgestattet mit psychologischem Gespür und sehr viel Einfühlungsvermögen, denn letztlich sind es immer die zwischenmenschlichen Beziehungen, die über den erfolgreichen Abschluss eines Geschäftes bzw. über das Verkaufen eines Produktes entscheiden.

Die vor uns liegende Publikation versucht diese Komplexität des Verkaufens darzustellen. Aktives, erfolgreiches Verkaufen kann nur vor dem Hintergrund des Zusammenspiels zwischenmenschlicher, gesellschaftspolitischer und wirtschaftlicher Faktoren gesehen werden. Das vorliegende Buch will dem Leser die vielen unterschiedlichen Facetten, die zum Verkaufen gehören, nahebringen. Wir wünschen dieser kompetenten und umfassenden Darstellung des Vorgangs »Verkaufen« eine breite Leserschaft.

April 1998

Ulrich G. Schneider

Geschäftsführer des BVB
Bundesverband Informations- und
Kommunikations-Systeme e.V., Bad Homburg

Die Autoren

Brigitte Arms

(Direktmarketing-Fachwirtin BAW) ist Inhaberin der Agentur »Dialog Direktmarketing« in Wiesbaden, die für unterschiedliche Branchen Marketingaktionen (Konzept, Planung, Text und Gestaltung) entwickelt.
Sie ist darüber hinaus Dozentin für Spezialbereiche in Marketing und Kommunikation – u.a. bei den Direkt-Marketing Centern der Deutschen Post AG und der IHK – sowie Autorin von Fachartikeln und Fachbüchern zu unterschiedlichen Themen im Bereich Direktmarketing.

Jörg Brandt

(Diplom-Sozialpädagoge) baute nach wechselnden Tätigkeiten im Bereich Bildung und Weiterbildung für einen Seminaranbieter den Geschäftsbereich Aus- und Weiterbildung im Hotel- und Gaststättenwesen auf. Heute leitet er das Weiterbildungszentrum von Fritz Wiebel & Partner in Wiesbaden (Fritz Wiebel & Partner: Management-Consulting, Aus- und Weiterbildung, EDV Fachberatung).
Aktive Kundenorientierung praktiziert er in der kundennahen Erstellung und praxisbezogenen Umsetzung von Trainings- und beruflichen Qualifizierungsmaßnahmen, auch in den Bereichen Verkauf und Vertrieb.

Peter Neumann

(Geschäftsführer und Senior-Unternehmer) hat den Verkauf von Grund auf gelernt. Als Verkäufer und auch als Einkäufer baute er Kundenbeziehungen im In- und Ausland auf und leitete die entsprechenden Niederlassungen.
Nach einer Tätigkeit als Vorstand eines genossenschaftlichen Großhandelsunternehmens nimmt er heute Aufgaben in Aus- und Weiterbildung wahr.

Inhaltsverzeichnis

Einführung: Wen Verkaufen im Unternehmen etwas angeht und was das Buch leisten möchte .. 7

A Aktiv verkaufen in extrem gewandelten Märkten 9

1 Warum verkaufen wir eigentlich? 9

2 Verkaufen im globalen Wettbewerb 10

3 Die Zahlen können längst nicht mehr alles sein 13

4 Erscheinungsformen gesellschaftlichen Wandels – ihre Auswirkungen auf die Märkte . 16

4.1 Die Welt wird bunter *17*

4.2 Die Welt wird vernetzter *21*

4.3 Die Welt wird uniformer *24*

4.4 Die Welt wird lauter *26*

4.5 Die Welt wird wortärmer *28*

4.6 Die Welt wird schneller..... *31*

4.7 Die Welt wird oberflächlicher . *32*

4.8 Die Welt wird differenzierter . *34*

4.9 Die Welt wird virtueller..... *36*

4.10 Die Welt wird technisierter .. *39*

4.11 Die Welt wird gegensätzlicher und konfliktreicher ... *41*

5 Verkaufen in Deutschland ... 43

B Psychologie nutzen 52

1 Erster Zugriff: Nicht alle sind gleich – Typenlehre 53

2 Psychologie beschreibt immer nur Ausschnitte – Probleme der Modellbildung 55

3 Erstes Grundmodell: Reize setzen, Handlungsimpulse auslösen – Verhaltenspsychologie . 55

4 Zweites Grundmodell: Was hinter dem Verhalten steckt – Tiefenpsychologie .. 59

5 Zwischenspiel: Marktsegmente und Lifestyles 63

6 Drittes Grundmodell: Der Mensch im Mittelpunkt – Humanistische Psychologie . 67

7 Viertes Grundmodell: Ein universales Element – NLP .. 69

8 Persönliches Verhalten in Verhandlungs- und Verkaufssituationen 72

9 Kaufmotive und deren Erkennung 74

10 Bewerten Sie Ihre Persönlichkeit und Ihr Können als Verkäufer/in 76

C Aktiv verkaufen – besser verkaufen. Was ist damit gemeint? .. 83

1 Was bedeutet Verkaufen? .. 83

2 Die Persönlichkeit des Verkäufers – was wird von Ihnen erwartet? 84

3 Welche Aufgaben kommen als Verkäufer auf Sie zu? ... 87

3.1 Recherchieren Sie Informationen über und für Ihre Kunden *87*

3.2 Repräsentieren und prägen Sie das Image Ihres Hauses . 92
3.3 Wirken Sie durch Ihre Kommunikation und Ihr Auftreten . 95
3.3.1 Die vier Ebenen der Kommunikation 97

4 Verkaufstaktik und Verkaufstechnik 102
4.1 Das Verkaufsgespräch *103*
4.1.1 Verkaufsformeln 103
4.1.2 Verkaufsgesprächsvorbereitung 105
4.1.3 Verkaufsgesprächsvorspann . 107
4.1.4 Einleitung 107
4.1.5 Kundenabfrage 109
4.1.6 Das Angebot: Argumentation und Vorführung 113
4.1.7 Und nun der Preis! 116
4.1.8 Der Abschluss 121

5 Die Reklamation: Einspruch, Beschwerde, Beanstandung . 125

6 Verkaufen am Telefon 128

D KUNDENORIENTIERUNG IN THEORIE UND PRAXIS 135

1 Kundenorientierung – ein Bündel von Maßnahmen . 135

2 Ihr Unternehmen und Sie . . . 136
2.1 Versprechen müssen eingelöst werden können . . . *136*
2.2 Die Qualität muss stimmen . *136*
2.3 Das Unternehmen muss Anreize im Verkaufsumfeld bieten *138*

3 Sie selbst 141

4 Ihre Kunden und Sie 142
4.1 Kundenorientierung zählt an jedem Ort des Verkaufs . . *142*
4.2 Lernen Sie Ihre Kunden besser kennen *144*
4.3 Reagieren Sie positiv auf Kritik *146*
4.4 Bemühen Sie sich aktiv um Ihre Kunden! *147*
4.5 Beseitigen Sie Störungen . . . *148*
4.6 Sorgen Sie für Ihre Fachkompetenz *151*
4.7 Schaffen Sie mit Freundlichkeit die Basis *152*
4.8 Verärgern Sie Ihre Kunden nicht *154*
4.9 Umgang mit schwierigen Kunden und Beschwerden . . *157*

5 Direkte Umsetzung: Service . 160

6 Direkte Umsetzung: Interesse am Individuum . . . 163

7 Kommunikation optimieren . 165
7.1 Verkauf nach Werbeaussendungen *167*
7.2 Exkurs: Direktmarketing *169*
7.3 Telefonieren und faxen *170*
7.4 Briefe schreiben *172*

8 Aktiv verkaufen mit neuen Medien 174

9 Resümee 178

E AUSBLICK: UND WIE GEHT ES WEITER? . . 180

Literatur *183*

EINFÜHRUNG: WEN VERKAUFEN IM UNTERNEHMEN ETWAS ANGEHT UND WAS DAS BUCH LEISTEN MÖCHTE

Wandel begleitete uns schon immer

Es war schon immer so: Wer heute gut verkaufen will, der muss dies anders tun, als er/sie es noch gestern getan hat. Der stetige Wandel der Märkte und ihrer Bedingungen hat seine Spur in Form immer neuer Verkaufskurse gezeichnet, die die jeweils neue Situation aufgegriffen haben. Dabei haben professionelle Grundregeln überdauert, die jedem Verkäufer, jeder Verkäuferin* zweifellos vertraut sein müssen und die als das A und O des Berufs gelten können.

**Der Einfachheit halber verwenden wir in der Folge vielfach die männliche Form. Selbstverständlich aber sind, immer wenn von »dem Verkäufer« die Rede ist, auch alle Verkäuferinnen mit angesprochen.*

Auch das vorliegende Buch ist zunächst einmal ein aktueller Verkaufskurs. Der Wandel der Märkte hat zum Ende unseres Jahrtausends aber eine andere Qualität angenommen, die es aus Sicht der Autoren verbietet, nun einfach nur wieder die Regeln anzupassen. Nach dem Einzug der Qualitätssicherung auf der Produktions- und Serviceseite hat bekanntlich die Kundenorientierung auf der vertrieblichen Seite Einzug gehalten, beides Instrumente bzw. Sichtweisen, um in den mittlerweile extrem segmentierten und ebenso extrem hart umkämpften Märkten zu bestehen.

Zum Ende dieses Jahrtausends aber hat der Wandel eine neue Qualität angenommen

Verkaufen geht nicht nur den Verkäufer an

Das hat zum einen die Auswirkung, dass sich längst nicht mehr nur die Verkäufer ums Verkaufen kümmern müssen. Wir brauchen es Ihnen, liebe Leserin, lieber Leser, die Sie zum vorliegenden Band gegriffen haben, bestimmt nicht mehr zu sagen: Jeder, der im Unternehmen mit Kunden in Kontakt kommt, kann, ja er muss dazu beitragen, dass Kunden sich weiterhin oder neu auf das Produkt oder die Dienstleistung Ihres Unternehmens einlassen. Natürlich spricht unser Buch hauptsächlich die Verkäufer an, aber es wendet sich darüber hinaus auch an alle anderen, die mit Kunden zu tun haben.

Es gibt keine Patentrezepte (mehr)

Zum anderen meinen wir Autoren, dass es einfach kein einheitliches Rezept mehr geben kann, mit dem sich Erfolg herbeizwingen lässt. Gewiss, es hat schon immer konkurrierende Methoden gegeben, auf die Verkäufer nicht nur geschworen, sondern mit denen sie nachweislich gute Erfolge beigebracht haben. Psychologen erklären dies u.a. damit, dass das Überzeugtsein von einem Vorgehen zugleich den Erfolg dieses Vorgehens unterstützt. Unser Buch präsentiert Ihnen keine fertige Methode, kein Rezept, sondern es richtet Ihren Blick auf die einzelnen Faktoren, die Ihre Tätigkeit im Verkauf beeinflussen. Es leitet Sie an, die Bedingungen Ihrer konkreten Verkaufssituationen zu analysieren und dazu die richtigen Entscheidungen für Ihr Vorgehen zu treffen. Sie erhalten bei uns keinen Mantel von der Stange, der zwar hochwertig gefertigt sein und alles Mögliche an Ausstattung bieten könnte, Ihnen aber eigentlich doch nicht so recht passt.

Werden Sie aktiv und stellen Sie sich auf Ihre konkreten Bedingungen ein

Wir möchten stattdessen erreichen, dass Sie sich Ihren Mantel selbst schneidern. Oft wird dieser Metapher entgegnet, dass man aber doch nicht schneidern könne. Dieses Argument zählt hier überhaupt nicht: Als Verkäuferin, als Verkäufer müssen Sie natürlich Ihr Handwerk von der Pike auf beherrschen! Wir fordern Sie also auf, selbst aktiv zu werden, aktiv zu verkaufen.

Die gerade angesprochenen Faktoren, auf die sich Ihr Blick richten muss, sind die gewandelten Märkte, die Kommunikation und der hier heute mögliche Stil, nach wie vor das Verkaufsgespräch mit seiner Vor- und Nachbereitung einschließlich der unerlässlichen professionellen Grundregeln und der so wichtigen Orientierung auf die Kunden. Gemäß diesen Aspekten haben wir das Buch in vier Teile gegliedert. Richten wir unseren Blick also zunächst auf die Märkte und darauf, was Verkaufen eigentlich ist.

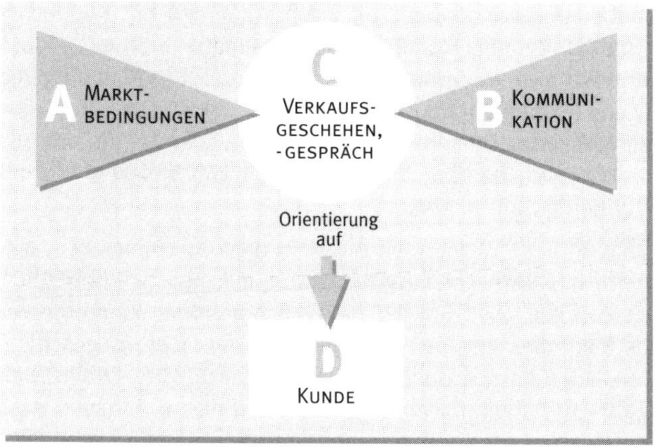

A Aktiv verkaufen in extrem gewandelten Märkten

Verkaufen ist keine singuläre Tätigkeit

Verkauf, Verkaufsorganisation und alle damit zusammenhängenden Tätigkeiten und Dispositionen spielen sich nicht allein im Dreieck zwischen Produkt-/Dienstleistungsangebot, Verkäufer und Kunde ab, sondern sind eingebunden in ein vielfältiges, äußerst komplexes und sich stets wandelndes Netz von wirtschaftlichen, technischen, sozialen, politischen, kulturellen und ökologischen Zusammenhängen.

Wer als Verkäufer oder Verkäuferin innerhalb dieses Netzes wirkungsvoll agieren will, muss sich dieser Bedingtheiten und Abhängigkeiten bewusst werden.

Aktuelle Standortbestimmung »des Verkaufens«

In diesem Kapitel wollen wir daher versuchen, eine aktuelle Standortbestimmung »des Verkaufens« zu leisten. Die »Checklisten« am Ende der einzelnen Kapitel sollen Sie dazu sensibilisieren, die dargestellten allgemeinen Trends auf Ihre ganz persönliche Situation zu übertragen.

1 Warum verkaufen wir eigentlich?

»Verkaufen« birgt viele Implikationen

Verkaufen – was für ein Wort für eine Handlung, in der die Agierenden Gefühle wie Erfolg, Lust, Macht und Spaß erleben. Verkaufen – das klingt nach Sachlichkeit, manchmal sogar ein wenig negativ. Das Wort schmeckt nach Vorsicht und Distanz.

Kunde und Verkäufer, das sind in der Essenz die beiden Agierenden. Beide orientieren sich in einem Markt und sind bestrebt, ihr »persönliches Ziel« zu erreichen. Der »eine« sucht, der »andere« bietet an. So reduziert können wir die Sachlichkeit gut verkraften. Sehen wir aber hinter den Agierenden die Menschen als denkende, wahrnehmende und fühlende Wesen, wird die Situation lebendiger, bunter und schillernder.

Verkäufer und Kunde: unterschiedliche Motivationen

Beide werden mit gänzlich verschiedenen Motivationen in den Kontakt hineingehen und beide werden mehr oder weniger bewusst an der Realisierung ihrer Ziele arbeiten. Beide werden nach Abschluss der Verhandlung mehr oder weniger Zufriedenheit erleben. Die Palette möglicher Gefühle reicht von Freude über Ohnmacht, Wut und Ärger bis zum Empfinden von Erfolg und Macht. Ohne hier zu werten oder ins Detail zu gehenn lässt sich Folgendes feststellen:

IM VERKAUFEN SPIELT NEBEN DEM TAUSCH VON GELD GEGEN WARE PERSÖNLICHES EMPFINDEN EINE GROSSE ROLLE. EIN EMPFINDEN, DAS ANGEKNÜPFT IST AN DEN ERFOLG, DEM EIGENEN ZIEL NÄHER GEKOMMEN ZU SEIN.

Vielfach ist der Wunsch nach Kontakt mit Menschen Grund für die Berufswahl

Ziel dieses Buches ist es, den Verkäufer, den Kunden und den Schauplatz zu beleuchten, auf dem ihre Begegnung stattfindet. Für Verkäuferinnen und Verkäufer steht der Wunsch, im direkten Kontakt mit Menschen zu arbeiten, häufig im Vordergrund der Berufswahl.

Dieser Kontakt ist das Kernstück, das immer individuell geprägt ist. Der Spaß und die Freude, handelnd zu kommunizieren, ist Motor und Antrieb und findet statt in Wechselwirkung zum Markt. Der Markt, das ist der Boden, auf dem Verkäufer und Kunden agieren. Der Markt, das ist die Verkaufsatmosphäre des Marktes vor Ort, die Gesellschaft oder heute der globale Wettbewerb. Immer sind es Menschen, die sich begegnen, egal, ob im Kiosk um die Ecke, im Supermarkt oder im großen Weltmarkt.

Aktives Verkaufen muss den ständigen gesellschaftlichen Wandel zur Kenntnis nehmen

Verkauf findet in immer komplexeren und größeren Strukturen statt. Kunden und Verkäufer bewegen sich als Individuen in ihrer jeweiligen Kultur und sind zugleich herausgefordert, sich global auseinander zu setzen. Aktiv betrieben heißt dies, sich mit gesellschaftlichem Wandel und mit globalen Wechselwirkungen und Märkten zu beschäftigen. »Multikulturell« ist beispielsweise ein aktuelles Schlagwort, das wir sowohl in gesellschaftlichem Wandel als auch im globalen Wettbewerb finden. Auch die Beschäftigung mit anderen Kulturen scheint uns auf diesem Hintergrund wichtig. Wichtig nicht nur im Sinne einer sachlichen Auseinandersetzung, sondern auch im Sinne einer lebendigen Neugier.

2 VERKAUFEN IM GLOBALEN WETTBEWERB

Verkäufer und Kunden sind eingebunden in ihr Verkaufsumfeld. Dieses Umfeld beeinflusst ihre Handlungen und ihre

Einstellungen. Umfeld, das ist der Raum, aber auch die Unternehmenskultur, die gesellschaftlichen Wertvorstellungen, Marktgepflogenheiten, Politik, Kultur, die Religion und vieles mehr.

Unternehmen agieren zunehmend überregional und auch der Wettbewerb findet heute im weltweiten oder globalen Markt statt. Multinationale Konzerne sind entstanden. Sie vertreiben ihre Produkte auf allen Kontinenten.

Die Marktrepräsentanz der »Großen« setzt Maßstäbe – auch für die »Kleinen«

Die allgegenwärtige Marktpräsenz der »Großen« setzt Eckpfeiler und Maßstäbe für Art und Form des Wettbewerbes und des Verkaufsverhaltens. Zugleich aber werden Kundenbedürfnisse und Kundenerwartungen geweckt, denken Sie beispielsweise an die Verfügbarkeit eines Produktes oder an Ansprüche hinsichtlich der Perfektion der Präsentation und Vermarktung.

Attraktivität der Marke hier

Die meisten »Großen« geben ihren Verkäufern konkrete Verhaltensmaßregeln vor, sei es in Form von Rahmenvorgaben, die individuell ausgefüllt werden können, sei es durch detaillierte Regelungen. Häufig steht dabei die Marke im Vordergrund. Die Marke verleiht dem Produkt Attraktivität und macht es allgegenwärtig, der Verkäufer wird eher Begleitperson mit distributiven Aufgaben.

Individueller Service dort

Bei den mittleren und kleinen Unternehmen gilt es demgegenüber Produkt oder Dienstleistung durch den Verkauf fachkompetent und gezielt hervorzuheben und abzugrenzen. Eine Herausforderung sowohl an die Unternehmen als auch an ihr Verkaufspersonal.

Bloße Verkaufstechnik reicht nicht mehr aus

In beiden Fällen, die die Pole auf einer Skala mit zahlreichen Zwischenstufen abstecken, reicht Verkaufstechnik allein nicht mehr aus. Sowohl im einen als auch im anderen Fall ist die Identifikation mit dem Unternehmen, mit dem Produkt erforderlich und die fach- und sachgerechte Abwicklung eines Verkaufsvorgangs gefordert.

Die Globalisierung und die damit verbundene Erwartungshaltung der Kunden beeinflusst selbst die kleinste Einheit Verkäufer – Kunde. Diese Entwicklung darf auch im regionalen Markt nicht unterschätzt werden.

CHECKLISTE ✔

WIE BESTIMMEN SIE DEN STANDORT IHRES »EIGENEN« UNTERNEHMENS?

- Das Unternehmen, für das Sie arbeiten, operiert:
  - regional ❑ ja ❑ nein
  - bundesweit ❑ ja ❑ nein
  - europaweit ❑ ja ❑ nein
  - weltweit ❑ ja ❑ nein

- Gibt es eine Unternehmensphilosophie (Leitbild)?
  - Liegt diese in Schriftform vor? ❑ ja ❑ nein
  - Wenn ja, sind Ihnen die Grundsätze bekannt? ❑ ja ❑ nein
  - Nennen Sie mindestens drei. ❑ ja ❑ nein

- Gibt es in »Ihrem« Unternehmen Hinweise/Anweisungen zum Thema Verkauf in den Schwerpunkten:
  - Produkte/Dienstleistungen ❑ ja ❑ nein
  - Produktpräsentation/Dienstleistungspräsentation ❑ ja ❑ nein
  - Kommunikation/Verhandeln ❑ ja ❑ nein
  - Kundenorientierung ❑ ja ❑ nein
  - Unternehmensrepräsentation ❑ ja ❑ nein
  - Kundengewinnung ❑ ja ❑ nein

- Sind diese Aussagen präzisiert hinsichtlich:
  - Präsentation/Erscheinungsbild des Verkäufers ❑ ja ❑ nein
  - vorgegebener Kleidung ❑ ja ❑ nein
  - Kommunikationsablauf ❑ ja ❑ nein
  - Ansprache/Vorgehensweise ❑ ja ❑ nein
  - Verhalten am Telephon ❑ ja ❑ nein
  - Abstand zum Kunden, offensiv ❑ ja ❑ nein
  - Abstand zum Kunden, abwartend ❑ ja ❑ nein

- Gibt es spezielle Anweisungen zum Umgang mit Beschwerden? ❑ ja ❑ nein

- Gibt es in »Ihrem« Unternehmen Schulungsangebote für den Verkauf? ❑ ja ❑ nein

3 Die Zahlen können längst nicht mehr alles sein

Welche Ziele und Strategien sind es, die heute den globalen Wettbewerb bestimmen? Oberstes Ziel jedes unternehmerischen Handelns ist der wirtschaftliche Erfolg. Das Erwirtschaften von Gewinn ohne Beachtung des »Wie« und ohne Beachtung der Folgen, also rein ökonomische Effizienz, stand lange Zeit im Vordergrund.

Die rein quantitative Bewertung wird den vielfach verflochtenen Marktzusammenhängen nicht mehr gerecht

Das hat sich auch auf den Verkauf niedergeschlagen: Der Kunde wollte einen günstigen Preis aushandeln, der Verkäufer einen guten Erlös. Beide Ergebnisse lassen sich in Zahlen ausdrücken. Diese eindimensionale Zahlenorientierung ist in die Kritik geraten. Kritiker geben zu bedenken, das die eindimensionale Betrachtung ökonomischer Effizienz dem Einnehmen eines Medikamentes entspricht, ohne sich mit den Risiken und Nebenwirkungen zu beschäftigen.

Sie weisen darauf hin, dass die Auswirkungen eines rein ökonomischen Wirtschaftens immer deutlicher hervortreten und dass sich die Folgen für das soziale Miteinander, die Folgen für Kultur und Umwelt nicht mehr ignorieren lassen. Technische Lösungen in der Produktion haben die »Arbeit« verändert. Berufsbilder haben sich gewandelt, neue, »andere« Arbeitsplätze sind entstanden und zugleich führt diese Entwicklung zu einem drastischen Abbau von Arbeitsplätzen. Zunehmend mehr Menschen sind von dieser Entwicklung betroffen und geraten in existenzielle Schwierigkeiten. Die Kluft zwischen Arm und Reich wird größer.

Geld, Besitz und Prestige spielen in unserem Kulturkreis (und nicht nur in unserem) eine gewichtige Rolle und bestimmen Teile des »sozialen Miteinanders«. Man arbeitet nicht, um zu leben, sondern Arbeit ist für viele das Leben. In der Folge beklagen zunehmend mehr Menschen den Verlust sozialer Beziehungen, von Werten sowie die Schäden an Natur und Umwelt. Das Ozonloch – als ein Beispiel für den weltweit allzu sorglosen Umgang mit unserer Umwelt – wird stetig größer.

Statt schnellen Profits ist »Nachhaltigkeit« gefragt

Als ein Beispiel zur Lösung der bestehenden und wachsenden Probleme wird »nachhaltiges« Wirtschaften genannt. Die Ziele nachhaltigen Wirtschaftens umfassen eine Begrenzung der Gefahren für unsere Umwelt, die Nichtgefährdung der

Lebenschancen anderer, insbesondere auch zukünftiger Generationen. Zugleich wird gefordert, den Energieverbrauch auf ein Minimum zu reduzieren. In der Diskussion nachhaltigen Wirtschaftens fordert man einerseits Genügsamkeit von Kunden und Unternehmen und sucht andererseits nach technischen Neuerungen zur Lösung der angedeuteten Folgen eines rein ökonomischen Wirtschaftens.

Wissenschaftler, Politiker, Soziologen und Philosophen diskutieren über Wege, wie Umwelt, soziales Miteinander, Ethik und Kultur als Mindestmaßstäbe neben rein ökonomische Betrachtungsweisen zu stellen seien. Es sprengt den Rahmen dieses Buches, solchen Betrachtungen vertieft nachzugehen.

Auch aktives und zukunftsorientiertes Verkaufen kommt aus mehreren Gründen auch auf der unmittelbarsten Ebene um diese Auseinandersetzung mit den latenten Produkteigenschaften nicht herum. Das heißt:

Auch Verkaufen darf sich dem Gedanken der »Nachhaltigkeit« nicht verschließen

- Erstens reagieren zahlreiche Unternehmen, indem sie Strategien des nachhaltigen Wirtschaftens zumindest teilweise schon umsetzen: Denken wir an umweltfreundliche Organisationsstrukturen von Einzelhandelsketten und -häusern, die Entwicklung Energie sparender oder recyclebarer Produkte, verkehrsreduzierende Logistiksysteme und vieles andere. Als Verkäufer eines solchen Unternehmens haben Sie Pluspunkte im Markt, als Verkäufer eines traditionellen Unternehmens könnten Sie zunehmend auf Schwierigkeiten stoßen.

Ihre Kunden werden zunehmend kritischer

- Zweitens treffen Sie kritisch denkende Kunden. Ihre Verkaufsgespräche werden andere Wendungen nehmen, als dies noch vor mehreren Jahren der Fall war. Das ist ein Problem, dem keinesfalls nur mit einem Unternehmensimage begegnet werden kann, sondern das nachhaltig nur durch Reorganisation zu lösen sein wird. Denn es dürfte kaum gelingen, dieses Kundenpotenzial auf Dauer mit Verkaufstechnik bei der Stange zu halten. Gerade hier ist von Verkäufern mit dem Blick auf Gegenwart und Zukunft eine intensive Auseinandersetzung mit Produkten und Dienstleistungen gefordert.

Um glaubhaft zu sein, müssen Sie selbst Stellung beziehen

- Drittens wird es Unternehmen und Verkäufer geben, die sich selbst der Auffassung anschließen, dass eindimensionales Wirtschaften in die Sackgasse führt und die sozialverträgliches Wirtschaften vor die einseitig wirtschaftliche Effizienz zu stellen bereit sind. Darin liegt gewiss eine Herausforderung, Verkaufsprozesse intern und extern neu und umzugestalten.

Zusammenfassend:

KÄUFER UND VERKÄUFER SIND AUF JEDEN FALL AN GESELLSCHAFTLICHE VERHÄLTNISSE GEBUNDEN. DER GLOBALE WETTBEWERB KONFRONTIERT UNS MIT NEUEN SICHT- UND DENKWEISEN UND ZWINGT UNS ZUR AUSEINANDERSETZUNG UND ZUGLEICH DAZU, EINEN EIGENEN STANDPUNKT EINZUNEHMEN.

CHECKLISTE ✔

KÖNNEN SIE IN IHREM UMFELD EINEN WERTEWANDEL BEOBACHTEN?

- Welche konkreten Veränderungen gab es in »Ihrem« Unternehmen in den letzten fünf Jahren in folgenden Bereichen?
  - Produktpalette/Dienstleistungen
  - Anzahl der Mitarbeiter
  - Führung
  - Ausbildung
  - Berufsbilder
  - Unternehmenspräsentation
  - Marketing
  - Schulung
  - Kommunikationsmittel und -möglichkeiten
- Gibt oder gab es Veränderungen in den Vorgaben zur Verkaufsstrategie?
- Welche Begründungen wurden oder werden gegeben?
- Haben Sie bei Mitbewerbern Veränderungen in der Verkaufsstrategie oder im Verkaufsverhalten festgestellt?
- Haben Sie an sich selbst veränderte Einstellungen zu Produkten, Dienstleitungen oder Service festgestellt?
  - Welche erlebten Sie als sehr positiv?
  - Welchen stehen Sie eher kritisch gegenüber?
  - Welche erleben Sie als negativ?

- Erleben Sie ein verändertes Kundenverhalten? ❑ ja ❑ nein
  - Wie äußert sich dies?
- Wurden Sie beim Verkauf eines Produktes in letzter Zeit angesprochen auf:
  - Herkunft des Produktes
  - Umweltverträglichkeit des Produktes
  - Herstellungsbedingungen des Produktes
  - ethische Gesichtspunkte
- Sehen Sie für sich selber Notwendigkeiten, sich mit solchen eher »latenten Produkteigenschaften« (Hintergrundinformationen) auseinander zu setzen?

– als Kunde und warum? ❑ ja ❑ nein

– als Verkäufer und warum? ❑ ja ❑ nein

- Wenn Sie Ihre eigene Rangordnung zu Kaufgesichtspunkten erstellen müssten, wie sähe dieses an einem Beispiel aus Ihrer Verkaufspraxis aus?

  Bitte legen Sie die Reihenfolge fest:

– Qualität	1.	
– Preis	2.	
– Funktionalität	3.	
– Aktualität	4.	
– Umweltaspekte	5.	
– Herstellungsaspekte	6.	
– ethische Gesichtspunkte	7.	
– Gesundheit	8.	
– Sonstige	9.	

(Kopieren Sie das Beispiel und lassen Sie es von Kollegen und Kolleginnen ausfüllen. Diskutieren Sie das Ergebnis.)

4 ERSCHEINUNGSFORMEN GESELLSCHAFTLICHEN WANDELS – AUSWIRKUNGEN AUF DIE MÄRKTE

»Den« Markt für ein Produkt gibt es nicht mehr

Ihnen als Verkäuferinnen und Verkäufer brauchen wir es nicht zu sagen: Längst gibt es nicht mehr »den« Markt für ein Produkt, sondern jeder Markt zergliedert sich in Marktsegmente. Die in einem Segment anzutreffenden Käufer gruppieren sich dort nach Eigenschaften, die längst nicht mehr ausschließlich in Bezug zur Funktionalität des Produkts stehen müssen, sondern die wir eher auf Einstellungen oder Lebensstile zurückführen können.

Käufergruppen definieren sich über Werte, Einstellungen und Lebensstil

Die so weit reichenden Informationsmöglichkeiten machen Märkte transparent. Eine »Durchsichtigkeit«, die es früher so nicht gab. Die allumfassende Logistik überbrückt Entfernungen, die sich früher so nicht überbrücken ließen. Diese Übersichtlichkeit lässt einerseits Informationsvorsprünge und auch Standortvorteile dahinschmelzen und verändert damit auch einige der Merkmale, die klassische verkäuferische Tätigkeiten ausgemacht haben.

Märkte werden zunehmend transparenter, Entfernungen überbrückbar

Im Gegensatz dazu kommen neue Produkte derart rasch auf den Markt, nimmt die Produktvielfalt stetig zu, kommen und gehen die Trends, sodass eine neue Unübersichtlichkeit entsteht. Damit kommen zugleich neue Aufgaben auf die Verkäuferin, den Verkäufer zu.

Trends wechseln sich immer schneller ab

Wir möchten diesen Wandel der Märkte und seine Auswirkungen auf das Verkaufen nicht vom Marketing her aufrollen, sondern in Bezug auf einige Aspekte des zu Grunde liegenden gesellschaftlichen Wandels setzen.

Einiges mag dabei etwas provozierend ausfallen – lassen Sie sich Kritik oder Zustimmung an der Darstellung durch den Kopf gehen und sich anregen, Ihren eigenen Standpunkt zu »Ihren« Produkten, zur Verkaufsumgebung und zu »Ihren« Kunden zu überprüfen.

4.1 Die Welt wird bunter

Alles und jedes ist möglich und in allem liegt die Chance, zum Trend zu werden. Hier heißt es den richtigen Riecher zu haben. Ein zur rechten Zeit platziertes Angebot schafft Umsatzchancen.

Jede Denkrichtung findet ihre Anhänger, jedes Produkt findet seinen Platz. Es entstehen permanent neue Angebote, die bei Erfolg Einzug halten in die Märkte. Ein Beispiel dafür sind die ehemals alternativen Ökoläden, deren Produkte nach Erfolg der Bewegung heute in jedem Supermarkt zu finden sind.

Es ist egal, ob Sie im Vergleich die täglich wachsende Auswahl von Milchprodukten nehmen, die zunehmende Zahl neu auf den westlichen Markt kommender Frucht- und Gemüseexoten oder – im Dienstleistungs- bzw. Non-Profit-Sektor – die wachsende Zahl von Existenzgründungen und Vereinen.

Teils ist diese Entwicklung Folge kultureller Verflechtungen, teils sind es gezielt gesetzte Trends – beides aber ist sicherlich verbunden mit der Suche des Konsumenten nach dem Besonderen und dem Bemühen um Individualität. Produktvielfalt im Supermarkt flächendeckend präsentiert, zeigt breiteste Marktkompetenz. Dahinter müssen natürlich nicht entsprechend viele Produzenten stehen, sondern Produzenten bedienen parallel verschiedene Marktsegmente.

Der Käufer will die Vielfalt, will wählen können

Unternehmen reagieren damit auf den Käufer, der es bunt und vielfältig haben will. Er sucht die breite Auswahl. Er braucht, wenn auch möglicherweise nur oberflächlich, das Gefühl, im Supermarkt aus der großen Palette von Milchprodukten wählen zu können. Er braucht die Angebotsvielfalt beim TV ebenso wie bei der Auswahl der Jeansmarke oder seiner Kfz-Versicherung.

Marken und Trends wirken global

Produzenten sichern sich mit Billigprodukten Marktanteile und setzen mit Marken Trends. Entfernungen spielen bei Trends kaum noch eine Rolle. So schwappten »Tamagotchis« als bunter japanischer Trend auch über den deutschen Markt und zogen, bis sie am Horizont verschwanden, bunte Billigimitationen hinter sich her. Die breit in den Medien aufgegriffene Diskussion spaltete die Nation in elektronische Kükenbesitzer und Gegner und führte in der Folge sogar zu Diplomarbeiten und Vereinsgründungen und einem Friedhof im Internet.

Nehmen Sie als weiteres Beispiel die »berühmte« Hose mit den mehr als zwei Streifen und einer ganzen Reihe Knöpfe an jeder Seite. Hätten Sie je gedacht, dass eine Jogginghose zum Trendartikel in der Jugendszene wird? Die Esoterik, noch vor wenigen Jahren Teil einer Subkultur, wird zunehmend »hoffähig«. Heute gibt es Fachgeschäfte, Fachzeitschriften und Esoterikmessen. Selbst in den Kaufhäusern erhalten Sie Edel- und Halbedelsteine mit anderer als nur ästhetischer oder geologischer Bedeutung.

Die Welt wird bunter

Das Phänomen des Bunten oder der Vielfalt stellt in letzter Konsequenz auch unser gesellschaftliches Wertesystem in Frage. Zunehmend mehr Menschen sind verunsichert, ein Phänomen, das insbesondere bei Kindern und Jugendlichen zu beobachten ist. Es fehlt an positiven Vorbildern, es fehlt die Klarheit und damit auch die Orientierung. Hier den eigenen Standpunkt zu finden ist die Herausforderung zur Auseinandersetzung. Genau diese Auseinandersetzung aber ist es, die sowohl dem Kunden als auch dem Verkäufer einen lebendigen Dialog ermöglicht.

Mit dem Bewusstsein, dass prinzipiell alles möglich ist, geht eine zunehmende Verunsicherung in der Wertorientierung einher

Bunt und vielfältig wird der Markt auch durch die Begegnung unterschiedlicher Kulturen. Der wachsende Anteil an ausländischen Mitbürgern sehr unterschiedlicher Herkunft und die Zunahme an Fernreisen führen zum Im- und Export von Kultureindrücken. Die Lust, das in der Ferne Erlebte auch vor Ort zu genießen, spiegelt sich beispielsweise im stetigen Wandel der Gastronomie, vertreten durch unzählige Pizzerien, Kebabhäuser, eine Vielzahl asiatischer Restaurants oder den aktuellen Tex-Mex-Trend. Auch in unserem direkten Umfeld wird das Leben zunehmend bunter. Menschen anderer Kulturen leben unter uns, kaufen bei uns ein oder bieten uns Waren und Dienstleistungen an. Es entstehen neue Nischen und Märkte, Straßenbilder verändern sich, es treten neue Käuferschichten auf und es begegnen uns neue, andere Gewohnheiten und Verhaltensweisen.

Unsere Gesellschaft wird multikultureller

Stellen Sie sich auf die Vielfalt ein: Das Bunte zu sehen, Märkte und Trends zu sehen ist heute wichtiger Teil verkäuferischer Wahrnehmung.

Beobachten Sie Ihr Umfeld und seien Sie sensibel für Veränderungen. Es ist hier weniger relevant, ob Sie Ihre Informationen der Fach- oder Boulevardpresse entnehmen. Entscheidend ist das »Wahrnehmen«, das »Zuhören«. Messen, Kundenanfragen, Kundenverhalten, Marktrecherchen, auch Fernsehsendungen und gesellschaftliche Ereignisse sind Möglichkeiten, Veränderungen und Trends wahrzunehmen. Entscheidend ist, dass Sie offen sind. Gefordert ist Ihre Bereitschaft schnell und flexibel auf Veränderungen zu reagieren.

Konsequenzen für das Verkaufen

CHECKLISTE ✔

WELCHEN TRENDS SIND SIE AUSGESETZT?

- Spielen Trends bei Ihrer Produkt/Dienstleistungspalette eine Rolle? ❑ ja ❑ nein
- Nennen Sie zwei Trends aus Ihrer Jugend. (zum Beispiel Kleidung/Freizeitaktivitäten/Musik)
- Gibt es Unterschiede im Trendverhalten »Heute« und »Gestern«?
- Sehen Sie Signale für einen Trend in der nahen Zukunft? ❑ ja ❑ nein
  Welchen?
- Welche Zielgruppen reagieren nach Ihrer Auffassung stark auf Trends?
  - Kinder ❑ sehr stark ❑ stark ❑ eher schwach
  - Jugendliche ❑ sehr stark ❑ stark ❑ eher schwach
  - Erwachsene ❑ sehr stark ❑ stark ❑ eher schwach
  - Senioren ❑ sehr stark ❑ stark ❑ eher schwach
- Welche Zielgruppen werden durch aktuelle Verkaufsaktionen wie »Events« verstärkt angesprochen?
- Wie erklären Sie sich das Phänomen, dass Trends immer kurzlebiger werden?
- Was glauben Sie?
  - Womit werden Kinder in 5 Jahren bevorzugt spielen?
  - Welche Musikrichtung erwarten Sie in 5 Jahren als bestimmend in der Jugendkultur?
  - Welche Sportart wird in 5 Jahren ein hohes Image in der Erwachsenenwelt haben?
  - Wie werden Senioren in 5 Jahren vorwiegend leben?
- Und noch eine Frage. Bitte nennen Sie:
  - 5 Mineralwasser-Marken:
  - 5 Rasierklingen-Hersteller:
  - 5 Audio-Video-Marken:

  Wie viele konnten Sie nennen? Wie viel Zeit brauchten Sie für die unterschiedlichen Branchen? Wie erklären Sie sich den Unterschied?

4.2 Die Welt wird vernetzter

Die Zeiten, wo Wissen Macht bedeutete, sind vorbei: Informationen sind jederzeit und überall verfügbar

Täglich erscheinen in Deutschland Hunderte von Tageszeitungen und im Jahresverlauf werden mehr als 3.000 verschiedene Fachzeitschriften veröffentlicht. Die Zahl der Internetnutzer wächst täglich und der nunmehr geöffnete Telefonmarkt wird diesen Prozess vermutlich noch beschleunigen. Mobil erreichbar zu sein ist längst Normalität. Die Telekommunikations-Branche ist einer der Wachstumsmärkte von heute und morgen. Die persönliche Telefonnummer, die Sie ein Leben lang behalten, können Sie bereits heute ordern. Netzunabhängige »Cracks« sind jederzeit und überall via Satellit zu erreichen. Ein Fax aus dem Stadtwald ins Büro ist mittels Handy und Laptop technische Routine. Dabei ist es noch gar nicht so lange her, da waren aktuelle Informationen Kapital und Macht. Selbst Fürsten und Könige erhielten wichtigen Nachrichten nur mit großer Mühe und Zeitverzug. Heute erreichen uns aktuelle Nachrichten in Sekundenschnelle.

Wir kommunizieren über das Internet und konferieren in Chat-Räumen. Weltweit recherchieren wir in Datenbanken und Bibliotheken. Wer will, ist rund um die Uhr erreichbar.

Für Internetnutzer besteht die Möglichkeit weltweiter Kontakte, ohne dabei an Raum und Zeit gebunden zu sein. Zusätzlich zum Hausbriefkasten liegen heute »Messages« aus Paris, London oder Tokio in der »Mail-Box«.

Die Möglichkeiten der Telekommunikation werden auch die Verkaufstätigkeit beeinflussen

Auch Einkaufen online ist kein Problem. »Suchmaschinen« erleichtern das Auffinden der gewünschten Produkte und ein Direkteinkauf z. B. in Übersee gelingt, ohne sich vom Monitor zu entfernen. Diese nahezu unbegrenzten Möglichkeiten der Telekommunikation und Vernetzung werden sich zunehmend auch auf Ihre Verkaufstätigkeit auswirken. Wie stark und in welcher Form, das hängt hauptsächlich von der Anzahl der Nutzer und deren Verhalten ab.

Der Kunde kann mit wenig Aufwand völlige Markttransparenz erlangen

Kunden können sich nahezu vollständige und vor allem zeitnahe Informationen beschaffen und erhalten einen im Prinzip vollständigen Überblick über den Markt, der sich damit dem Typus des idealen Marktes, im begrifflichen Sinn der Markttheorie, annähert. Früher schwer oder gar nicht zugängliche Lieferanten rücken in den Aktionsradius.

Konsequenzen für das Verkaufen

Das bedeutet für Sie als Verkäufer:

- Da Sie als Verkäufer die Konkurrenz besser kennen sollten als Ihre Kunden, müssen Sie erstens ständig am Ball bleiben und den Markt im Auge behalten.
- Zweitens schwinden alle Vorteile, die Sie früher aus Informationsvorsprung und Distanz ziehen konnten. Sie müssen dem Kunden einen Vorteil in dem deutlich schmaler gewordenen Band der Möglichkeiten anbieten können, mit dem Sie sich von der Konkurrenz abheben können.

Nutzen Sie die jenseits der Funktionalität Ihres Produkts liegenden Möglichkeiten für einen lebendigen Dialog mit Ihren Kunden

Eine Orientierungshilfe dazu kann sein, sich die Kehrseite der Medaille anzusehen. Informationsflut und Anonymität auf der einen Seite und auf der anderen Seite besondere Lieferungs- und Zahlungsbedingungen, Serviceleistungen über das Produkt hinaus sowie Beratung. Gerade die Letztgenannten beinhalten Möglichkeiten auf der funktionalen und sachlichen Ebene. Freundlichkeit und Offenheit versus digitale Anonymität. Wir kommen darauf in anderen Kapiteln noch ausführlich zurück. Natürlich haben Sie davon zwar einiges, aber nicht alles selbst in der Hand. Den »Draht« zum Kunden finden, die richtige Gesprächsebene herstellen, den lebendigen Dialog mit dem Kunden suchen, die »dahinter« liegenden Motive erkennen – das sind die jenseits der Funktionalität des Produkts liegenden Möglichkeiten, die sehr rasch zum »aktiven Verkaufen« führen – und auch darauf werden wir ausführlich zugehen.

NEBEN DER MARKTTRANSPARENZ FÖRDERT DIE ÜBERMÄCHTIGE INFORMATIONSFLUT ABER AUCH ANONYMITÄT. NEHMEN SIE HIER DIE CHANCE WAHR, SICH UND IHR ANGEBOT DURCH KUNDENORIENTIERUNG UND INDIVIDUELLES UND FLEXIBLES REAGIEREN ZU PROFILIEREN.

Mit den Mitteln der Telekommunikation sind nicht nur Sie für Ihre Kunden, sondern auch Ihre Kunden für Sie leichter erreichbar

Bleiben wir noch bei den Auswirkungen der Telekommunikation: Sie bestimmt als Instrument den Umgang mit Ihren Kunden und intensiviert ihn vor allem. Auf der einen Seite sind Sie für Kunden rascher ansprechbar und Sie müssen mit der Erwartung ständiger Verfügbarkeit umgehen. Auf der anderen Seite sind aber auch die Kunden für Sie rascher erreichbar, was Ihnen weiter reichende Möglichkeiten zum Beispiel des Nachfassens ermöglicht. Dies ist ein eigenes, wichtiges Thema. Telefon und Mailbox sind als Arbeitsmittel längst nicht mehr auf Verkäufer/innen mit Kundenbesuch oder Versandhäuser beschränkt. Nachbetreuung nach dem Kauf – der Anruf, der die Zufriedenheit abfragt – Informationen und Bestellmöglichkeiten via Telekommunikation, das betrifft gleichermaßen Einzelhandel und fast jede Dienstleistung.

Fragen Sie Ihre Kunden nach ihrer Zufriedenheit

Last but not least: Für Kunden und für Verkäufer entstehen in dieser derzeit wachsenden Branche auch ganz direkt Nischen und Chancen, gerade in den Bereichen Beratung und Dienstleistung, etwa bei der kundenspezifischen Anpassung von Hard- und Software.

Checkliste ✔

Welche Kommunikationsmöglichkeiten nutzen Sie?

- Welche der folgenden Kommunikationsmöglichkeiten nutzten und nutzen Sie:

	vor 3 Jahren	heute
– Telefon/analog	❑	❑
– Telefon/ISDN	❑	❑
– Anrufbeantworter	❑	❑
– Pager (Quix, Scall)	❑	❑
– Mobiltelefon	❑	❑
– Autotelefon	❑	❑
– Handy	❑	❑
– Fax	❑	❑
– T-Online	❑	❑
– PC stationär	❑	❑
– PC mobil (Laptop/Notebook)	❑	❑
– Internetzugang	❑	❑
– Mailbox	❑	❑
– Sonstige		

- Erreichbarkeit, Schnelligkeit und Informationzugriff sind von zentraler Bedeutung im Verkauf. Bitte beschreiben Sie den Nutzen moderner Telekommunikation für Sie als Verkäufer:
  - Welchen Nutzen hat »Ihre Ausstattung« für den Kunden?
  - Welchen Nutzen hat die moderne Telekommunikation unternehmensintern?
  - Sehen Sie Probleme, die durch die Einführung moderner Kommunikationsmittel entstehen können?

4.3 Die Welt wird uniformer

Wirtschafts- und Marktmacht der »Großen« setzen Standards und prägen Kundenerwartungen

Im Ringen um Marktanteile wird mit harten Bandagen gekämpft. Ladenketten gestalten zunehmend die Architektur von Innenstädten, während individuelle Geschäfte und Boutiquen häufig weichen müssen. Wo zum Beispiel ausländische Mitbürger peripherer gelegene Stadtteile prägen, wirken diese demgegenüber chaotisch, bunt und lebendig, während sich in den Innenstädten flächendeckende Austauschbarkeit anbahnt.

Manchem Kunden scheint dies zu gefallen. Vielleicht fühlt er sich in vertrauter Umgebung wohler. Er schätzt den Wiedererkennungswert. Mitbewerber, wie z. B. Einzelhändler, haben es allerdings in den Innenstädten ungleich schwerer. Neben hohen Mieten ist der Aufwand, mitzuhalten und Kundenerwartungen zu erfüllen, ebenfalls groß. Dies kann sich zu einer Marktdominanz der großen Ladenketten ausweiten, die damit auch entscheiden könnten, was und zu welchen Bedingungen es angeboten wird.

Je nach Ihrem verkäuferischen Tätigkeitsfeld werden Sie diese durch Unternehmensstrategien systematisch unterstützten Entwicklungen begrüßen oder kritisieren. Als loyaler Verkäufer bei einem der »großen« Einzelhändler stehen Sie auf der Seite, die diese Entwicklung forciert. Als Verkäufer, der »Große« beliefert, werden Sie sich hingegen mit der zunehmenden Marktmacht ebenso auseinander setzen müssen wie die von der Verdrängung bedrohten »Kleinen«.

Je nach Verkaufsumfeld ist »verkaufen« nicht gleich »verkaufen«

Wir stoßen hier auf einen der Aspekte, wo das Verkaufsumfeld sehr unterschiedliche Rückwirkungen auf die Verkäufer hat, wo »verkaufen« dann doch nicht gleich »verkaufen« ist. Wer sich dazu entschlossen hat, in der Innenstadt in einer Filiale tätig zu sein, wird sich auf das vorgegebene Sortiment konzentrieren und sich darum bemühen, seine Kunden nach besten Kräften und freundlich zu bedienen. Wobei die Erwartungshaltung der Kunden mit dem Sortiment in der Regel auch übereinstimmt. Wer in dem Problemfeld steht, seine Ware dem eindeutig mächtigeren Geschäftspartner verkaufen zu wollen, muss dafür sorgen, dass er als Lieferant über den Preis hinaus attraktiv ist – was Angebotsgestaltung und Verkaufsvorgang angeht; ein Thema für ein späteres Kapitel.

Hier sei kurz auf den Aspekt des Sortiments eingegangen: Es kann immer wieder gelingen, auch alternative Produkte für »Große« interessant zu machen. Ein bekanntes Beispiel aus dem Lebensmittelhandel ist die Eroberung nennenswerter Marktanteile mit »fair« gehandeltem Kaffee.

AUCH NEBEN DEN »GROSSEN« BLEIBEN IMMER MARKTSEGMENTE UND NISCHEN, DIE – MIT FANTASIE BESETZT – ERFOLGREICHES VERKAUFEN ZULASSEN. VIELE, JA VIELLEICHT ALLE PRODUKTE BIETEN – UNABHÄNGIG VOM PREIS – KOMMUNIZIERBARE INFORMATION, DIE DEM VERKÄUFER DEN DIALOG MIT DEM KUNDEN ERMÖGLICHT.

Denken Sie hier an die Fragen der Verpackung, der Deklaration, der Gentechnik, der Produktionsbedingungen, der Transportwege, der Umweltverträglichkeit oder der Energieentlastung etc. Wir kommen später darauf zu sprechen, dass die Welt nicht nur uniformer, sondern andererseits auch differenzierter wird.

CHECKLISTE ✔

WIE REAGIEREN SIE AUF STANDARDS?
WIE AUSGEPRÄGT IST IHR MARKENBEWUSSTSEIN?

- Nennen Sie drei überzeugende Argumente, die für Ihr Produkt/Ihre Dienstleistung sprechen:

  1. ______
  2. ______
  3. ______

- Ein Fremder spricht Sie auf dem Weg zur U-Bahn an. Er möchte gut essen gehen und bittet Sie um Ihren Rat.

  Sie sind in Eile. Was empfehlen Sie ihm?
  – gar nichts ❑
  – ein weltbekanntes Fast-Food Unternehmen ❑
  – eine sehr günstige Gaststätte ❑
  – ein sehr gutes, aber auch teures Restaurant ❑
  – ein Restaurant/Gaststätte mit regionaler Küche ❑
  – ein Trend Restaurant/Bistro ❑
  – ein Restaurant mit sehr freundlicher Bedienung ❑
  – ein Restaurant, das sehr nahe gelegen ist ❑

- ein vegetarisches Restaurant ❑
- Ihr Lieblingsrestaurant ❑
- ein ...

Kaum gesagt, gehen Sie weiter, bleiben dann aber stehen. Sie entschließen sich, die nächste U-Bahn zu nehmen und dem Fremden Ihre Entscheidung zu erläutern:

- Was sagen Sie ihm?
- Bei welchem der genannten Restaurants/Gaststätten/Bistros würde es Ihnen am schwersten fallen, es zu »verkaufen«?
- Bitte begründen Sie Ihre Entscheidung.

4.4 Die Welt wird lauter

Events und Mega-Events buhlen um die Aufmerksamkeit der mit Informationen ohnehin überfluteten Kunden

Um in einer zunehmend bunten Welt verkaufen zu können, muss man auffallen – das ist ein unbestrittenes Gesetz des Marketing. Wie weit die Palette der Möglichkeiten ausgereizt werden sollte, wo die Grenzen der Wirksamkeit oder auch die des seriösen Geschäfts erreicht sind, darüber lässt sich streiten. Welche Blüten das Auffallen-Wollen bzw. -müssen treibt, wird am ehesten bei der Konsumgüterwerbung deutlich. Mit Events und Mega-Events wird eine Neuauflage der Marktschreier inszeniert, die das Stimmengewirr der Marktbesucher übertönen. Mit zum Teil – im eigentlichen Sinne des Wortes – abenteuerlichen und spektakulären Aktionen wird laut um die Gunst der Käufer geworben. Graffiti-Künstler werden engagiert, Bungee-Jumping findet guten Zuspruch bei Kunden und Medien. Wer es lieber zu Fuß mag, kann beim Houserunning senkrecht eine Hauswand hinuntergehen oder orientiert sich beim Besuch der Diskothek am Skybeamer, dem Laserstrahl, der kilometerweit in den nächtlichen Himmel ragt.

Neuerdings verbindet sich – nicht ganz so nervenaufreibend – japanisches Traumtheater mit einem Autohersteller und Weihnachten wird durch den Giga-Lichter-Treck eines Softgetränke-Herstellers romantisch und umsatzfördernd zugleich.

Der Kunde gewöhnt sich an diesen Aufwand und hat entsprechende Erwartungen, besonders an seine »Marken«-Favoriten. Vielleicht freut er sich auch über die Nennung der Moderatorenausstatter im Privat-TV. Ob er es wohl auch gut findet,

Markenwelten etablieren sich durch aufwändige Medienpräsenz

dass der Mitsponsor des Megakonzertes die Auswahl der Getränke bestimmt?

Aktiv verkaufen kommt in vielen Bereichen um das Orientieren am marktüblichen Lautstärkepegel sicher nicht herum. Wir wissen nicht, wie »laut« es in Ihrem Verkaufsumfeld zugeht und wie Sie persönlich dazu stehen. Vielleicht gehören Events zu Ihrem Berufsalltag und Sie können sich das gar nicht anders vorstellen. Vielleicht sind Sie darauf festgelegt, nach konservativem Muster zu verkaufen, und wünschen sich etwas mehr Lautstärke. Oder aber Sie arbeiten erfolgreich klassisch und würden anderes als nachteilig empfinden.

DER PERSÖNLICHE KONTAKT ZWISCHEN VERKÄUFER UND KUNDE SPIELT JEDOCH IMMER NOCH DIE BEDEUTSAMSTE ROLLE. DAUERHAFTIGKEIT – IM SINNE MITTEL- UND LANGFRISTIGER ZUSAMMENARBEIT UND KUNDENBINDUNG – WIRD AUCH ZUKÜNFTIG EINE NACHHALTIGERE WIRKUNG HABEN ALS KURZLEBIGE EVENTS.

CHECKLISTE ✔

WIE TRETEN SIE UND IHR ANGEBOT IN ERSCHEINUNG?

- Welches sind Ihre Möglichkeiten, ein Produkt/ eine Dienstleistung zu präsentieren?
  - Ihre persönliche Darstellung ❑
  - durch Präsentation »Ihres« Unternehmens (Vistitenkarte, Briefpapier etc.) ❑
  - durch »give aways« ❑
  - durch Infomaterial (Prospekte) ❑
  - durch Mailings ❑
  - durch Werbung in Printmedien ❑
  - durch Pressearbeit ❑
  - durch TV-Werbung ❑
  - durch Plakat/Kinowerbung ❑
  - durch Werbung im Internet (Homepages) ❑
  - durch Aktionen ❑
  - durch Events ❑
  - durch Messen ❑
  - durch ...
- Welche der genannten Aktivitäten spricht den Kunden nach Ihrer Meinung sehr gut an?

- Bitte ergänzen Sie:

  Ich gehe meilenweit für eine [ ]

  Nichts ist unmöglich [ ]

  [ ] die zarteste Versuchung, seit es Schokolade gibt.
- Wie erklären Sie sich den nachhaltigen Erinnerungswert solcher Werbebotschaften?
- Mit welcher Aktion würden Sie Kunden auf Ihr Produkt/Ihre Dienstleistung auf sich aufmerksam machen?
- Mit welcher überzeugenden Aussage?

4.5 Die Welt wird wortärmer

Einer Flut von Printmedien steht eine noch größere Flut von bewegten Bildern gegenüber. Bücher werden auch weiterhin geschrieben und ver- und gekauft und sie sind sicherlich ein beliebtes Geschenk. Es bleibt zu hoffen, dass sie nach dem Auspacken auch gelesen werden.

Kommunikation und Information laufen zunehmend über Bilder

Deutlich wahrnehmbarer ist die Zunahme des TV-Konsums und damit die Aufnahme einer Bilderflut, die bei PC-Nutzern noch höher ist. Gerade bei Kindern und Jugendlichen zeigen sich hier mittlerweile bedenkliche Zunahmen. Neben der Faszination des Mediums spielt als Ursache für einen sehr frühen und hohen Konsum bewegter Bilder die Veränderung von Lebensgewohnheiten im familiären Bereich eine Rolle. Selbst Kleinstkinder werden häufig schon vor Bildschirmen »geparkt« und 5- bis 6-Jährige verbringen bereits große Zeitanteile vor einem Monitor, rechnet man »Fernsehen«, Videospielzeit und »Game-Boy«-Spielzeit zusammen.

Bilder tragen zur Reizüberflutung bei

Bilder transportieren wesentlich mehr Reize als Schrift, bedingt allein durch die Kombination Farbe und Bewegung. Kinder lernen so sehr früh, sich ausschließlich am Bild zu orientieren, und wachsen bereits reizverwöhnt auf.

Das geschriebene Wort verlangt im Gegensatz zum Bild vom Leser Konzentration. Allein die monotonen Farben und die Starrheit der Schrift führen bei Kindern und Jugendlichen, die bildorientiert aufwachsen, zu Problemen in der Beschäftigung und Auseinandersetzung mit Texten. Umgekehrt lernen die Jugendlichen, die Welt über Bilder zu verstehen. Der hohe Konsum von Medien führt insgesamt dazu, dass den Medien auch in der Wertebildung im Rahmen der Entwicklung eine zunehmend höhere Bedeutung zukommt. So werden Verhalten, Kleidung, Sprache und Sprachcodes der heranwachsenden Generation, um nur einige Beispiele zu nennen, mit über den Monitor beeinflusst.

Die Verarbeitung schriftlicher Information erfordert höhere Aufmerksamkeit als die Aufnahme visueller Reize

Die Werbung nutzt diesen Effekt systematisch und investiert große Summen, um im globalen Wettbewerb Käuferschichten zu erreichen und zu erhalten.

Als Beispiel: Der Furoresender MTV startete 1981 und erreicht bereits heute mehr als 500 Millionen Zuschauer in über 70 Ländern der Erde. Neben der Vermarktung von Musik kommt der Werbung, ob offensiv oder in Form von Productplacement oder als Sponsor, eine wichtige Funktion zu.

MTV gestaltet zusammen mit anderen Anbietern einen kulturübergreifenden Musiktrend und so ganz nebenbei erfährt der Konsument, welche Sportschuhe er am besten beim Einkaufen seines Lieblingssoftdrinks trägt, um damit als Insider erkannt zu werden. Dies alles kommt mit wenig Sprache aus. Bilder wecken Gefühle, Bilder wirken dokumentarisch, Bilder prägen Einstellungen und schaffen ein Gefühl, durch den Kauf bestimmter Produkte dazuzugehören.

Bilder und visuelle Reize wirken ganzheitlich und prägen Gefühle und Werteinstellungen

Über die Grenzen, die für dieses Werbekonzept gezogen werden sollen oder müssen, gibt es im politischen Raum und in der werbewirtschaftlichen Fachwelt eine bekannte Diskussion. Sie schließt die Alternative zwischen staatlichem Regelungsbedarf und Eigenregelung der Werbewirtschaft ein.

Als Verkäufer tangiert uns dieser Trend zu Bildern und indirekten Botschaften in zweierlei Hinsicht:

Konsequenzen der Bilderflut für das Verkaufen

- Wir stoßen erstens auf eine der Mitursachen für die trendgesteuerte Nachfrage. Wir werden einen über visuelle Reize erzeugten Kaufwunsch nach Produkt A kaum mit üblichen Argumenten und Verkaufstechniken auf Produkt B umlenken können, wenn wir ausgerechnet nur Produkt B in unserem Angebot haben.
- Und zweitens sind wir gefordert, unsere Produktdarbietung an die veränderten Seh- und Wahrnehmungsgewohnheiten anzupassen, wenn wir mit unserer Information im Rennen bleiben wollen.

CHECKLISTE ✔

WIE IST IHR INFORMATIONSVERHALTEN?

- Welche Informationen stehen Ihnen über Produkte/Dienstleistungen/Unternehmen zur Verfügung?
  - Haben Sie Einblick in den Herstellungsprozess von Produkten, die Sie verkaufen? ❑ ja ❑ nein
  - Liegen Ihnen schriftliche Unterlagen über Produkte/Dienstleistungen vor? ❑ ja ❑ nein
  - Sind diese Unterlagen jederzeit griffbereit? ❑ ja ❑ nein
  - Haben Sie Möglichkeiten, an differenzierte Produktinformationen zu kommen? ❑ ja ❑ nein
  - Haben Sie die Anschriften der entsprechenden Quellen? ❑ ja ❑ nein
  - Haben Sie Zugang zu Datenbanken? ❑ ja ❑ nein
  - Sind Ihre Produkt/Dienstleistungsunterlagen auf dem neuesten Stand? ❑ ja ❑ nein
  - Sind Sie über aktuelle Aktionen informiert? ❑ ja ❑ nein
- Besuchen Sie Fachmessen, um sich über Veränderungen und Innovationen in Ihrer Branche zu informieren? ❑ ja ❑ nein
- Orientieren Sie sich auf Verbrauchermessen, über Kundenverhalten und Kundeninteressen und Trends? ❑ ja ❑ nein
- Lesen Sie Berichte über Produkte/Dienstleistungen in Publikumszeitschriften? ❑ ja ❑ nein
- Informieren Sie sich über Ihre Branche durch das Lesen von Fachzeitschriften? ❑ ja ❑ nein
  - Welche Fachzeitschrift lesen Sie regelmäßig?
- Nutzen Sie Magazine im Fernsehen, um sich über Ihre Branche zu informieren? ❑ ja ❑ nein
- Recherchieren Sie im Internet? ❑ ja ❑ nein

(Auch für Dienstleister kann es sehr interessant sein, sich die Produktionsstätten ihrer »typischen« Kunden anzusehen. Denken Sie hier z.B. an einen Seminaranbieter. Seminarangebote verlangen nach kundenspezifischer Anpassung, um den Kundenerwartungen gerecht werden zu können. Je mehr Kenntnisse Sie haben, desto mehr Verständnis bringen Sie auf und desto gezielter können Sie ein Trainingskonzept erstellen.)

4.6 Die Welt wird schneller

Wie poetisch klingt es, wenn Friedrich von Raumez 1835 vom »feurigen Drachen« spricht, der »stöhnend, schnaubend und brausend« mit »größter Geschwindigkeit« seinen Weg durch Berge und Täler nimmt. Er berichtet von der ersten Eisenbahn auf dem Wege von Manchester nach Liverpool und ist beeindruckt davon, dass lediglich ein Mensch, und das mit einem Finger, den Zug lenkt. Die Eisenbahn brauchte damals für die 26 englischen Meilen noch 11 Stunden. Im Gegensatz dazu meldet die Nachrichtenagentur AFP 1997: »Mit einer Geschwindigkeit von 531 km/h hat eine japanische Magnetschwebebahn einen neuen Weltrekord aufgestellt …«.

Die Welt wird schneller. Sie misst vieles in Quantitäten und nicht in Qualitäten. Wir fahren schneller Auto, als wir in der Lage sind, Eindrücke zu verarbeiten, und wir stillen unsere Bedürfnisse im Fast-Food-Stil. Alles soll schnell gehen und vieles hat lediglich eine kurze Verweildauer. Diesen Prozess erleben wir in vielen Bereichen, egal, ob in der Kunst, der Kultur oder im Konsum.

Trends wechseln in immer schnellerer Folge und Produktlebenszyklen werden immer schnelllebiger

Selten noch entstehen Werke mit einem großen Aufwand an Zeit, etwa im Sinne eines fortdauernden Lebenswerkes. Selbst die Kunst unterliegt Trends und richtet sich manchmal sogar nach Zeitvorgaben. Trends in der Jugendkultur dauerten in den 50er- und 60er-Jahren durchschnittlich sieben Jahre. Diese Zahl hat sich bis heute auf eine Dauer von drei Jahren reduziert. Der Markt forciert schnelle und kurzlebige Prozesse.

Was bedeutet diese Schnelllebigkeit für den Verkauf?

- Sich einlassen auf diese Situation setzt Verkäufer und Kunden unter Druck. Für beide Seiten heißt dies schnelle Orientierung, schneller Umschlag und kurzfristige Entscheidungen. Es bleibt wenig Zeit zur Auseinandersetzung mit Produkten.
- Gleichzeitig verlangt der schnelle Wechsel Anpassung. Vom Verkäufer verlangt dies ein Sich-Einlassen auf sehr unterschiedliche Zielgruppen, bedingt durch das gleichzeitige Nebeneinander ganz unterschiedlicher Käuferschichten und vieler kurzlebiger Trends.

4.7 Die Welt wird oberflächlicher

Je höher die Geschwindigkeit, mit der wir uns fortbewegen, desto unschärfer nehmen wir unsere Umgebung wahr. Je mehr wir durch unsere derzeit 30 TV-Kanäle zappen, desto weniger werden wir Zusammenhänge begreifen. Unausweichlich wahrnehmen werden wir aber, siehe oben, die Werbung. Sie hält gut und regelmäßig platziert weltweit in allen Programmen Einzug und fordert uns auf, ihren Botschaften zu folgen.

Selbst beim geschicktesten Zappen werden Sie das Etikett auf einer gut platzierten Flasche erkennen. Auch der TV-Verweigerer kommt an Plakatwänden, neuerdings unfreiwilligen Duftduschen oder an der Telefonwerbung für die Gebühreneinsparung nicht vorbei.

Für eine intensive Auseinandersetzung bleibt in einer mehr oder weniger aufdringlich lauten Umgebung wenig Zeit. Qualität scheint hier in erster Linie in demonstrativ hervorgehobenen Markennamen zu stecken und erst in zweiter Linie im Produkt.

Immer mehr künstlich gestaltete Sekundärwelten vermitteln sekundäre und oberflächliche Erfahrungen

Auch im wachsenden Markt gigantischer Themen- und Freizeitparks scheinen – oberflächlich betrachtet – alle Eigenschaften einer Originallandschaft und Kultur zu stecken. Skifahren in der technisch gesteuerten Scheinwelt eines japanischen Skidomes ist sicherlich ein besonderes Erlebnis, bleibt aber auf der oberflächlichen Nutzerebene. Skifahren in der Natur, Wind und Wetter ausgeliefert, bietet dagegen sicherlich andere Sinneseindrücke mit einem qualitativ anderen Erfahrungswert.

Doch auch bei den künstlichen, technisch gesteuerten Welten bleibt die Entwicklung nicht stehen. Schon kündigt sich das Skifahren in virtuellen Welten an. Abgefahren wird auf virtuellen Pisten auf dem Level der eigenen Wahl in individuell ausgesuchter Landschaft, ohne sich dabei vom Sitz zu bewegen.

Doch diese Entwicklung zeigt zunehmend deutlich eine Diskrepanz. Körper und Psyche machen uns als Menschen aus. In der Welt sein heißt, sie im Rahmen einer ganzheitlichen Wechselwirkung zu erfahren und mitzugestalten. Findet die Begegnung mit »Welt« zunehmend in gestalteten Räumen statt, wird aus der natürlichen Wechselwirkung eher eine gezielte Steuerung. Psyche und Körper des Menschen können beeinflusst werden, so wie es gelingt, Kaufverhalten durch Düfte, Klänge und Farbe anzuregen und zu beeinflussen.

Als Verkäufer möchten, müssen wir verkaufen. Werbung fördert Verkauf und liegt letztendlich in unserem Sinn. Aber welche Auswirkungen hat das beschriebene Szenario? Eine der Auswirkungen ist sicher, dass in diesen Zusammenhängen das Event die Rolle des Verkäufers übernimmt, während der Mensch als Verkäufer eher zurücktritt.

Als Sekundärerlebnis oder Event gestaltete Werbung verdrängt vielfach den Verkäufer

Mit anderen Worten:

Märkte werden zunehmend außerhalb der direkten Einflusssphäre von Verkäuferinnen und Verkäufern verteilt. Es kommt hinzu, dass sich Märkte verschieben und Produkte substituiert werden.

Checkliste ✔

Innerhalb welcher Produktlebenszyklen argumentieren Sie?

- Das Produkt oder die Dienstleistung, die Sie verkaufen, gibt es schon seit

  1950 ❑ 1970 ❑ 1990 ❑ 1996 ❑ 1998 ❑
  1960 ❑ 1980 ❑ 1995 ❑ 1997 ❑

- Hat das Produkt/die Präsentation seitdem Verändrungen erfahren:
  – Produkt ❑
  – Präsentation ❑

- Hat sich seit der Existenz Ihres Produkts/Ihrer Dienstleistung die Akzeptanz beim Kunden verändert? Ist sie:
  – rückläufig ❑
  – stetig ❑
  – steigend ❑
  – schwankend ❑

- Gibt es Mitbewerber zu Ihrem Produkt/Ihrer Dienstleitung? ❑ ja ❑ nein

- Haben Sie bei Ihren Mitbewerbern Veränderungen erlebt hinsichtlich
  - Produkt ❑
  - Präsentation des Produkts ❑
- Wie schätzen Sie den Nutzen Ihres Produktes für den Kunden in der nahen Zukunft ein?

  ❑ sehr hoch ❑ hoch ❑ eher niedrig
- Wie stark und professionell erleben Sie bei Ihrem Produkt die Anpassung des Marketing gerade auch im Hinblick auf die Globalisierung des Marktes?

  ❑ sehr stark ❑ stark ❑ eher schwach
- Verfügen Sie über konkrete Möglichkeiten, Ihr Produkt/die Präsentation Ihres Produktes Kundenerwartungen anzupassen?

  ❑ ja ❑ nein

4.8 Die Welt wird differenzierter

Menschen nutzen künstliche Skiwelten, Menschen fahren Ski durch unberührte Landschaften in touristisch erschlossenen Skigebieten oder nehmen bewusst Abstand vom Skifahren. Daneben gibt es diejenigen, die niemals Ski fahren werden, oder gar nicht wissen, was Skifahren eigentlich ist. Alles ist möglich vom Gegner bis zum Befürworter, vom Enthusiasten über den Kritiker bis hin zum erklärten Feind.

Die Kluft zwischen arm und reich wächst zusehends; viele diametral entgegengesetzte Trends und Wertewelten bestehen nebeneinander

Zu Fast-Food entsteht als Gegenbewegung Slow-Food, ganz unabhängig von denen, für die der Preis ein entscheidendes Kriterium der Nahrungsmittelversorgung ist. Unterschiedliche Vorgaben und Ausgangsbedingungen führen zu ganz unterschiedlichem Kaufverhalten. Die Kluft zwischen Armen und Reichen wächst regional und global. Dem Verkäufer begegnet damit ganz unterschiedliche »Kaufkraft« in Gegensätzen, wie sie krasser kaum sein können. Die Folgen rein ökonomischen Denkens werden erlebbarer und führen zum Überdenken rein ökonomisch orientierten Laissez-faire-Wirtschaftens. Die wachsende Zahl von Arbeitslosen in der westlichen Welt zwingt zur Notwendigkeit neuer Betrachtungen manch technischen Fortschrittes und des »Wirtschaftens« im beschriebenen Stil.

Es bilden sich Tauschringe nach alten Strukturen, die allerdings volkswirtschaftlich nicht interessant sind. Wichtiger ist das Entstehen neuer Nischen als Gegenstrom zum »Mc World«. Der bewusst Einkaufende sucht den kommunikativen Verkäufer als kompetenten Berater. Ihm gegenüber stehen im Giga-Markt die freundlichen Verkäufer und Animateure im Einheitslook, deren Präsenz eher an Belebung, Orientierung und Entertainment erinnert.

Der kompetente und individuell beratende Verkäufer ist ebenso gefragt wie der Animateur im Einheitslook

Kunden und Verkäufer haben die Wahl. Es bleibt dem Kunden überlassen, Beratung zu suchen, sich unterhalten zu lassen oder seine Produkte aus gestapelten Umkartons zu entnehmen. Auch der Verkäufer kann wählen und idealerweise entscheidet er sich für die freundliche, aktive und kundenzugewandte Beratung.

Checkliste ✔

Warum verkaufen Sie eigentlich?

- Was tun Sie dafür, dieses Ziel zu erreichen?
- Was ist Ihnen im Verkauf wichtig?
- Welche Verkaufsprioritäten setzen Sie?
- Was ist Ihr persönliches Motiv zu verkaufen?
- Was bedeutet Ihnen Erfolg haben in Ihrem Beruf?
- Wie wichtig ist Ihnen Entscheidungsspielraum?
- Wie arbeiten Sie gerne?

– Arbeiten Sie lieber im Innen- oder im Außendienst?	❑ ja	❑ nein
– Sind Sie ein guter Zuhörer?	❑ ja	❑ nein
– Unterhalten Sie sich gerne?	❑ ja	❑ nein
– Arbeiten Sie gerne im Team?	❑ ja	❑ nein
– Pflegen Sie Ihre Kundenbeziehungen?	❑ ja	❑ nein
– Suchen Sie die Innovation?	❑ ja	❑ nein
– Verkaufen Sie gerne spontan?	❑ ja	❑ nein
– Bereiten Sie sich auf Verkaufsgespräche vor?	❑ ja	❑ nein
– Nutzen Sie dazu Checklisten?	❑ ja	❑ nein
• Sind Sie zufrieden mit Ihrer derzeitigen Arbeit?	❑ ja	❑ nein

- Was ist Ihr persönliches Ziel, das Sie erreichen wollen?
  - Was tun Sie dafür, dieses Ziel zu erreichen?
  - Nennen Sie spontan zwei Hindernisse auf dem Weg, dieses Ziel zu erreichen.

    1.

    2.

  - Nennen Sie zwei Gründe, die dafür sprechen, dass Sie das Ziel erreichen.

    1.

    2.

  - Was können Sie konkret unternehmen, um die beiden genannten Hindernisse zu überwinden?

    Zu 1.

    Zu 2.

  - Was können Sie konkret tun, damit Ihre beiden positiven Einstellungen, das Ziel zu erreichen, noch verstärkt werden?

    zu 1.

    zu 2.

  - Welches ist ganz konkret Ihr nächster Schritt, um Ihrem Ziel näher zu kommen?

4.9 Die Welt wird virtueller

Das Warenangebot der »Giga-Märkte« ist allumfassend

Die Entwicklung vom Tante-Emma-Laden um die Ecke über den Supermarkt und die Giga-Märkte bis zum kalifornischen Einkaufs-Freizeitpark »Orange Country« in Amerika dauerte gerade einmal 40 Jahre. Der Tante-Emma-Laden bot neben seiner Einkaufsmöglichkeit Kontakt und Informationsaustausch. Es war ein Lädchen, voll gepackt mit unterschiedlichsten Produkten. »Orange-Country« schlägt mit seinen mehr als 700 Quadratmeilen selbst die fußballfeldgroßen Giga-Märkte, wie zum Beispiel die »Wal-Marts«, um Längen. Einkaufsentertainment pur, genauso attraktiv wie ein Freizeitpark. Doch Einkaufen hört hier nicht auf. Shopping in allen Preisklassen ist möglich. Via Versandhandel erhalten Sie alles, von Lebensmitteln über Möbel und Kunst bis zu Luxusartikeln.

Das Internet macht alles überall und zu jeder Zeit verfügbar

Neuerdings ermöglichen internationale Datennetze das Einkaufen per Internet – also online. Bereits 1986 ging man weltweit von 40 Millionen Surfern im Internet aus. Schätzungen veranschlagen bis zur Jahrtausendwende eine Verzehnfachung der Nutzer. Somit entsteht ein gigantischer weltweiter Absatzmarkt.

Virtuelle Firmen und fraktale Fabriken versuchen die Bedürfnisse der Kunden punktgenau zu befriedigen

Doch auch hier hört die Entwicklung noch nicht auf. Das Entstehen »fraktaler Fabriken« ist lediglich abhängig von der Lösung der Schnittstellenprobleme. Fraktale Fabriken sind Zusammenschlüsse von mehreren Unternehmen, die gemeinsam ein Produkt herstellen. Es wird versucht, die Steuerung der technischen Produktionsabläufe in den einzelnen Unternehmen über eine Steuerung des Gesamtablaufes durch Computer zu erreichen. Solche Konzepte virtueller Unternehmen bedeuten ein Maximum an Kundenorientierung mit gezielt minimiertem Aufwand. Produkte werden zeitgenau durch vernetzte Unternehmen nach Vorgabe der Kunden produziert. Noch ist dieser Ansatz Theorie. Aber die Chancen der Realisierung rücken täglich näher. Wachstum und Innovation in dieser Branche sind unaufhaltsam. So dringen neue Produkte auf den Markt, etwa der angekündigte »Cyber-Sex-Anzug«, der es ihrem Online-Partner ermöglicht, Sie via Mausklick zu stimulieren.

Das Internet als experimenteller Raum zur Erprobung von Produkten und Dienstleistungen und zur Beurteilung von Marktchancen

Doch das weltweit entstehende Datennetz schafft weitere Möglichkeiten. Vor einer möglichen Serienfertigung können Produkte als virtuelle Produkte im Internet auf ihre Absatzfähigkeit geprüft werden, ohne dabei je real vorhanden gewesen zu sein. Produziert werden diese Produkte dann erst, wenn eine ausreichende Nachfrage die Herstellung auch interessant macht. Produktwege lassen sich im Netz verfolgen und schaffen für Anbieter eine gute Markttransparenz.

Die Frage, die sich in diesem Szenario stellt, ist die: Wo bleibt der Mensch? Vielleicht wird auch er irgendwann als virtuelle Kopie im Internet auftauchen. Für Wissenschaftler ist dieser wie Science-Fiction anmutende Denkansatz lediglich noch ein Problem der Lösung von Speicherkapazitäten. Sie arbeiten bereits daran, Gedächtnisdaten in Rechnern zu speichern, um so Kopien eines Gehirnes zu erstellen. So verrückt es klingen mag, im Land der unbegrenzten Möglichkeiten planen Menschen, sich einfrieren zu lassen, nachdem ihre Gedächtnisinhalte abgespeichert wurden. Vielleicht ist ihre Hoffnung, dass Wissenschaft und Medizin ihnen nach dem Auftauen eine Lebensverlängerung ermöglichen oder sie als virtuelle Kopien unsterblich im Internet weiterleben können. Während Letzteres als bizzare Blüte eines neues Marktes eher Sinnfragen aufwirft, scheint die Frage nach der Entstehung virtueller Unternehmen nur eine Frage der Zeit.

Menschen werden in diesem Prozess zunehmend künstlich werdender Märkte weniger in die Produktion, Steuerung und Organisation der Abläufe eingebunden sein. Je virtueller der Markt und die Verkaufsformen werden, eine desto geringere Rolle werden in Produktionsprozessen die unmittelbaren Kontakte von mensch zu Mensch spielen.

Je mehr Endnutzer sich der Datennetze bedienen werden, desto stärker wird das Angebot an virtuellen Absatzmöglichkeiten wachsen

Welche Folgen die Entwicklung lernfähiger Software für die euphorisch gepriesene Entwicklung im Dienstleistungsbereich hat, wird sich zeigen, wenn ein Großteil der Menschheit sich der Datennetze bedient. Was wird passieren, wenn die Zahl derer, die Einkäufe, Buchungen, Reservierungen und vieles andere mehr über das Internet abwickeln, weiter deutlich zunimmt?

Die kurz- und mittelfristigen Chancen in der Multimediawelt und in ihrem Markt sind für Kunden und Verkäufer exzellent. Doch auch hier scheinen langfristige und mehrdimensionale Überlegungen angeraten, um den eigenen Standort zu dieser Entwicklung einzunehmen.

Checkliste ✔

Wie beurteilen Sie den Einfluss der Informationstechnologie auf Ihre Branche?

- Wie wird sich innerhalb Ihres Umfeldes die Mulimediawelt auswirken auf
  - Berufe,
  - Produkte,

- Vermarktungsstrategien,
- Produktpräsentationen,
- Kundenverhalten?

- Welche Haltung haben Sie als Kunde zu neuen Entwicklungen?
- Welche Haltung haben Sie als Verkäufer zu neuen Entwicklungen?
- Welche Veränderungen erwarten Sie, bedingt durch die neuen Medien, im Kundenverhalten?
- Welche Chancen und Möglichkeiten sehen Sie gerade im Hinblick auf technische Neuerungen?
- Sehen Sie auch Risiken in solchen Entwicklungen? Bitte nennen Sie ein Beispiel.
- Welche Veränderungen erwarten Sie bei wachsendem technischem Fortschritt für den Arbeitsmarkt von morgen?
- Werden sich diese Veränderungen auch auf Ihren Beruf auswirken?
- Wie bereiten Sie sich auf potenzielle Veränderungen vor?

4.10 Die Welt wird technisierter

Technische Innovationen haben in vielen Bereichen den Menschen Fortschritt gebracht. Techniker und Forscher erbrachten und erbringen hervorragende Leistungen zu Lösungen unterschiedlichster Probleme und Fragestellungen. Technische Innovationen machen uns das Leben leichter, verlängern unser Leben oder bringen eine neue Form der Unterhaltung hinzu. Oberflächlich betrachtet an vielen Stellen eine Erleichterung, aber zugleich entstehen Abhängigkeiten wegen mangelnder Transparenz.

Technik wir immer undurchschaubarer

Mechanische Abläufe lassen sich auch für Laien im Ansatz noch mittels der eigenen Sinnesorgane verfolgen, elektronisch gesteuerte Vorgänge lassen sich dagegen nur noch messen. Produkte und Industrieanlagen werden immer komplexer und als aktiv Einwirkender wird der Mensch an vielen Stellen überflüssig. Seine Funktion ist zunehmend die Überwachung der Steuerungseinheiten. Die Folgen einer sochen Entwicklung sind für uns alle spürbar und gipfeln in Aussagen, dass mit ca. 20 % der Weltbevölkerung zukünftig die gesamte Weltproduktion zu realisieren sein könnte.

Dies ist allerdings eine rein ökonomische Betrachtungsweise, die alle anderen Entwicklungsformen sowie kulturelle, ethische, soziale und Umweltfolgen nicht gegenrechnet.

Der Machbarkeitswahn scheint ungebrochen

Doch kehren wir zurück zur Ausgangsaussage, die Welt wird technischer. Im Grundsatz ist die Aussage: »Vieles ist technisch realisierbar« stimmig. Gipfelt sie allerdings in der Vorstellung, den Folgen eines rein ökonomischen Handelns durch eine Flucht auf künstliche Erdtrabanten zu entkommen, wird uns schwindlig.

Solche Ansätze, so extrem sie sind, machen allerdings Denkmuster deutlich. Wenn heute bereits Tickets für Mondflüge verkauft werden, zeigt sich, dass noch vor wenigen Jahren Undenkbares schneller als vermutet Realität werden kann.

Für Käufer und Verkäufer stellen technische Neuerungen und ihre Kurzlebigkeit eine Herausforderung dar. Das Verstehen komplexer Strukturen ist an den Erwerb von Basiswissen gebunden. Grundlagen zu erwerben setzt voraus, Zeit zu haben oder Zeit aufzuwenden. Dem steht häufig die Dynamik technischen Wandels entgegen. Kinder erlaufen sich die Welt mit blinkenden Turnschuhen und erspielen sich die Welt mit chipgesteuerten Puppen. So bleibt wenig Raum und Zeit für die einfachen Dinge, vor allem dann, wenn gesellschaftlicher Druck hier zudem Maßstäbe setzt.

Gerade hier ist der Verkäufer gefordert, ständig neues Basiswissen mitzubringen, um den technischen Innovationen folgen und entsprechende Informationen an Kunden weitergeben zu können.

Checkliste ✔

Wie stehen Sie zu technischen Innovationen?

- Ein Denkanstoß: Kennen Sie »Chindogus«?
  Chindogus sind unpraktische, unverkäufliche, aber funktionsfähige Gegenstände (etwa eine »Doppeltrichterbrille« zum beidseitigen Einträufeln von Augentropfen oder der tragbare Schreibtisch als permanenter Begleiter von Managern). Keine Chindogus dagegen, sondern tatsächlich zu kaufen sind von innen beleuchtete Zuckerlutscher für Kinder, sprechende Kunstweihnachtsbäume oder maß-

geschneiderte Neoprenanzüge für Hunde. Solche Produkte verkaufen sich als Gag oder als Trend.

Und was ist mit all den elektronisch gesteuerten Multifunktionsgeräten, die uns das Leben leichter oder komfortabler machen sollen? Viele dieser Produkte sind sehr komplex, obwohl die Kunden häufig nur die Grund- oder Elementarfunktionen nutzen. Denken Sie hier an die zunehmend mehr Speicherplatz verzehrende PC-Software oder an die Optionen von Hightech-Vidoerekordern.

- Verkaufen Sie Hightech-Produkte?
- Welche Bedeutung haben die »technischen Spielereien« von Produkten in Ihrem Verkaufsgespräch?
- Haben Sie Erfahrung, ob Kunden alle technischen Möglichkeiten, die ihnen komplexe Produkte bieten, voll ausnutzen?

  Wenn ja, welche?
- Wie gehen Sie beim Verkauf dieser Produkte mit Kundenwünschen um?
  - Sie fragen Erwartungen ab. ❑
  - Sie weisen aktiv auf Innovationen hin. ❑
  - Sie zeigen Möglichkeiten und Schwierigkeiten auf. ❑
  - Sie zeigen die technischen Möglichkeiten auf. ❑
  - Sie raten zu komplexen Lösungen, weil ... ❑
- Was würden Sie Herstellern von High-Tech-Geräten auf Grund Ihrer Erfahrung empfehlen?

4.11 Die Welt wird gegensätzlicher und konfliktreicher

Herausragende Themen unserer Zeit sind Umweltfragen, Fragen der Weltanschauung, Fragen nach Vollbeschäftigung, Fragen des Umgangs zwischen Arm und Reich etc.

Zwar surfen 40 Millionen Menschen durch das Internet, zugleich aber haben 50% der Weltbevölkerung kein Telefon. Indien ist ein armes Land, aber erfolgreiche westliche Unter-

Die »Erste Welt« produziert und verkauft in der »Dritten Welt«

nehmen lassen dort kostengünstig hochmoderne Software entwickeln. Gegensätze auf den ersten Blick. Der zweite Blick signalisiert dann vielleicht, dass Afrika ein noch zu erschließender Markt ist und dass die Löhne in Indien auch für Spitzen-Know-how extrem niedrig sind. Aus Kostenspargründen geht man auch nach Minsk oder St. Petersburg. Afrikaner, Asiaten, alle Menschen der Ersten, Zweiten und Dritten Welt sind potenzielle Kunden. Aber beteiligt man sie auch alle an Entscheidungen? Wer fragt, ob und was sie wollen? Was wird passieren, wenn sie sich entschließen, ihre eigenen Wege zu gehen, oder die Marschroute selbst festlegen?

Doch bleiben wir in unserem näheren Umfeld. Konflikte zwischen Staaten sind rückläufig, zunehmend aber ist die Tendenz, dass innerhalb von Staaten Bevölkerungsgruppen um Terrain oder Vorherrschaft ringen.

Die Kluft zwischen Arm und Reich wächst stetig

Auch vor Ort wächst das Konfliktpotenzial. Zunehmend mehr Menschen verlieren ihre Arbeit; Lösungen sind nicht in Sicht. Ein Problem, vor dem alle europäischen Länder stehen.

Durch die wachsende Kluft zwischen Arm und Reich verschärfen sich die Trends: Auf der einen Seite Service und Kundenorientierung für Kunden mit hoher Kaufkraft, auf der anderen Seite uniforme Massenmärkte für Menschen mit immer geringerer Kaufkraft.

Da für immer größere Teile der Bevölkerung schon längst nicht mehr alles möglich ist, Medien und Werbung dies aber nach wie vor versprechen, erwächst ein Trend zu Maßlosigkeit und latenter Gewaltbereitschaft. Man versucht, ungeachtet der dazu eingesetzten Mittel, das »schnelle Geld« zu machen.

Insbesondere bei Kindern und Jugendlichen stellt man eine latent wachsende Bereitschaft zu eher gewaltsamen Konfliktlösungen fest. Kleine Kinder im Grundschulalter erpressen ihre Klassenkameraden oder drohen mit Gewalt. Bürger vergiften Marmelade, um Unternehmer zu erpressen, und finden Nachahmer, die meinen, dies mit der Vergiftung von Kindernahrung noch steigern zu müssen.

Extreme sicherlich, aber die Zunahme der Bereitschaft, auch in Bagatellsituationen überzureagieren, scheint uns vielerorts wahrnehmbar. Gewalt ist immer auch ein Stück Sprach- oder Hilflosigkeit. Hier nach Alternativen zu suchen und an den Ursachen zu arbeiten ist gesellschaftliche Aufgabe. Doch wo sind die Berührungspunkte zu unserem Thema »Verkaufen«?

Auch hier gibt es, wenn auch auf ganz anderer Ebene, Konfliktpotenzial. Der Wunsch nach der »schnellen Mark« vor dem Hintergrund eines »Alles ist möglich« fördert aggressives Verkaufen: Der Kunde wird bedrängt, geblendet, die Kritik des Kunden wird bagatellisiert oder zurückgewiesen; hier entstehen Spannungsfelder mit hohem Konfliktpotenzial zwischen Verkäufern und Kunden.

Der Wunsch nach der »schnellen Mark« fördert aggressives Verkaufen

Beim aggressiven Verkaufen handelt es sich immer um kurzfristige Strategien mit zeitlich begrenztem Erfolg und möglichweise gar geschäftsschädigenden Effekten. Sprache konstruktiv und aktiv zu nutzen muss Ansatz aktiven Verkaufens sein.

Im Verkauf liegen Chancen, jenseits von Preisverhandlungen den Dialog mit dem Verbraucher zu suchen. Ein Dialog, in dem neben Handeln und Feilschen Platz ist für alle anderen Phänomene und Eigenschaften des Produktes oder der Dienstleistung. Aktives Verkaufen kann alle Fassetten und Perspektiven aufnehmen und Verkäufer, Kunde und Schauplatz als Einheit begreifen.

5 Verkaufen in Deutschland

Blicken wir noch einmal auf den Ausgangspunkt für diesen Teil des Buches zurück: Wir wollten den Wandel dokumentieren, der nach unserer Auffassung eine veränderte Verkaufskultur notwendig macht. Dies zunächst einmal losgelöst von Produkt und Branche, von Verkaufsort und Typus des Verkaufsgeschehens. Gemeint aber nicht in dem platten Sinn, dass ein guter Verkäufer alles verkaufen können muss. Zwar trifft man diesen Standpunkt oft an, aber wer gut Trendartikel

Wir wollten den Wandel dokumentieren, der nach unserer Auffassung eine veränderte Verkaufskultur notwendig macht

im Einzelhandel verkaufen kann, vermag noch lange nicht ebenso gut technische Systeme im Business-Bereich abzusetzen – und umgekehrt!

Unser Streifzug durch die elf Aspekte des Wandels legt schon zahlreiche Gemeinsamkeiten jeder Verkaufstätigkeit offen, zeigt aber auch Unterschiede auf. Die Bearbeitung der Checklisten sollte Sie zu Ihrem »Profil« geführt haben – und zu einem besseren Gefühl dafür, was es bedeutet, heute aktiv und kundenorientiert zu verkaufen.

Bevor wir mit dem zweiten Teil des Buches in die Systematik der »Verkaufskunde« einsteigen, sollen Ihnen die vier folgenden Fallbeispiele noch etwas Stoff zum Nachdenken geben.

Vor dem Hintergrund des oben beschriebenen dynamischen gesellschaftlichen Wandels haben wir bewusst drei Reportagen über ausländische Mitbürger gewählt, die nicht nur illustrieren sollen, wie vielfältig sich aktives und erfolgreiches Verkaufen darstellen kann und was daran anders ist als ein Verkauf nach Schema, sondern auch ein Licht auf die alltäglichen Schwierigkeiten, Missverständnisse und Empfindlichkeiten werfen, die im Nebeneinander verschiedener Kulturen auftreten können.

Die Beispiele illustrieren zugleich, was eingangs auch schon gesagt wurde: dass Verkaufen nicht nur Sache der Verkäufer ist, sondern jeden betrifft, der im Unternehmen mit Kunden umgeht.

Herr Aytan, geboren in der Türkei, erzählt (nacherzählt):

Herr Aytan lebt seit über 20 Jahren in Deutschland. Er studierte Mineralogie und jobbte während des Studiums in einem Supermarkt.

Nach dem Studium arbeitete Herr Aytan als Übersetzer und verkaufte Flugtickets an seine Landsleute. Kaum hatte er das Geschäft eröffnet, traten die Mitarbeiter der türkischen Airline in einen fast 6-monatigen Streik. Herr Aytan machte Schulden, aber er hielt durch und seine Landsleute blieben ihm treu. Als der Streik vorbei war, florierte das Geschäft, bald waren alle Schulden bezahlt und es wurde erstes Geld verdient.

1985 ist Herr Aytan einer der Ersten, der Pide (türkisches Brot) backt. Der Weg zur Bäckerei ist steinig. Eine mühsame Ausbildung, eine mit Erfolg abgelegte Prüfung und eine Ausnahmeregelung machen die Eröffnung einer Bäckerei möglich. Das Projekt gelingt, die Nachfrage ist enorm. Herr Aytan beliefert Lebensmittelhändler und Kebabhäuser der Region.

Er ist mittlerweile Hausbesitzer, Restaurantbesitzer und Inhaber eines Reisebüros. Hinter sich hat er zwei entsetzliche Brandanschläge. Herr Aytan glaubt, das Motiv war Neid. Was ihn traurig stimmt, ist, dass er, obwohl er seit über 20 Jahren im selben Viertel lebt, nur mit drei deutschen Geschäftsleuten Kontakt hat. Nach den Brandanschlägen kam nicht einer der deutschen Geschäftsanlieger, um zu sehen, ob er Hilfe brauchte. Für Herrn Aytan – überträgt er dies in seine Heimat – unvorstellbar. Es waren letztlich seine Landsleute, die ihm halfen, arm oder reich.

Immer wird um den Preis gehandelt. Im Verlauf der nächsten Jahre sinkt der Preis durch starken Mitbewerb pro Pide um fast 50 %. Pide an Deutsche zu verkaufen ist kein Problem.

Die Leute sind freundlich und freuen sich, direkt in seiner Bäckerei einkaufen zu können, und schätzen die Qualität. Pide für eine Mark ist kein Problem, ein Flugticket an einen Deutschen für, sagen wir mal, 500 DM zu verkaufen ist schwieriger. Manche Deutsche sind da ganz anders, sie sind misstrauisch.

Handeln, ja, das tun alle, sagt Herr Aytan, die aus dem Osten sicherlich noch mehr. Handeln, da leuchten seine Augen, Handeln, das gehört dazu. Manchmal sind es nur Pfennige, manches Mal wird auch an der Qualität gekratzt.

Auch er handelt gerne, selbst im Kaufhaus. Dann kauf ich eben zwei oder drei Anzüge und dann lässt sich schon besser über den Preis verhandeln.

Herr Aytan reagiert flexibel und weitsichtig auf dem Markt. Er passt sich an. Er ist bereit zu improvisieren und sich zu engagieren. Handeln, das macht ihm Spaß, nur fair muss es sein.

Herr Hassan, geboren in Persien, erzählt (nacherzählt):

Herr Hassan lebt seit 25 Jahren in Deutschland. Bereits mit 7 Jahren erlernte er das Knüpfen von Orientteppichen und ist heute Orientteppich-Knüpfmeister und Orientteppich-Restaurateur. 10 Jahre dauerte diese Ausbildung insgesamt. In Deutschland arbeitete er zunächst im Verkauf und vor etwas mehr als 10 Jahren eröffnete er sein eigenes Geschäft.

Herr Hassan kauft Teppiche in den Basaren von Teheran oder Ware aus Privatbesitz. Das Verkaufen und das Kaufverhalten haben sich aus seiner Sicht in den letzten Jahren deutlich verändert. Viele Verkäufer erlebt er als oberflächlich und lustlos, sie sind nicht bemüht, ihre Ware an den Kunden zu bringen oder ihn gar zu beraten.

Für ihn spielen Freundlichkeit, Qualität und Kenntnis die entscheidende Rolle. Fast verschämt erzählt er mir, dass er sich auch heute noch manches Mal in einen Orientteppich verliebt.

Beim Einkauf der Ware wird gehandelt. Er taxiert die Ware und setzt sich selbst einen Fixpreis, den er zu zahlen bereit ist. Liegt das Angebot darunter, wird sofort bar bezahlt, ansonsten wird gefeilscht. Vertrauen spielt in seinem Verkaufsverhalten die wohl wichtigste Rolle. In seiner Heimat ist das Vertrauen Grundlage des Handelns unter Kaufleuten.

Kaufleute in seiner Heimat halten zusammen, und wenn jemand Ware braucht, z.B. für den Export, hilft man sich. Der Vertrag gilt per Handschlag als geschlossen.

Hier in Deutschland ist das nicht so. Viele seiner Kollegen sind misstrauisch und einige aus seiner Sicht auch nicht kompetent. Er würde nie einen Händler schlecht machen, hat es allerdings selbst schon erlebt.

Viele seiner Kunden sind Stammkunden oder deren Verwandte und Bekannte. Jeder, der das Geschäft betritt, wird kompetent beraten. »Ich spüre nach den ersten fünf Worten, ob jemand wirklich etwas kaufen will oder nicht«, sagt Herr Hassan. Er konzentriert sich voll auf jeden Kunden. Handeln ist okay, aber der im Kopf festgelegte Preis wird nicht unterschritten. »Ich sage den Kunden den Ein-

kaufspreis, wenn ihr Verhandlungspreis zu weit abweicht.« Einer Stammkundin schenkte er einmal einen hochwertigen Läufer. Sie konnte es überhaupt nicht fassen und glaubte es erst, als er ihr den Läufer in die Hand drückte.

Fairness, Vertrauen, Fachkompetenz und Freundlichkeit, damit gewinnt und bindet Herr Hassan seine Kunden.

Es ist schon ein paar Jahre her, da besuchte Herr Hassan regelmäßig ein Restaurant. Da war er erst kurze Zeit in Deutschland. Im Laufe der Zeit lernte er den Restaurantbesitzer kennen. Eines Tages fragte ihn dieser, ob er, Hassan, nicht jemanden kenne, der einen hochwertigen Orientteppich fachgerecht restaurieren könne. Herr Hassan bot an, jemanden zu suchen, ohne sich selbst ins Spiel zu bringen. Nach 4 Wochen erzählte er dem Restaurantbesitzer, dass er jemanden gefunden hatte. Herr Hassan bot an, den Teppich mitzunehmen. Einen Teppich im Wert von 15.000,– DM wegzugeben, in Unkenntnis wohin und zu wem, fiel dem Restaurantbesitzer schwer. »Ja oder nein«, sagte Herr Hassan, und nach einer Woche bekam er den Teppich. Er restaurierte den Teppich selbst.

Nach weiteren 4 Wochen brachte er den Teppich dem Restaurantbesitzer zurück. Der war begeistert. Die beschädigte Stelle war so perfekt ausgebessert, dass er sie kaum wieder fand. Herr Hassan verriet immer noch nicht, dass er den Teppich selbst restauriert hatte. Erst einige Wochen später, als der Restaurantbesitzer unbedingt darauf bestand, den Restaurateur kennen zu lernen, sagte Herr Hassan: Sie kennen ihn, er steht vor Ihnen.

Das Gespräch mit Herrn Hassan dauerte drei Stunden. Drei Stunden, die wie im Fluge vergingen. Wir standen am Ende des Gespräches inmitten von ausgebreiteten Orientteppichen verschiedenster Qualtitäten. Ich wusste nun mehr über Knüpfen und Knoten, das Alter von Teppichen, ob es sich um eine Perivatarbeit oder um eine Knüpfarbeit handelt.

Ich hatte verstanden, dass der Besitz von Teppichen in Herrn Hassans Heimat ein Zeichen von Wohlstand ist. Für ihn sind Orientteppiche Kunst und Leidenschaft und für seine Kunden sind sie ein Gemisch aus Wohlstandszeichen, Kunst und Sammlerleidenschaft. Ganz am Ende des

Gesprächs dachte ich doch tatsächlich darüber nach, mir auch einen Orientteppich zu kaufen.

Verkaufen in Deutschland – Ein Gespräch mit Herrn Kokoro/Japan (nacherzählt):

Herr Kokoro lebt seit knapp 20 Jahren in Deutschland. Er ist Geschäftsführer eines renommierten Automobil-Importeurs und Ansprechpartner für mehr als 400 Händler in Deutschland. Die Erfolgsphilosophie von Herrn Kokoro und seinem Unternehmen basiert auf zwei Säulen: ein gutes und überzeugendes Produkt und Kundenorientierung als Maßstab des Verhaltens. Japaner haben traditionsgemäß eine andere Einstellung zu ihrem Gegenüber, sagt Herr Kokoro. Sie behandeln ihre Gesprächspartner sensibler und stellen ihr Ego nicht in den Vordergrund. Sie bringen einander mehr Freundlichkeit entgegen und respektieren einander. Eine Haltung, die beispielweise dazu führt, dass sie das Neinsagen vermeiden. Japaner und andere Asiaten sprechen stattdessen oft von »Das müssen wir erst prüfen oder studieren«. Zu Beginn von Geschäftskontakten mit unvorbereiteten Europäern führt die Unkenntnis darüber häufig zu Missverständnissen.

Herr Kokoro erzählte mir zu Beginn unseres Gespräches von einer Erfahrung am Airport Frankfurt. Während der Umbauphase war auch der Weg zur Lounge verändert und ungewöhnlich lang. Als Herr Kokoro vor Abflug mit seinem Handgepäck nach längerem Fußmarsch in der Lounge ankam, sagte er zu einer Airline-Mitarbeiterin sinngemäß: »Jetzt habe ich aber einen langen Weg zurückgelegt.« »Wir auch«, erwiderte die Airlinerin.

Herr Kokoro empfindet diese Aussage als unfreundlich, ja als typisch für nicht kundenorientiertes Verhalten. Ein langer Weg, das Handgepäck und am Ende des Weges der Wunsch, etwas zu sagen, eigentlich ein ganz normales Verhalten. Die Antwort darauf fällt wenig freundlich aus: »Es interessiert mich nicht, wie es Ihnen geht, denn mir geht es doch genauso.« Eine Geste, ein wenig Verständnis, selbst ein Witz, und die Situation wäre gerettet gewesen und ginge heute nicht als schlechtes Beispiel um die Welt.

Drei Gründe sieht Herr Kokoro für solches wenig kundenfreundliche Verhalten: fehlende Achtung, mangelnder Wettbewerb und eine oft negative Einstellung zur Arbeit. Die fehlende Achtung erlebt er öfter. Manches Mal musste Herr Kokoro (und nicht nur er) Verkäufer erst auf sich aufmerksam machen, wenn er in einem Geschäft Hilfe benötigte. In Japan werden Kunden höflich begrüßt und man widmet ihnen aus der Distanz Aufmerksamkeit. Wenn sie Hilfe brauchen, bekommen sie diese fast unaufgefordert. Ver-lassen sie das Geschäft, wird man sich bei ihnen für ihren Besuch bedanken.

Auch die Wettbewerbssituation ist in Japan anders. Kundenfreundlichkeit ist ein Muss. Ein unzufriedener Kunde findet sofort einen anderen Anbieter. Die Einstellung zur Arbeit ist hier zu Lande oft geprägt durch ein negatives Denken mit dem Inhalt »Arbeit muss sein«. »Richtig«, sagt auch Herr Kokoro, »Arbeit muss sein. Ich muss arbeiten und Sie müssen arbeiten. Ist es da nicht vollkommen nahe liegend, dass wir zusehen, dass es uns auch Spaß macht?« Wie plausibel!

»Und schauen Sie«, sagt Herr Kokoro, »genauso versuchen wir mit unseren Händlern umzugehen. Unsere Händler sind unsere Kunden. Wir müssen sie als Kunden ernst nehmen. Einem Händler der reklamiert, dem müssen wir zuhören und Fehler, die wir machen, die müssen wir zugeben können. Nur so werden wir besser.«

**Ein Gespräch mit Herrn und Frau P.,
Inhaber eines Stadtteilladens für Spielsachen,
Bücher und Geschenke (nacherzählt):**

Herr P. ca. 40 Jahre, gelernter Industriekaufmann, hat nach seiner Ausbildung zunächst im Familienbetrieb seines Vaters (Dentallabor mit 30 Mitarbeitern) die kaufmännische Leitung übernommen. Da die Vorstellungen von Vater und Sohn weit auseinandergingen, kam es zum Zerwürfnis. Herr P. hörte im väterlichen Betrieb auf und entschloss sich, das Abitur nachzuholen und anschließend Betriebswirtschaft zu studieren. Um wirtschaftlich unabhängig zu sein, übernahm er zur Finanzierung des Studiums zusammen mit seiner Partnerin (gelernte Zahnarzt-

helferin) den Haushaltswarenladen ihrer Mutter, den diese seit langen Jahren führte und nun aufzugeben bereit war. Der alten Kundschaft zuliebe wurde das Sortiment (Malerartikel und Haushaltswaren) nicht radikal umgestellt.

Nach und wurde das Angebot um solche Produkte ergänzt, für die die beiden schon immer eine Leidenschaft besaßen: Kinderbilderbücher (die sie hobbymäßig schon jahrelang aus aller Herrenländer sammelten) und schöne, hochwertige Holzspielsachen. Das erste Regal, liebevoll dekoriert und im kleinen Fenster platziert, war schon vor der offiziellen Geschäftsübergabe fast ausverkauft. Die Reaktion der Kundschaft ermutigte sie beide, diesen Weg weiterzugehen.

Um der steigenden Nachfrage nach Büchern (auch für Erwachsene) schneller nachkommen zu können, wurde eine Verkehrsnummer für den Buchhandel beantragt. Diese wurde mehrfach abgelehnt (»an einen Gemischtwarenladen vergeben wir keine Nummer«). Nachdem die Umsatzzahlen jedoch für sich sprachen, bekamen Sie nach drei Jahren endlich die Nummer.

Herr P. erzählt: »Wir stehen hinter jedem Produkt, das wir verkaufen. Was wir nicht vertreten können, kommt nicht in den Laden, auch wenn dadurch wirtschaftliche Nachteile entstehen. Mit Tamagotchis hätten wir sicher einige Tausend Mark Umsatz machen können«. Die Aussage wirkt ehrlich und diese Haltung wird von den Stammkunden honoriert.

Der Laden ist für Herrn und Frau P. ein Stück Selbstverwirklichung. Die Bestätigung durch ihre Kunden erfahren sie oft. Es freut sie, wenn Kunden nach dem Kauf eines Buches oder eines schönen Spielzeugs später in den Laden kommen und erzählen, dass sie durch die Empfehlung einen Volltreffer gelandet hätten. Man glaubt beiden, dass sie alle Spiele kennen, die sie verkaufen und über alle Bücher, die im Regal stehen, etwas sagen können.

Frau P. erzählt: »Für unseren kleinen Sohn hatten wir ein schönes, aber recht teures Holzspielzeug gekauft, das es früher nur in Kunststoffausführung gab. Wir waren ganz begeistert, mussten aber feststellen, dass das teure Teil nach nur drei Monaten vollkommen uninteressant wurde. Einige Zeit später kam eine Kundin ins Geschäft, die genau ein solches Spielzeug kaufen wollte. Ich habe ihr dann erzählt, wie es uns ergangen ist und dass sich die teure Investition nicht gelohnt habe. Ich riet der Kundin vom Kauf ab und bot ihr gleichzeitig an, ihr das Holzteil unseres Sohnes auszuleihen. Nach einem Viertel Jahr brachte sie es zusammen mit einem riesigen Blumenstrauß zurück.

Auf die Frage, ob sich seine Sichtweise von »Verkaufen« nach dem Studium geändert habe, erklärt Herr P.: »Ja und nein. Eigentlich ist es so, dass ich im Nachhinein erkenne, dass das, was wir früher aus dem Bauch heraus entschieden haben, fast immer richtig war. Heute denke ich analytischer, aber im Verhältnis zu den Kunden und den Produkten hat sich überhaupt nichts geändert. Kundenorientierung, mittlerweile ein vielfach zitiertes Schlagwort, war für uns schon immer eine Selbstverständlichkeit. Der enge Kontakt zum Kunden, Fachkompetenz und die Identifikation mit den Produkten stehen für mich gleichberechtigt neben dem Faktor Wirtschaftlichkeit und Umsatzstreben.«

Der gleiche Laden in der Fußgängerzone in der Innenstadt mit überwiegend anonymer Laufkundschaft wäre daher trotz höheren Umsatzes kein erstrebenswertes Ziel. »Wir haben sogar eine Kundin, die extra aus der Stadt zu uns herauskommt«, berichtet Herr P. stolz.

Vor zwei Wochen ist der Laden in neue Räume auf die andere Straßenseite umgezogen. Herr P. berichtet vom Vorabend der Geschäftsneueröffnung: »Als am Sonntag Abend sehr spät alles fertig war (wir und alle Helfer mit eingeschlossen), habe ich das Packpapier vom Schaufenster abgemacht, bin rüber zum alten Laden gegangen, habe aufgeschlossen. Dann habe ich mir mitten in dem ganzen Chaos einen Stuhl ins Fenster gerückt, eine Flasche Bier aufgemacht und habe, im Dunkeln sitzend, auf die Schaufenster des neuen Ladens geschaut. Dabei habe ich im Geist die vergangenen sieben Jahren mit all ihren Höhen und Tiefen vorbeiziehen lassen und war zutiefst zufrieden.«

B PSYCHOLOGIE NUTZEN

Welche Erwartungen haben Sie an »die« Psychologie?

Welche Erwartungen stellt man im Zusammenhang mit Verkaufen an »die« Psychologie? Welche Erwartungen haben Sie persönlich? Spontane Antworten auf diese Fragen würden ganz unterschiedlich ausfallen und zeigen, dass es hier favorisierte Vorstellungen gibt. Tragen Sie, wenn Sie einmal dazu Gelegenheit haben, solche Erwartungen im Rahmen eines Brainstormings, z.B. in einer Seminargruppe, zusammen. Sie werden erstaunt sein, was alles von der Psychologie erhofft wird und welche unterschiedlichen Begriffe und Vorstellungen kursieren.

Was soll die Psychologie leisten in Bezug auf:

Bleiben wir beim Ausgangspunkt dieses Buches: Was soll und was kann die Psychologie in Bezug auf Käufer, Markt und Verkäufer leisten?

Käufer

- Da wird von der Psychologie des Käufers gesprochen – der Käufer soll, ja muss entdeckt und verstanden werden. Was will er/sie, was denkt er/sie, wie kann ich dies als Verkäufer ergründen? Wo bietet mir der Kunde mögliche Ansatzpunkte zum Einhaken? Die Bandbreite der Motive, Psychologie einzusetzen, reicht dabei von echter Kundenorientierung, den Bedarf des Kunden erkennen und erfüllen zu wollen, bis hin zum Wunsch nach Manipulation.

Markt

- Der Markt wird als Präsentationsforum ausgereizt – und das in allen Bereichen des Verkaufs. Die einfachen Beispiele sind sattsam bekannt. Der Gemüsehändler lockt mit frischer Ware vor der Ladentür. Der Einzelhändler drapiert seine meist teureren Markenprodukte oben, die Discountartikel dagegen unten im Regal und lässt sich beraten, mit welcher Musikkulisse er seine Kunden in die beste Kaufstimmung versetzt. Der Werksvertreter überlegt sich sorgsam die Reihenfolge, in der er einzelne technische Möglichkeiten oder die Vorteile eines bestimmten Produktes präsentiert, das er am liebsten verkaufen möchte, und wie er die Argumente dafür am erfolgversprechendsten platziert.

Verkäufer

- Das letzte Beispiel zeigt schon, wie der psychologisch geschickte Verkäufer seine Kommunikation optimiert. Das bedeutet in diesem Zusammenhang alles, womit er dem Kunden gegenübertritt: Ob man gleich auf den Kunden zugeht oder ob eine bewusst dosierte Zeitspanne verstreichen sollte, bevor der Kunde angesprochen wird; die Art der Begrüßung; die Gesprächsführung – in Worten, Gestik und Mimik; das Argumentationsschema, mit dem auf Kundenargumente oder -einwände eingegangen wird usw. Idealerweise ist das alles positiv am Kunden orientiert, im negativen Fall geht es bis in den Bereich der Manipulation.

Psychologische Erkenntnisse tragen gewiss dazu bei, einzelne Teilprozesse eines Verkaufsvorgangs zu optimieren oder zu unterstützen. Allein das »richtige Arrangieren« bestimmter Voraussetzungen wird allerdings nicht die angestrebte Wirkung (= verkaufen) erzielen. Alle Methoden, vom kundenorientierten Dialog bis zum »Hard-Selling« haben Vor- und Nachteile. Letztendlich aber ist es Ihre Entscheidung und eine Frage des Standpunktes, welche Vorgehensweise Sie wählen.

NUR DIE VORGEHENSWEISE, MIT DER SIE SICH WIRKLICH IDENTIFIZIEREN, WERDEN SIE AUCH ERFOLGREICH UMSETZEN KÖNNEN.

1 ERSTER ZUGRIFF: NICHT JEDER IST GLEICH – TYPENLEHRE

Systematische Erkenntnisse über die Psyche sammeln die Menschen seit jeher und unsere heutige Wissenschaft geht (mindestens) bis auf die alten Griechen zurück. Psyche, Psychologie und alles, was damit zusammenhängt, ist – rein sprachlich betrachtet – griechischen Ursprungs. Auch einer der ältesten Versuche, die Menschen nach Persönlichkeitstypen einzuteilen, stammt von einem Griechen.

Temperamentenlehre nach Hippokratres

Es ist die Temperamentelehre nach Hippokrates, nach der gemäß einer allgemein in der Literatur verbreiteten Klassifizierung vier grundlegende Temperamente unterschieden werden:

- *Choleriker* = leicht erregbar, jähzornig
- *Melancholiker* = trübsinnig, schwermütig

- *Sanguiniker* = heiter, gelassen
- *Phlegmatiker* = körperlich träge, geistig wenig regsam

Konstitutions-Typenlehre nach E. Kretschmer

Um 1925 knüpfte E. Kretschmer an diese Beschreibung an und entwickelte auf Grund von Kriterien, wie u.a. Körperbau und Krankheitsverlauf, die so genannte Konstitutions-Typenlehre.

Danach heißt ein langgliedriger, schmal gebauter Mensch »Leptosomer«, ein Mensch mit kräftiger Entwicklung von Muskulatur und Skelett gehört zur Gruppe der »Athletiker« und einen kräftigen, gedrungenen Menschen bezeichnete Kretschmer als »Pykniker«.

Der Leptosome gilt als empfindlich, still und zurückhaltend, der Athletiker als wortkarg und beharrlich und dem Pykniker wird zugeschrieben, gemütlich und warmherzig zu sein.

Diese Typenlehren gehören bis heute zum Standard psychologischer Ausbildung und finden sich auch in den Psychologiebestandteilen von Verkaufskursen. Dazu muss bemerkt werden, dass die Ableitung bestimmter Temperamente oder Eigenschaften aus dem körperlichen Erscheinungbild so sicherlich nicht haltbar ist. Auch hatten die Urheber, Hippokrates und Kretschmer, wohl nicht im Sinn, die Menschen einfach in Schubladen zu stecken und ein Instrument zu schaffen, mit dem man andere manipulieren kann. Für sie stand vielmehr die körperliche und seelische Unversehrtheit bzw. Heilung des Einzelnen im Vordergrund.

»Rezepte« gibt es keine

Die Anwendung der Typenlehre auf Verkaufs- und Werbepsychologie ist späteren Datums. Die dabei in den Anfängen dieser Anwendung formulierten »Rezepte« müssen freilich heute als überholt gelten: Behandele einen Choleriker nach Methode A, einen Phlegmatiker nach Methode B – das ist zweifellos zum Scheitern verurteilt. Was sich aus der Typenlehre für den Verkauf ableiten lässt, ist vielmehr Folgendes:

Um dem Umstand, dass kein Kunde dem anderen gleicht, nicht völlig hilflos und unvorbereitet gegenüberzustehen, sollte man sich nach Maßgabe einiger variabler Grundmuster differenzierte Verhaltensregeln zurechtlegen.

2 Psychologie beschreibt immer nur Ausschnitte – Probleme der Modellbildung

Jeder psychologischen Theorie liegt eine Modellbildung zu Grunde. Modelle betreffen und erklären immer nur einen ganz spezifischen Teil der Wirklichkeit und haben deshalb ihre Schwächen.

Die Aussagen der Psychologie sind nicht unbegrenzt verallgemeinerungsfähig

Hinzu kommt, dass die Aussagen der Psychologie immer in einem konkreten (experimentellen) Umfeld gewonnen werden und – streng genommen – daher auch nur in einem vergleichbaren Umfeld gültig sind. Sie sind, in der Fachsprache gesagt, kontextabhängig und nicht unbegrenzt allgemeingültig.

Machen wir dies an einem alltäglichen Beispiel fest: Schon der auf den ersten Blick doch recht objektiv scheinende Begriff »gesund« ist nicht auf jede Situation oder alle Menschen übertragbar. Was ist »gesund«? Im Gegensatz zu fettem Fleisch können Fisch oder Obst durchaus als »gesund« bezeichnet werden. Doch was ist, wenn man die Quecksilberbelastung des Meerwassers mit in Betracht zieht oder jemand auf bestimmte Obstsorten allergisch reagiert?

Das unflexible Anwenden von »Techniken« wird keiner Verkaufssituation gerecht

Dieses Beispiel soll verdeutlichen, dass die vorherigen und die folgenden Aussagen Ihrer ganz persönlichen Auslegung unterliegen. Man kann alles und jedes in Frage stellen, wenn man es von verschiedenen Seiten betrachtet. Der Versuch, zu verstehen oder zu begreifen, ist dabei für die Bewältigung einer Verkaufssituation wesentlich nützlicher als das krampfhafte Bemühen, irgendwelche Techniken zu erlernen, daraus bestimmte Vorgehensweisen abzuleiten und diese dann ungeachtet der jeweiligen Situation statisch anzuwenden. Was Sie von den Ausführungen nutzen und erfolgreich einsetzen können, müssen Sie für sich entscheiden und erproben.

3 Erstes Grundmodell: Reize setzen, Handlungsimpulse auslösen – Verhaltenspsychologie

Die Typenlehre versucht das differenzierte Verhalten von Menschen aus unterschiedlichen Grunddispositionen heraus zu erklären. Vor unserem heutigen Erkenntnisstand ist offensichtlich, dass dieser Ansatz beschänkt bleiben musste. Gleiche Typen können je nach Situation zweifellos unterschiedlich reagieren, während sich verschiedene Typen in vergleichbaren Situationen durchaus ähnlich verhalten können.

DIE GRUNDHALTUNG IHRES KUNDEN KÖNNEN SIE NICHT BEEINFLUSSEN, WOHL ABER ABLAUF UND GESTALTUNG DER VERKAUFSSITUATION, AUF DIE ER DANN REAGIERT. SCHAFFEN SIE SO VERGLEICHBARE VERKAUFSSITUATIONEN KÖNNEN SIE DAMIT RECHNEN, ERWARTBARE VERHALTENSMUSTER UND REAKTIONEN BEI IHREN KUNDEN HERVORZURUFEN.

»Verhalten« wird beobachtbar als Reaktion auf bestimmte Reize

»Verhalten« sind in diesem Zusammenhang die beobachtbaren und experimentell nachweisbaren psychischen Abläufe, die sich im Prinzip wiederholen lassen und die deshalb zu allgemein gültigen Aussagen führen. Was sich beobachten lässt, ist in erster Linie die Reaktion eines Menschen, hervorgerufen durch einen Auslöser, einen Reiz. Was in der Fachsprache als Reiz-Reaktions-Schema bezeichnet wird, begegnet uns vielfältig im Alltag.

Aktion und Re-Aktion hat es immer schon gegeben. Sie hat im Verlauf der Zeit und auf Grund unterschiedlicher Einstellungen und Gegebenheiten, wie Kultur, Gesellschaft, Religion oder Politik, allerdings unterschiedliche Bedeutungen erlangt. Der Urmensch reagierte auf ein plötzlich wahrgenommenes Rascheln in seinem Rücken ebenso mit erhöhter Wachsamkeit wie der heutige zivilisierte Mensch, der z.B. nachts durch einen Park geht. Ein ganz typisches Reiz-Reaktions-Schema.

Auch die biologischen Grundbedürfnisse Schlafen, Trinken und Essen sind gleich geblieben. Um den Hunger zu stillen, ging der Urmensch auf die Jagd. Die Entscheidung, was und wie viel es für ihn zu essen gab, hing davon ab, was er erlegen konnte. Der Mensch unseres Kulturkreises geht zum Einkaufen in den Supermarkt und kann unter einem vielfältigen Angebot wählen.

An dieser Stelle setzt die Verhaltenspsychologie wieder ein. Die heutige Form der Warenpräsentation und der Käuferansprache setzt Reize, um eine Kaufreaktion für bestimmte Waren auszulösen. Verhaltenspsychologie beschränkt sich nicht darauf, Reize zu setzen und Reaktionen abzuwarten, sondern arbeitet auf konkrete, erwünschte Reaktionen mit Verstärkungen hin. In der Fachsprache spricht man von »Konditionierung« (Prägung).

Bei gleichen Reizen in vergleichbaren Situationen kann man auch ähnliche Reaktionen erwarten

BEI DER WARENPRÄSENTATION UND DER KÄUFERANSPRACHE SOLLTEN DIE »POSITIVEN VERSTÄRKUNGEN« IM VORDERGRUND STEHEN, D. H. SOLCHE REIZE GESETZT WERDEN, DIE DIE POSITIVEN FOLGEN EINES KAUFES HERVORHEBEN.

Auch dazu ein einfaches Beispiel: Die Aufschrift »Nudeln« auf einer neutralen Verpackung informiert sachlich über den Inhalt. Wird die Packung mit dem Bild eines dampfenden Nudelgerichts versehen, verbindet sich der Reiz »Nudeln« mit der positiven Vorstellung von einem Esserlebnis, das über das Grundbedürfnis »Hunger stillen« hinausgeht und damit die Emotion anspricht.

Schon dieses einfache Beispiel zeigt aber zugleich auch das große Problem unserer differenzierten Märkte. Wir haben es in Teil A ausführlich dargestellt – die Welt ist vielfältiger geworden. Kunde A mag es umweltgerecht und kauft aus Prinzip lieber die weiße Verpackung, Kunde B möchte die Nudeln zu einem chinesischen Gericht verarbeiten und fühlt sich durch ein italienisches Bild auf der Verpackung eher irritiert.

Konkrete »Rezepte«, welche Reize bei Ihren Kunden welches erwartbare Verhalten und letztendlich eine Kaufhandlung hervorrufen, können wir Ihnen hier also nicht geben.

Hier noch ein etwas abstrakteres Beispiel: Das Design von Geräten jedweder Art richtet sich zum Beispiel ebenfalls nach dem oben dargestellten psychologischen Grundmuster. Zu aller ausgereizten Funktionalität muss immer etwas für das Auge oder etwas für das Gefühl hinzukommen. Man greift unwillkürlich – und hier wirkt die Konditionierung – zum gefälliger wirkenden Produkt. Was hier als gefällig erlebt wird, ob schlichte Eleganz oder verspielte Applikationen, liegt wieder ganz im individuellen Empfinden des Kunden.

Reize lassen sich grundsätzlich verstärken

Bleiben wir noch einen Moment beim Prinzip. Die Verhaltenspsychologie lehrt uns, dass sich Reize grundsätzlich verstärken lassen und von uns erwünschte Kundenreaktionen herbeiführen können. Das sollten wir nutzen. Die Praxis dazu ist so vielfältig wie die Palette der Verkaufstätigkeiten. Wir gehen darauf im weiteren Text zwar noch etwas näher ein, aber im Prinzip sind Sie gefordert, die mögliche Umsetzung dieser Erkenntnis für sich und Ihr Arbeitsfeld selbst auszuprobieren.

Versuchen Sie gezielt solche Reize einzusetzen, die sich in Ihrem Verkaufsumfeld als positive Verstärker erwiesen haben.

Kehren wir nun doch noch einmal zu dem Beispiel mit der Nudelpackung zurück. Auf der Packung wird bildhaft ein schönes Esserlebnis suggeriert, bei dem das Produkt selbst eine untergeordnete Rolle spielt. Für dieses Esserlerbnis steht ein Symbol.

Viele Reize wirken indirekt in Form von Symbolen

Dieses Reagieren auf Reize in Form von Symbolen lässt sich an einem sehr einfachen Beispiel aus einem anderen Zusammenhang verdeutlichen. Wir haben gelernt, dass wir bei »Rot« an einer Ampel stehen bleiben müssen, bei »Grün« dürfen wir fahren. Tun wir es nicht, begeben wir uns in Gefahr. Allerdings bleibt es nicht uns allein überlassen, die Gefahr abzuschätzen und auf den Reiz »Rot« bzw. »Grün« nach eigenem Ermessen zu reagieren. Halten wir uns nicht an die allgemein gültigen Regeln, laufen wir »Gefahr«, dass uns ein Polizist zur Seite winkt oder uns ein Bußgeldbescheid ins Haus flattert. Wir müssten dann für unser Fehlverhalten büßen. Dies wäre eine negative Verstärkung und auch sie steuert unser Verhalten. Wir stoppen bei Rot, um diese negative Folge zu vermeiden.

So wird zum Beispiel der Verkauf vieler Markenartikel neben der Kommunikation des reinen Produktnutzens auch über ihren Symbolgehalt gefördert. Den Käufer etwa eines Herrenparfüms könnte die Versprechung reizen, am Image des erfolgreichen Mannes teilzuhaben, das durch den Gebrauch dieses Parfüms suggeriert wird.

IST MIT DEM PRODUKT ODER DER DIENSTLEISTUNG, DIE SIE VERTRETEN, EIN SYMBOLGEHALT VERBUNDEN ODER SINNVOLL ZU VERBINDEN, DEN SIE ALS KAUFANREIZ HERAUSSTELLEN KÖNNTEN?

Wechseln Sie die Perspektive: Versetzen Sie sich in die Rolle Ihres Kunden

Für Ermittlung und auch Nutzung eines Verhaltensmechanismus in der Verkaufs- und Werbepsychologie ist es grundsätzlich sinnvoll, die Perspektive zu wechseln. Das kann jeder Verkäuferin, jedem Verkäufer empfohlen werden. Gehen Sie nicht davon aus, was eigentlich sein müsste, sondern versetzen Sie sich stattdessen in die Rolle des Kunden. Überlegen Sie, wie Sie an seiner Stelle reagieren würden. Der Kunde will nicht überredet werden. Das heißt für Sie – auf der anderen Seite –, dass Sie überzeugen müssen.

Auch in Bezug auf das Setzen wirkungsvoller Reize ist ein Perspektivenwechsel hilfreich:

FRAGEN SIE NICHT: WIE KANN ICH REIZE ERFOLGREICH EINBRINGEN?, SONDERN: AUF GRUND WELCHER REIZE WÜRDE ICH MICH ALS KUNDE NICHT ENTZIEHEN KÖNNEN?

Wenn Sie soherum fragen, haben Sie sicher wirkungsvolle Ideen. Ihnen werden vielleicht Situationen einfallen, in denen auch Sie sich nicht haben entziehen können. Wer kennt das nicht ... ein Duft, eine Farbe, eine Melodie rufen in uns ein ganz bestimmtes Gefühl hervor. Fühlen wir uns dadurch in eine angenehme Stimmung versetzt, sind wir eher bereit, etwas zu kaufen. Wenn diese positve Stimmung nach Verlassen des Geschäfts nicht vergeht, sind wir mit unserem Kauf zufrieden. Es wird uns nicht einmal auffallen, dass weniger ein konkreter Sachnutzen als vielmehr ein diffuser Reiz unsere Kauflust ausgelöst oder verstärkt hat.

4 ZWEITES GRUNDMODELL: WAS HINTER DEM VERHALTEN STECKT – TIEFENPSYCHOLOGIE

Bestimmte Reize, auf die wir reagieren, sind vom kulturellen und gesellschaftlichen Umfeld abhängig und unterliegen dem Zeitgeist. Der kleine Ausflug in die Menschheitsgeschichte hat aber auch gezeigt, dass die Grundlagen des Reiz-Reaktions-Schemas sich nicht gändert haben.

Ihnen wird nicht entgangen sein, dass bisher die Frage ausgeklammert war, was unsere Stimmung überhaupt beeinflusst. Um hierfür ansatzweise zu Erklärungen zu kommen, müssen wir auf die Tiefenpsychologie blicken, die die Psyche in (mindestens) zwei Schichten gliedert: das Bewusstsein und das Unterbewusstsein.

Die meisten Entscheidungen und Handlungsantriebe erwachsen nicht dem Bewusstsein, sondern dem Unterbewusstsein

Das Bewusstsein repräsentiert unser Denken. Ob es uns gefällt oder nicht – es spielt eine recht bescheidene Rolle. Gesteuert werden wir zum großen Teil von unserem Unterbewusstsein, das für den charakteristischen Aufbau unserer Persönlichkeit zuständig ist. Hier entstehen Triebe und Antriebe. Über Schlaf, Hunger und Durst haben wir schon gesprochen. Hinzu kommen weitere Antriebe, die unterschiedlich klassifiziert werden. Ohne auf eine einzelne tiefenpsychologische Betrachtungsweise abzuheben und im Rahmen dieses Buches zu sehr ins Detail zu gehen, sollen einige genannt werden: der Selbsterhaltungstrieb, der Geschlechtstrieb, der Mutter- oder Bruttrieb. Aber auch alles, was mit Aggression zu tun hat, ebenso wie Macht, Herrschsucht und Habgier ist im Unterbewusstsein angesiedelt.

Der durch einen unbewussten Antrieb freigesetzten positiven oder negativen Energie kann man sich nur schwer entziehen

Antrieb, aus dem Blickwinkel der Physik betrachtet, bedeutet Energie. Energie im allgemeinen, aber auch im psychologischen Sinne hat die Tendenz, sich durchzusetzen. Je nach den Umständen kann sie positive oder negative Reaktionen auslösen. Negative Auswirkungen entladen sich in Gewalt, drastisch dokumentiert durch das Ausleben persönlicher Konflikte bis hin zu Gewaltakten ganzer Völker untereinander, über die täglich in den Medien berichtet wird.

Wir müssen zur Kenntnis nehmen, dass Menschen in bestimmten Situationen einfach »reagieren« und dabei sehr unterschiedliche Grenzen für das ziehen, was nicht überschritten werden darf. Positive Energie dagegen zeigt sich in erhöhter Leistungsfähigkeit und setzt zum Teil ungeahnte Kräfte frei. So ist es zum Beispiel immer wieder verwunderlich, wie konzentriert und schnell Arbeiten erledigt werden können, wenn man richtig motiviert oder z. B. voller Vorfreude auf seinen Urlaubsbeginn ist.

Dieser kleine Exkurs in die gesellschaftlichen Verhältnisse mag zum einen belegen, dass die tiefenpsychologische Trieb- und Antriebstheorie (leider) Recht hat.

Wendet man die daraus resultierenden Erkenntnisse an, wird zum anderen klar, dass man sich hier sehr rasch dem Feld nähert, wo Werben und Verkaufen die Grenze zum Unseriösen und Manipulativen erreicht und man sich – wie auch die schon im Teil A des Buches kurz angerissene Diskussion zeigt – an der Grenze dessen bewegt, was noch vertretbar ist und was schon nicht mehr.

Geschickt gesetzte Reize können die unterschiedlichsten unbewussten Antriebe ansprechen

Strapazieren wir ein weiteres Mal unser Nudelbeispiel. Durch eine bestimmte Abbildung auf der Verpackung oder in einem Werbespot könnten z.B. die unterbewussten Antriebe folgender sehr unterschiedlicher Esser angesprochen werden:

- die traute Familie, die mit Mamas Spezialrezept verwöhnt wird (Sicherheit und Geborgenheit),
- das nette junge Paar – der Abend verspricht etwas mehr als nur Essen (Verführung und Erotik),
- der Kraftprotz – Nudeln machen stark, diese Nudeln machen stark! – (Geltung und Macht),

Schon könnten wir darüber diskutieren, ob Nudeln erotisch sein oder Geborgenheit vermitteln können.

Um der Bandbreite im Verkauf gerecht zu werden, liebe Verkäufer/innen, ein zweites Beispiel, das Sie veranlassen soll, über Ihr direktes Verkaufsumfeld bzw. Ihr eigenes Verkaufsverhalten nachzudenken. Beachten Sie bei Beantwortung der folgenden Fragen bitte, welche unbewussten Antriebe Sie voraussetzen und ansprechen, wenn Sie die eine oder die andere Vorgehensweise wählen.

- Wem würden Sie den leistungsfähigeren Computer verkaufen? Dem Chef, der nur gelegentlich damit arbeiten will, oder eher seiner Sekretärin?
- Welche Argumente würden Sie verwenden – Prestigedenken bei dem Chef, Nützlichkeitsdenken bei der Sekretärin?
- Wären diese Argumente bei beiden Personen gleich?
- Wählen Sie bei beiden die gleiche Vorgehensweise?
- Oder setzen Sie voraus, dass Männer grundsätzlich mehr an Technik interessiert sind und Frauen eher an einem schicken Design?

Manipulation oder Argumentation?

Der Verkaufs- und Werbepsychologie wird gerne unterstellt, dass sie die unbewussten menschlichen Verhaltensweisen zu ihrem Vorteil ausnutzt und den Kunden im negativen Sinne verführen will. Der Appell ans Unterbewusste, der Verdacht der Manipulation fällt uns immer dann auf, wenn wir etwas nicht möchten oder mit einer getroffenen Entscheidung unzufrieden sind. Wir fühlen uns jedoch bestätigt, wenn Werbeaussagen mit unserem Eigenbild übereinstimmen. Zum Beispiel durch einen Werbespot für das Auto, für das wir uns entschieden haben und der ein Bild suggeriert, mit dem wir uns gerne identifizieren können und wollen. Wem gefällt es nicht, als ein ganz besonderer Mensch zu gelten, und sei es nur durch die Entscheidung für eine bestimmte Automarke? Die positive Darstellung bestätigt in diesem Fall die Richtigkeit der Entscheidung und wir werden uns nicht manipuliert fühlen.

Werbung suggeriert bewusst eine positive Welt mit Schönheit und Wohlbefinden auf vielerlei Arten. Denkgesteuert erkennen wir sehr wohl, dass die harmonische Familie um den Kaffeetisch nur in den wenigsten Fällen im Alltag vorkommt. Gefühlsbetont stürzen wir uns andererseits wohlig-schaudernd, aber sehr gerne in diese heile Welt. Vielleicht gerade dann, wenn es im eigenen wirklichen Leben ganz anders aussieht.

Zusammenfassend:

Die systematische Nutzung tiefenpsychologischer Erkenntnisse in Werbung und Verkauf muss an Punkten ansetzen, für die der Kunde auch empfänglich ist. Diese Ansatzpunkte müssen Sie als Verkäufer/in kennen oder in Erfahrung bringen.

Auch damit kehren wir zu einem schon in Teil A angerissenen Aspekt zurück: der Einordnung von Kundengruppen unter gemeinsamen Merkmalen, der Marktsegmentierung, mit dem Ziel, überhaupt Wirkung zu erzielen und dabei so wenig Streuverluste wie möglich zu haben. Werbung soll so nah wie möglich an den Verbraucher herankommen, damit Werbegelder nur für die Gruppen ausgegeben werden, die mit großer Wahrscheinlichkeit für ein bestimmtes Produkt in Frage kommen.

Folgendes gilt daher im übertragenen Sinn für jede Art von Verkaufstätigkeit:

ES IST IMMER HILFREICH, SCHON VOR DEM VERKAUFSGESPRÄCH MÖGLICHST VIEL ÜBER SEINE KUNDEN UND DEREN ERWARTUNGEN UND WÜNSCHE ZU WISSEN.

Bevor wir uns daher näher mit der instrumentellen Anwendung der Tiefenpsychologie für das Verkaufsgespräch befassen, sollten wir zunächst auf die Marktsegmentierung eingehen, die (auch) Ihnen als Verkäufer/in hilft, Ihre Kundengruppen zu strukturieren und Ihre Vorbereitungen zu verbessern, also darauf, wie man versuchen kann, Kunden zu klassifizieren und grundsätzliche Informationen über sie zu gewinnen.

5 ZWISCHENSPIEL: MARKTSEGMENTE UND LIFESTYLES

Um den Verbraucher und seine Verhaltensweisen gewissermaßen »einzukreisen«, wurden unterschiedliche Formen der Marktsegmentierung entwickelt, die ihren Ursprung größtenteils in den USA haben. Ein Teil der Unterscheidungskriterien ist psychologischer Natur, aber es kommen wirtschaftliche und andere Aspekte hinzu.

Wir greifen hier – als Basismodell – den so genannten »AIO-Ansatz« heraus. »AIO« steht für:

Activities = Aktivitäten in Beruf und Freizeit, Informations- und Konsumverhalten

Interests = Interessen in Bezug auf Ernährung, Beruf, Familie und Heim (emotional bedingtes Verhalten)

Opinions = Meinung über sich selbst, über Wirtschaft, Politik, Natur usw.

Kundengruppen werden verschiedenen »Lifestyle-Typen« zugeordnet

Auf Grund der jeweiligen individuellen Merkmalsausprägung in Bezug auf Aktivitäten, Interessen und Meinungen lassen sich Kunden zum Beispiel in verschiedene Lebensstile unterteilen. Drei grundlegenden Lebensstilen werden zwölf verschiedene »Lifestyle-Typen« zugeordnet, die durch »typische« Namen ein Gesicht erhalten sollen.

Den traditionellen Lebensstil repräsentieren:

Erika	– die aufgeschlossene Häusliche,
Erwin	– der Bodenständige,
Wilhelmine	– die bescheidene Pflichtbewusste.

Einen gehobenen Lebensstil pflegen:

Frank und Franziska	– die Arrivierten (die sich nach oben gearbeitet haben),
Claus und Claudia	– die neue Familie,
Stefan und Stefanie	– die jungen Individualisten.

Vertreter des modernen Lebensstils sind:

Michael und Michaela	– die Aufstiegsorientierten,
Tim und Tina	– die funorientierten Jugendlichen,
Martin und Martina	– die trendbewussten Mitmacher,
Monika	– die Angepasste,
Eddi	– der Coole,
Ingo und Inge	– die Geltungsbedürftigen.

Auch diese Typologien sind Modelle mit dem Manko, das Leben nur unter begrenzten Aspekten abbilden zu können. Sie verändern sich naturgemäß ständig durch gesellschaftliche Entwicklungen. Etwas karikiert sei hier angemerkt, dass noch Hoffnung für Erika, Wilhelmine und Erwin besteht, aber auch für Monika und Eddi, dass sie ihr Lifestyle-Leben nicht bis in alle Ewigkeit alleine fristen müssen. Oder ist der traditionelle Lebensstil im Aussterben begriffen? Sind Erika, Erwin und Wilhelmine Lifestyle-Witwen bzw. -Witwer ohne Chance, je einen neuen Partner zu finden? Vielleicht treffen sich ja auch Monika und Eddi einmal, um dann gemeinschaftlich über die Datenautobahn zu brausen oder im Internet zu surfen ... Zusammenpassen würden sie ja.

Trotz aller Begrenztheit, die Typologien immer anhängt, hat ihre Nutzung in der professionellen Werbung zweifellos in dem Sinn Erfolg, dass man mit ihrer Hilfe versucht, Werbebudgets optimiert einzusetzen.

»Yuppies« ...

Zu unseren alten Bekannten gesellen sich neue. Die bekanntesten sind die »Yuppies«, bei denen es sich, wie u.a. bei Gottschling/Rechenauer in ihrem Buch »Direktmarketing« nachzulesen ist, um in Städten lebende Aufsteiger zwischen 30 und 39 Jahren mit hohem Bildungsniveau und Einkommen handelt. Hinzuzufügen wäre dem noch, dass sie höchstwahrscheinlich mit einem Handy und einem Laptop ausgestattet sind.

Die Beschreibung der Yuppies hat sich schon stark von der psychologischen Klassifizierung entfernt und zielt stärker auf den wirtschaftlichen Aspekt. Dieses Zusammenlaufen von psychologischen und ökonomischen Merkmalen ist typisch bei Vorgehensweisen aktueller Marktsegmentierung. Greifen wir zur Verdeutlichung noch mehr interessante »Typen« heraus:

»Flyers« …

13- bis 25-Jährige (Teenager, Studenten und arbeitende Jugendliche mit einem Gesamtkaufkraftvolumen von immerhin 215 Milliarden Dollar) werden als »Flyers« (Fun Loving Youth En Route to Success = spaß-/unterhaltungsliebende Jugendliche auf dem Weg zum Erfolg) bezeichnet. Hier scheint die zweite Stufe der zunehmenden Amerikanisierung der deutschen Sprache gezündet worden zu sein. Zu ihren – zugegebenermaßen – aussagekräftigen Vokabeln gesellen sich nun auch noch französische Töne.

»Dinks« …

Da kann man sich Tim und Tina doch einfacher merken, die früher oder später vielleicht zu »Dinks« (Double Income No Kids – doppeltes Einkommen, keine Kinder) werden, wo beide Partner berufstätig sind, keine Kinder haben und ein ständig wachsendes Realeinkommen angenommen wird.

»Ultras« …

Ebenso könnten sie zu »Ultras« werden, einer Gruppe, die altersunabhängig einen extrem konsumorientierten Lebensstil pflegt.

Blieben noch »die Alten«, die für die Werbung als kaufkräftige Zielgruppe interessant sind. Zwischen 55 und 64 fallen sie in die Kategorie der »Nach-Karrieristen« und bezeichnen Vor-Ruheständler, die zwar aus dem aktiven Arbeitsleben ausgeschieden sind, aber neue Aktivitäten suchen.

»die jugendlichen 60er«

Der Begriff »die jugendlichen 60er« drückt schon aus, dass sich die Altersgruppe zwischen 60 und 69 absolut nicht mehr so typisch verhält, wie man es in früheren Jahren gewohnt war. Statt durch Rückzug aufs Altenteil, zeichnen sie sich durch Reise- und Konsumfreudigkeit aus. Aber ob auf Mallorca oder besser noch in heimischen Gefilden, ihre Kaufkraft soll in die gewünschten Bahnen gelenkt werden.

und »die aktiven 70er«

Schließlich gibt es noch die »aktiven 70er«, die ab einem Haushalts-Nettoeinkommen von mindestens 3.000 DM für die Werbung sehr attraktiv werden.

Bei allen Lifestyle-Gruppen wird ein bestimmtes Kaufverhalten vermutet

Bei allen Gruppen wird ein bestimmtes Kaufverhalten vermutet. In der weiteren Verfeinerung versucht man seit neuestem dieses Verhalten noch enger einzugrenzen, durch so genannte »mikro-geografische Segmentierung«. Sie basiert auf der Annahme »Gleich und Gleich gesellt sich gern«. Die Bundesrepublik wurde dazu in mikro-geographische Zellen eingeteilt, bis in die kleinstmögliche Einheit von einzelnen Straßenzügen. So sollen beispielsweise Verbraucher mit gleichen oder ähnlichen Einkommen, Lebensstilen usw. herausgefiltert werden, um ihnen speziell zugeschnittene Angebote zu unterbreiten.

Am Rande sei hier bemerkt, dass solche Feinklassifizierungen ganz wichtig für den Bereich des Direktmarketing sind. Ein großer Teil von Verkaufsaktivitäten wird durch Direktmarketing-Aktionen flankiert, sodass es je nach Ihrem Verkaufsumfeld interessant ist, sich damit auch etwas näher zu befassen. Sie finden deshalb in Teil D zur Kundenorientierung auch einen kurzen Abschnitt (Kap. 7.2) über dieses Thema.

Welchen Vorteil können nun Sie als Verkäuferin, als Verkäufer aus der Kundentypologie nach Lifestyles ziehen?

Die Kenntnis von Lifestyles und den Merkmalen damit verbundener Trends unterstützt Sie ganz allgemein bei der Differenzierung Ihrer Kundengruppen und dabei, die hinter einem vordergründigen Kaufwunsch stehenden Motive besser einschätzen und darauf eingehen zu können.

Die unterschiedlichsten Lifestyles existieren parallel zueinander

Manch gestandener Verkäufer mag das für alten Wein in neuen Schläuchen halten und darauf verweisen, dass es beim Verkauf schon immer darauf ankam, Menschen einzuschätzen und sich auf die Wünsche seines Gegenübers einzustellen.

Überdenken Sie an dieser Stelle aber die Darstellung des Wandels der Verkaufskultur (wie in Teil A beschrieben). Die Lifestyles sind keine Trends, die nacheinander ablaufen, sie existieren parallel zueinander. Es sind Gruppen, deren Mitglieder sich mit dem jeweiligen Stil identifizieren und die für die darauf ausgerichteten Botschaften und die zugehörigen Produkte empfänglich sind.

Für mehr Informationen über den sicher auch für Sie nicht uninteressanten Bereich der Lifestyles verweisen wir auf die vielfältige branchenorientierte Fachliteratur, da dieses Thema im Rahmen dieses Buches nur angerissen werden kann (siehe hier auch den Literaturteil).

6 Drittes Grundmodell: Der Mensch im Mittelpunkt – humanistische Psychologie

Verlassen wir den Exkurs und kehren wir zum tiefenpsychologischen Ansatz zurück. Den Unterschieden zwischen Menschen in Bezug auf Verhalten, Einstellungen, Wervorstellungen etc. soll mit Hilfe der Marktsegmentierung durch Einordnung in eine geeignete, möglichst feine Klassifizierung entsprochen werden.

Gibt es aber nicht auch noch andere Faktoren, die Verhalten grundlegender zu erklären vermögen?

Grundlegende anthropogene Faktoren: die Bedürfnispyramide von A. S. Maslow

Psychologen, die humanistische Ansätze vertreten, gehen von kultur- und situationsübergreifenden Erklärungsmodellen aus, wie sich aus der Tendenz zur Bedürfnisbefriedigung Handlungsimpulse ableiten. Am bekanntesten dürfte die Theorie des amerikanischen Psychologen A. S. Maslow sein. Maslow beschreibt fünf Stufen menschlicher Bedürfnisse, die nacheinander befriedigt werden müssen. Das heißt: Erst wenn die Bedürfnisse einer Stufe befriedigt sind, wird sich der Mensch der nächstfolgenden Stufe zuwenden.

Stufe 1: Grundbedürfnisse

Auf dieser Ebene geht es um das reine triebgesteuerte Überleben. Hier finden sich u.a. die bereits erwähnten Nahrungs-, Schlaf-, Fortpflanzungs- und Selbsterhaltungstriebe. Erst wenn diese Grundbedürfnisse zum größten Teil befriedigt sind, wendet sich der Mensch der Befriedigung der jeweils höher liegenden Bedürfnisse zu.

Stufe 2: *Sicherheitsbedürfnisse*
Hier geht es um physische Sicherheit und Geborgenheit.

Stufe 3: *Soziale Bedürfnisse*
Zugehörigkeit zu einer bestimmten Gruppe, Kommunikation, Freundschaft, Übernahme bestimmter sozialer Rollen usw.

Stufe 4: *Ichbezogene Bedürfnisse*
Zum Beispiel Bedürfnis nach Anerkennung und Leistung (Status, Macht und Geltung)

Stufe 5: *Bedürfnis nach Selbstverwirklichung*
Wenn alle elementaren Grundbedürfnisse abgedeckt sind, wendet der Mensch sich seinen höheren Bedürfnissen zu.
Jetzt kann er es sich im übertragenen Sinne »leisten«, ein »guter Mensch« zu sein und sich, ungeachtet eines möglichen finanziellen Vorteils, selbst zu verwirklichen, was sich z.B. durch ehrenamtliches Engagement in Kunst oder Kultur ausdrücken mag.

Maslows Bedürfnispyramide gilt zwar nicht als empirisch nachgewiesen, sie ist aber schlüssig und wird oft als psychologische Basis herangezogen.

Für das Verkaufen bietet die Bedürfnispyramide einen Ansatz, unabhängig von wechselnden Trends oder Lifestyles Reize setzen zu können, die die hinter Kaufmotiven liegenden Grundbedürfnisse der Menschen ansprechen.

Neben den nachweislichen Produktvorteilen spielen beim Kauf auch die Grundbedürfnisse eine Rolle

Zwar sind für einen Großteil unserer Gesellschaft die Bedürfnisse der ersten Stufe in der Regel befriedigt, die Bedürfnisse der anderen Stufen spielen jedoch als Antriebe des Kaufverhaltens eine Rolle.

Dazu ein Beispiel:

Beim Kauf eines Mittelklassewagens können, unabhängig von den »nachweislichen« Produktvorteilen, folgende Antriebe im Hintergrund stehen:

Der Käufer wählt

- obwohl ihm ein anderes Modell besser gefällt – letztlich einen Wagen, der weniger Komfort, dafür aber mehr Sicherheit bietet (Antrieb der *Stufe 2*),
- ein ganz bestimmtes Modell, um über den Wagen die Zugehörigkeit zu seiner sozialen Wunschgruppe zu demonstrieren (Antrieb der *Stufe 3*),
- ein für ihn eigentlich zu teures Modell, weil es als Statusobjekt dient (Antrieb der *Stufe 4*),
- ein Off-Road-Fahrzeug als Zweitwagen, um einem Hobby nachzugehen (Antrieb der *Stufe 5*).

7 Viertes Grundmodell: NLP – ein universales Instrument?

Vergröbert kann man sagen, dass Maslow das tiefenpsychologische Grundmodell fortführt und die dort feststellbaren Antriebe zu hierarchisch geordneten, klar fassbaren Bedürfnissen und Motiven erweitert.

»Neurolinguistisches Programmieren«, kurz NLP, führt demgegenüber Elemente der Verhaltenspsychologie und der Tiefenpsychologie zusammen. Der Begriff hebt auf drei wesentliche Aspekte der Methode ab. »Neuro« verweist auf den engen Zusammenhang der Methode zu den Qualitäten der Sinneswahrnehmung. »Linguistik« zielt auf den Umstand, dass die Art und Weise der Sprachverwendung Ausdruck für die Art und Weise des dahinter stehenden Denkens und Empfindens ist. »Programmieren« letztlich trägt der Tatsache Rechnung, dass unsere Sprachverwendung niemals willkürlich erfolgt, sondern festgefügten Mustern – Programmen – gehorcht.

Die Methode ging ursprünglich von der Klinischen Psychologie aus, hat sich aber rasch eine große Zahl weiterer Anwendungen erobert und ist vor allem intensiv und breit in der betrieblichen Kommunikation aufgegriffen worden. NLP übernimmt, sehr verkürzt gesagt, aus der Tiefenpsychologie das Sich-Hineindenken in sein Gegenüber und arbeitet mit Instrumenten der Verhaltenspsychologie, um Verhalten zu verstehen und eventuell Verhaltensmuster aufzubrechen.

Wir nehmen unsere Umwelt über unsere fünf Sinne wahr (Sehen, Hören, Fühlen, Riechen und Schmecken). In Bezug auf die Art und Weise der Welterfahrung ist bei jedem Menschen die Gewichtung der verschiedenen Sinne unterschiedlich. So gibt es visuell veranlagte Menschen, andere, die sich die Welt eher erfühlen und die Dinge buchstäblich begreifen müssen, und wieder andere, die Welt über Sprache erfahren.

Gedächtnisinhalte werden unterschiedlich repräsentiert

Je nachdem, über welchen Sinneskanal ein Inhalt aufgenommen wurde, wird er im Gedächtnis auch unterschiedlich dargestellt oder repräsentiert. Ein visueller Eindruck wird anders abgerufen als etwas, das man gelesen oder gehört hat.

Mit der Art der »Repräsentationsebene« von Inhalten im Gedächtnis verbunden ist auch eine bestimmte Art zu denken und zu empfinden, die in der Sprache des betreffenden Menschen zum Ausdruck kommt.

Die individuelle Art zu empfinden und zu denken kommt in der individuellen Art zu sprechen zum Ausdruck

Die Verwendung bestimmter Worte oder Redewendungen kann hier sehr aufschlussreich sein. Wenn jemand zum Beispiel »schwarz sieht«, ihm alles »sonnenklar« ist oder er die Welt durch eine »rosarote Brille« betrachtet, befindet er sich auf einer visuellen Repräsentationsebene. Wenn jemandem dagegen etwas »stinkt«, weil man ihm die »Suppe versalzen hat« und er nicht auf der »Schokoladenseite des Lebens steht«, bewegt er sich auf der Ebene des Geruchs und Geschmacks. Wenn es bei jemandem »Klick gemacht hat« oder ein anderer von »Tuten und Blasen keine Ahnung« hat, befinden wir uns auf einer auditiven Repräsentationsebene.

Wie kann NLP nun im Verkauf angewendet werden?

ACHTEN SIE AUF DIE WORTWAHL IHRES KUNDEN. SIE ERFOLGT NICHT WILLKÜRLICH, SONDERN IST UNMITTELBARER AUSDRUCK SEINER MOMENTANEN BEFINDLICHKEIT.

Wenn es Ihnen als Verkäufer/in gelingt, auf Grund der Wortwahl Ihres Kunden dessen aktuelle Repräsentationsebene zu ermitteln und auf genau dieser Ebene zu argumentieren und Kaufanreize zu setzen, holen Sie Ihren Kunden dort ab, wo er steht. Kommunizieren sie auf einer für Ihren Kunden momentan nicht aktuellen Ebene, besteht immer die Gefahr, dass Sie gewissermaßen an ihm vorbeireden.

Ein Beispiel:

Wenn Ihnen ein Kunde zu Anfang eines Beratungsgespräches eher nebenher mitteilt, er habe gerade einen »dicken Brocken zu verdauen« (sehr emotionale Ebene des Geschmacks), werden Sie seiner Befindlichkeit nicht gerecht, wenn Sie ihm ein Blatt zu lesen geben, auf dem die Vorteile Ihrer Dienstleistung kurz zusammengefasst sind (und damit auf einer visuellen und abgehobenen Ebene agieren).
Versuchen Sie vielmehr zunächst durch Nachfragen oder Bestätigungen ebenfalls auf die emotionale Ebene einzusteigen, Ihren Kunden so zunächst in seiner Befindlichkeit anzunehmen um dann vorsichtig zu Ihrem Thema überzugehen.

Es bedarf einiger Erfahrung, um NLP gezielt im Verkauf einzusetzen

Sicherlich bedarf es einiger Erfahrung, um NLP gezielt im Verkauf einsetzen zu können. Eine umfassende Erörterung der sich hier bietenden Möglichkeiten würde allerdings weit über den Rahmen des vorliegenden Buches hinausgehen. Zur Klärung der Frage, was NLP ganz konkret bedeutet und wie dieses Verfahren im Verkauf angewendet werden kann, verweisen wir erneut auf die einschlägige Fachliteratur bzw. entsprechende Fortbildungsmöglichkeiten.

Einerseits erfolgreich, wird gerade diesem Ansatz auch heftige Kritik entgegengebracht. Engagierte Verfechter preisen NLP als eine universale Methode an, die alles möglich macht. Sie stören sich nicht daran, dass damit beliebige Ziele umgesetzt werden sollen und dass hier ein reines Instrumentarium angeboten wird. Die Devise lautet: Nur der Erfolg zählt und mit NLP kann man extrem erfolgreich sein. Wie weit dies reicht, mag noch mit dem Hinweis angedeutet werden, dass NLP auch Einzug in die Lernpsychologie gehalten hat und dass seriöse und wissenschaftlich fundiert arbeitende Pädagogen den Ansatz aufgreifen.

Kritiker haben hingegen größte Bedenken gegen das mit dem Unterbewusstsein arbeitende Verfahren. Sie werfen ihm vor, dass, es ohne eigene Ziele auszuweisen, in beliebige Dienste gestellt werden kann und dass dem Missbrauch und der Manipulation so Tür und Tor geöffnet wird.

8 Persönliches Verhalten in Verhandlungs- und Verkaufssituationen

Schubladendenken wird individueller Kundenorientierung nicht gerecht

Fassen wir zusammen: Das Wissen um die verschiedenen Zielgruppen und ihr beobachtbares Verhalten kann für den aktiven Verkauf sehr nützlich sein. Es wäre allerdings, wie schon einmal gesagt, nicht ratsam, einen Kunden mit einem kurzen Blick abzuschätzen, in eine bestimmte Kategorie einzustufen und ihn dementsprechend zu behandeln. Das sollte man nicht nur im Verkauf unterlassen, sondern generell im Umgang mit seinen Mitmenschen. Wie leicht täuscht man sich in seinem Urteil, ob jemand reich oder arm, klug oder dumm, nett oder unfreundlich ist. Das findet man erst nach und nach heraus und kann es sicher nicht an Aussehen, Auftreten oder Statussymbolen festmachen.

Schließen Sie nicht von sich auf andere

Zu einem vorschnellen Urteil kommt man manchmal auch, weil man seine eigenen Empfindungen und Erwartungen in sein Gegenüber hinein interpretiert.

Haben wir einen ausgesprochen guten Tag, geht uns nicht nur alles leichter von der Hand, die ganze Welt um uns herum wirkt plötzlich strahlender und jeder scheint uns freundlich anzulächeln. Ganz anders unsere Empfindungen im gegenteiligen Fall. Ist man schlecht gelaunt, geht anscheinend alles, was man anfasst, daneben und ein Lächeln wird nicht mehr als freundlich, sondern schnell als hämisch oder zynisch empfunden. Doch zwischen Schwarz und Weiß gibt es bekanntlicherweise einige Schattierungen und so wollen wir hoffen, dass ein Lächeln an einem unserer schlechten Tage dazu führt, dass sich unsere Stimmung bessert.

Die eigene Grundeinstellung ist ganz wesentlich für unsere Wirkung auf andere Menschen.

Dies gilt besonders im Verkauf, um den es hier schließlich geht. Ein Mensch, der positiv denkt oder so zu denken gelernt hat, der mit sich zufrieden ist und auch einmal über sich selbst lachen kann, wird es in vieler Hinsicht leichter haben. Macht dieser Mensch einen Fehler, wird er ihn unumwunden zugeben können, ohne die Schuld dafür bei anderen zu suchen.

Ganz anders ein Mensch, der – aus welchen Gründen auch immer – ständig unzufrieden ist. Unterläuft ihm ein Fehler oder ein Missgeschick, wird er versuchen, andere dafür verantwortlich zu machen oder sich herauszureden. Je mehr er es versucht, desto tiefer wird er sich verstricken und sich dadurch möglicherweise sogar lächerlich machen. Denken Sie nur an die Beispiele in der Fernsehserie »Versteckte Kamera«. Je mehr der Hereingelegte die Nerven verliert, desto mehr wird gelacht.

Die Wurzeln für unser Selbstwertgefühl werden in unserer Kindheit gelegt

Unser Selbstbild, unser Selbstwertgefühl sind ganz entscheidend für unser Verhalten. Zum großen Teil werden die Wurzeln dafür in der Kindheit gelegt. Wem ständig gesagt wird, er oder sie sei ein Versager, der braucht schon viel Selbstmotivation, um sich darüber hinwegzusetzen. Auf den Bereich Verkauf bezogen, wird es für diesen Menschen nicht einfach sein, offen und freundlich auf Menschen zuzugehen, erwartet er doch – wie einprogrammiert – zu versagen oder eine Abfuhr zu bekommen.

Man sollte aber nicht den Fehler machen, alles, was angeblich nicht geleistet werden kann, auf die eigene falsche »Programmierung« in der Kindheit zu schieben. Für sich und sein Tun ist jeder ab einem bestimmten Punkt in seinem Leben selbst verantwortlich. Nicht nur während der Kindheit, das ganze Leben lang kann das Selbstwertgefühl angeknackst werden. Trennung, Arbeitsplatzverlust oder »Mobbing« seien hier als Beispiele genannt. Manche Menschen werden so »nachträglich« aus der Bahn geworfen. Doch irgendwann muss der Punkt kommen, wo man den Weg aus dem dunklen Tunnel zurück ins Tageslicht antritt. Denn meistens kommt niemand, der die Steine aus dem Weg räumt, und einen Kunden interessiert es herzlich wenig, was Sie persönlich bedrückt. Wenn er sich zum Beispiel über das ständige Nicht-Einhalten von Terminen ärgert, wird er bestimmt nicht Ihren psychologischen Hintergrund als Entschuldigung hinnehmen oder Ihnen unendlich Verständnis entgegenbringen.

Ebenso wird arrogantes Gehabe, hinter dem sich meistens Unsicherheit versteckt, nicht zum (Verkaufs-)Erfolg führen. Ob älterer Herr oder jüngere Frau und alle möglichen Varianten der Kundenstrukturen, die dazwischen liegen –

nehmen Sie zur Verdeutlichung wieder den Perspektivenwechsel vor: Wenn Sie von einem Verkäufer von oben herab behandelt werden, werden Sie dort erstens nicht kaufen und zweitens ein negatives Bild weitertransportieren.

Selbstmanagement ist systematisch trainierbar

Was wir hier in einigen Absätzen auf der Alltagsebene formuliert haben, lässt sich ausweiten zu einem Selbstmanagement, das systematisch trainierbar ist. Trauen Sie den Ratgebern nicht – egal ob in Buchform oder Seminar –, die per se davon ausgehen, dass jeder Verkäufer in jeder Lebenslage einfach »gut drauf« ist, dass er dies sein muss und dass es gar nichts anderes gibt. Sie wissen es selbst: Ihre Realität sieht oft anders aus. Es kommt vielmehr darauf an, was man daraus macht, und an sich zu arbeiten.

Ob Sie sich nun auch einmal schlechte Stimmung zugestehen oder nicht, ob Sie Ihr Selbstmanagement professionalisieren möchten oder ob Sie eine diesbezügliche Schulung wahrnehmen oder ohne auskommen wollen, auf den Kunden durchschlagen dürfen Unzufriedenheit und Unsicherheit niemals.

Überzeugen Sie durch fachliche und persönliche Kompetenz. Perfektionismus wird nicht von Ihnen verlangt. Verstecken Sie sich nicht hinter moderner Technik, auswendig gelernten Floskeln oder unverständlichen Fremdwörtern. Wenden Sie sich wirklich aktiv Ihrem Kunden zu, hören Sie ihm zu und sprechen Sie in seiner Sprache mit ihm. Versuchen Sie, so gut es geht, seine Wünsche zu erfüllen oder für ihn eine vernünftige Problemlösung zu finden. Denken und handeln Sie manchmal auch ein wenig über den eigentlichen Anlass hinaus. Nehmen Sie Ihrem Kunden Arbeit ab oder ersparen Sie ihm Zeitverluste. Er wird es Ihnen danken. Mit diesem Appell leiten wir zum Thema Kundenorientierung über, auf das wir im Teil D ausführlich zurückkommen werden.

9 Kaufmotive und deren Erkennung

Warum eigentlich kauft Ihr Kunde bei Ihnen und nicht beim Wettbewerber?

Wunscherfüllung, Problemlösung, Kundennutzen, nennen Sie es, wie Sie wollen, wichtig für Sie ist, die Motive herauszufinden, warum sich Ihr Kunde für Ihr Produkt interessiert oder Ihnen die Treue hält. Es ist sicher nicht nur der Preis.

Um es an einem Beispiel festzumachen: Man kauft nicht nur ein Auto. Man kauft Sicherheit (ABS und Airbag), Bequemlichkeit (fünf Türen statt zwei), Geltung (kann der/die sich aber ein großes Auto leisten ...) Macht und Überlegenheit (runter von der linken Spur, ich bin schneller ...).

Kaufmotive liegen nicht notwendig nur im Bereich nachweisbaren Produktnutzens

Nachdem wir, nachdem Sie über Reiz-Reaktions-Schemata und unbewusste Motive nachgedacht haben, werden Sie zu jenen Verkäufer/innen gehören, die erkannt haben, dass auch ihre Kunden aus solch anscheinend »unfunktionalen« Beweggründen kaufen werden. Vertiefen Sie dies und hören Sie bei Ihrem nächsten Verkaufsgespräch noch genauer hin. Worauf kommt es Ihrem Kunden wirklich an, was erwartet er/sie von Ihnen?

Nehmen Sie immer wieder den Perspektivenwechsel vor

Und nehmen Sie immer wieder den Perspektivenwechsel vor. Fangen Sie bei sich selbst an: Warum rauchen Sie eine bestimmte Zigarettenmarke oder lieben diese und keine andere Schokolade, besuchen ein bestimmtes Restaurant, fahren eine bestimmte Automarke, bevorzugen Kleidung eines bestimmten Herstellers, die Sie nur in einem bestimmten Laden kaufen.

KAUFMOTIVE ZU ERKENNEN IST DER ERSTE SCHRITT AUF DEM WEG ZUM ERFOLGREICHEN VERKAUFEN.

Aber nicht nur erkennen, sondern auch akzeptieren. Das Produkt muss nicht Ihnen gefallen, sondern Ihrem Kunden. Es ist leichter, ihm etwas zu verkaufen, was er will, anstatt zu versuchen, ihn zu ändern.

Fachwissen geht über das reine Produktwissen hinaus

Fachwissen und Fachkompetenz sind weiterere wichtige Bausteine für Ihren Verkaufserfolg. Fachwissen geht über das reine Produktwissen hinaus und sollte reale und emotionale Bedürfnisse ebenfalls abdecken können, die sich sinnvollerweise sogar ergänzen.

Versuchen Sie auch emotionale Bedürfnisse abzudecken

Zum Beispiel kann es verkaufsfördernd sein, das ganz reale Bedürfnis nach eigener Sicherheit durch den Hinweis zu verstärken, dass (alle) Produktbestandteile biologisch abbaubar, garantiert schadstofffrei usw. sind, und so auch das emotionale Bedürfnis »Sicherheit für die Umwelt« abzudecken. Auch hier heißt es, nicht irgendetwas einfach so weiterzugeben. Sie sollten schon mit den Grundzügen biologischen Abbaus vertraut sein und Schadstofffreiheit nicht nur durch Worte garantieren können.

Seien Sie ehrlich: Argumentieren Sie aus der Sicht Ihres Kunden

Selbst Nachteile zu erwähnen oder zuzugeben kann sich manchmal als Instrument der Verkaufsförderung herausstellen, spricht es doch für Ihre Ehrlichkeit. Haben Sie das Ihrem Kunden erst einmal bewiesen, wird er Ihnen auch bei späteren Einkäufen oder bei Empfehlungen sein Vertrauen schenken. Gehen Sie mit offenen Augen und Ohren und geschärften Sinnen durch Ihr Leben. Übernehmen Sie nicht alles, ohne zu hinterfragen. Treten Sie dem so viel genannten König Kunde als ebenbürtiger Partner gegenüber – nicht als Hofnarr.

10 Bewerten Sie Ihre Persönlichkeit und Ihr Können als Verkäufer/in

Spätestens mit der letzten Bemerkung haben wir den Boden der »fachlichen« Qualifikation verlassen und uns der Frage der Verkäuferpersönlichkeit zugewendet. Freundlichkeit, Stimmung, Umgang mit Frustration – diese Aspekte der Tagesform und dass sie mit einem Selbstmanagement professionalisiert in den Griff zu bekommen sind haben wir schon besprochen. Jetzt geht es um die grundsätzlichen Haltungen und Einstellungen, um Ihren Standpunkt zu Ihrem Beruf überhaupt.

Sie kennen die beiden gegensätzlichen Meinungen: »Man muss zum Verkäufer geboren sein« oder »Man kann alles lernen, wenn man es will«. Ist es nicht eher so: Ein Verkäufer, der seinem Beruf positiv gegenübersteht, wird kaum darüber nachdenken müssen, was wichtig ist, um erfolgreich zu sein. Er wird es intuitiv tun. Er wird sich für sein Fachgebiet und darüber hinaus für seine Umwelt interessieren. Seminare und Schulungen sind für ihn kein lästiges Übel, sondern eine willkommene Gelegenheit, mehr zu lernen. Kurzum: Er ist mit sich selbst im Reinen, von seinem Naturell her freundlich und wird sein Wissen und seine Fähigkeiten so selbstverständlich umsetzen, dass er andere automatisch motiviert, z.B. bei ihm zu kaufen.

Wissen, gepaart mit Ehrlichkeit, Freundlichkeit und Respekt gegenüber dem Kunden macht die Persönlichkeite eines erfolgreichen Verkäufers aus. Verkaufsabschlüsse, die durch Tricks zu Stande gekommen sind, sind nicht nur unerfreulich, sondern der Erfolg ist in der Regel nur kurzlebig. Einfach das halten, was man verspricht, ist Verkaufspsychologie im positiven Sinn.

Der Erfolg von durch Tricks zu Stande gekommenen Verkaufsabschlüssen ist sehr kurzlebig

Aber: Die äußeren Umstände des Verkaufens sind schwierig genug geworden. Unternehmensseitig wird in immer kürzerer Zeit immer mehr verlangt, Termindruck, Schwindel erregende Sollvorgaben, immer mehr Verantwortung drücken die meisten Verkäufer. Markt- bzw. kundenseitig treffen wir auf eine veränderte Verkaufskultur und einerseits auf immer höhere Ansprüche, andererseits aber auch auf ein negatives Image von Verkauf und Verkaufen.

Wir wollen dieses Spannungsfeld anhand von vier Fragen aufarbeiten, die Sie zunächst für sich selbst beantworten sollten, bevor Sie die entsprechenden Passagen durchlesen.

1. Frage: Wodurch fühlen Sie sich am besten motiviert und wie stehen Sie zu Erfolgssystemen?

Keine Frage, das, was Sie gegenüber Ihren Kunden anwenden kann Ihr Chef – übertragen und abgewandelt – natürlich auch Ihnen gegenüber anwenden: Eine Palette motivierender Elemente. Auch Chefs, die interessehalber zu diesem Buch über Verkaufen gegriffen haben, sollten an dieser Stelle weiterlesen. Denn Sie arbeiten als Chef an den gleichen Problemen wie »Ihre« Verkäufer, nur aus dem gegenüberliegenden Blickwinkel.

Bevorzugen Sie umsatzabhängige Motivationsanreize – sind also extrinsisch motiviert?

Im Rahmen dieses Buches soll nicht im Einzelnen auf die hinreichend bekannten Prämiensysteme und Erfolgsbeteiligungen eingegangen werden, sondern nur ganz kurz auf die anscheinend immer beliebter werdenden »Incentive-Reisen«. Auf den ersten Blick scheinen sie nur Geld zu kosten. Schaut man genauer hin, wird man das Gegenteil feststellen: Es wird »spielerisch« mehr Geld verdient! Um an diesem »Spiel« teilnehmen zu können, müssen die Verkäufer einen höheren als den üblichen Mehrumsatz machen, z. B. bis zu 20% über den Steigerungsraten, die sowieso erwartet werden. Es ist für das Unternehmen, aber auch für den einzelnen Verkäufer, ein gutes Geschäft. Durch seine Mehrverkäufe erhält er ja automatisch schon mehr Verkaufsprämie. Erfüllt er alle Gewinn-Kriterien, erhält er die zusätzliche

Chance, eine schöne Reise zu machen – je nach Unternehmens-Philosophie – mit oder ohne Partner(in). Reisekosten und alle Nebenkosten machen nur einen Bruchteil der Summe aus, die so mehr verdient wird.

Oder bevorzugen Sie intrinsische – also in der Sache selbst liegende – Motivationen?

Was für Verkäufer/innen mit umsatzabhängigen Gehaltsbestandteilen, Prosivionen und Incentives selbstverständlich ist, lehnen andere ab, buchen es sogar abwertend in die Rubrik der Manipulation oder Ausnutzung des Spieltriebs des Menschen. Vielleicht gehören Sie zur Gruppe jener Verkäufer, die eigentlich eine der Sache innewohnende (intrinsische) Motivation bevorzugen und gegen Verkaufsanreize skeptisch sind? Zum Beispiel, weil Sie dies für Ihre Branche als nicht angemessen, als zu unseriös empfinden?

Unabhängig davon ob Sie erfolgsbeteiligt oder nicht erfolgsbeteiligt arbeiten, ob Sie Erfolgsbeteiligung als Chance begreifen, gut und richtig finden oder zwangsläufig in Kauf nehmen, fragen Sie sich bitte, was Ihre Motivation ausmacht. Fragen Sie sich, warum Ihr Chef das Vertrauen in Sie haben kann, dass Sie den größten Nutzen für Ihr Unternehmen durch optimale Bedienung des Kunden gewährleisten (was keinesfalls immer maximalen Verkauf bedeutet!). Und wenn Sie selbst keine Erfahrung mit solchen verkaufsfördernden Aktionen haben, sprechen Sie einmal mit denjenigen, die sich schon einmal daran beteiligt haben. Garantiert werden Sie keine niedergedrückten Menschen erleben, die sich ausgebeutet fühlen. Im Gegenteil, Sie werden stolze Gewinner treffen, die sich schon auf die nächste Herausforderung freuen.

2. Frage: Wie begegnen Sie Vorbehalten gegenüber dem Verkauf?

Es gibt viele Vorurteile

Besondere Verkaufsanreize zu schaffen liegt im Prinzip auf der gleichen psychologischen Ebene, wie »einfach« verkaufen mit »bekannten« Mitteln. Solange alles seriös und legal abläuft, wird niemand etwas dagegen einwenden. Sie werden aber auch Situationen erleben, wo Verkauf im Allgemeinen und Verkaufsanreize im Besonderen als negativ empfunden werden.

Viele Kunden sind skeptisch und verunsichert

Das mag zum Teil daran liegen, dass es so viele abschreckende Beispiele gibt. Auch wenn Sie selbst Verkaufsanreize akzeptieren, werden Sie auf skeptische Kunden treffen, die Ihnen vielleicht unterstellen: »Der verkauft mir das doch nur, weil er seine Provision kassieren will.«

Gerade in der heutigen Zeit müssen Sie viel Überzeugungskraft aufbringen, um Ihre Glaubwürdigkeit zu unterstreichen, weil der Verbaucher nichts und niemandem mehr so richtig traut oder auch trauen kann.

Schwarze Schafe schaden der Verkaufskultur

In diesem Zusammenhang verweisen wir auch ein weiteres Mal auf den in Teil A beschriebenen Wandel der Verkaufskultur. Verkaufskultur wird schon lange nicht mehr nur von Unternehmen geprägt und schwarze Schafe, die diese Verkaufskultur verderben, finden sich längst nicht mehr nur in den Drückerkreisen. Denken Sie nur an Pseudo-Hilfsorganisationen, die Spendengelder missbrauchen oder daran, wie fragwürdige Sekten auf Mitgliederfang gehen.

Besonders im letzteren Fall appellieren die Verkäufer an Sehnsüchte und Wünsche und »versprechen«, dass mit ihren Produkten ein Stück Glück mit gekauft wird. Hilfe, Geborgenheit und Zuwendung scheinen nur durch zum Teil erheblichen Einsatz von Geld zu bekommen zu sein.

Überhöhte Preise für Bücher oder Selbsterfahrungskurse sind der Preis für eine Eintrittskarte in eine scheinbar »heile Welt«. Sie werden von Betroffenen immer wieder Sätze hören, wie »Ich bin dort so freundlich aufgenommen worden« oder »Dort herrschte so eine friedliche Stimmung«. Wenn dann das Erwachen kommt, ist es für eine Ausstieg meistens zu spät.

Durch solche Vorgehensweisen hat Verkaufen in manchen Bereichen einen negativen Touch bekommen. Damit müssen Sie sich als Verkäufer zunehmend auseinandersetzen. Ihre Verkaufspraktiken mögen serös und ehrlich sein, bedenken Sie, dass der Verbraucher vieles nicht auseinanderhalten kann und Sie gefordert sind, auf im Markt herrschende ablehnede Haltungen zu reagieren.

Wo aus einem »Nein danke, ich brauche nichts« nicht nur ein »Ich brauche das zwar, aber warum soll ich gerade bei Ihnen kaufen?«, sondern sogar ein »Was wollen Sie mir andrehen?« geworden ist, werden Sie hohe Sensibilität, besondere Überzeugungskraft und ausgeprägte Kundenorientierung einsetzen müssen.

3. Frage: Was möchten Sie wirklich erreichen?

Wenn Sie als Verkäufer – und Mensch – etwas erreichen wollen, müssen Sie wirklich aktiv sein. Laufen Sie nicht wie ein Hamster im Rad, der nie vorwärts kommt. Dieses Bild hat ein großes Kreditinstitut in seiner Werbung einmal sehr treffend dargestellt. Dort wurde in einer ganzseitigen Anzeige ein solcher Hamster gezeigt, zusammen mit dem Slogan »Unter Vorwärtskommen verstehen wir etwas anderes«. Diese Anzeige hätte sich gut als Motivation an manchem Badezimmerspiegel gemacht!

Für andere hat man ja oft viele Ratschläge, wie man sich motivieren kann, um erfolgreich zu verkaufen oder wie man mehr aus sich und seinem Beruf machen kann. Das wissen Sie als Angestellter, als freier Mitarbeiter und als Chefin oder Chef gleichermaßen. Sie befinden sich (hoffentlich!) nicht in einem Hamsterrad, sondern auf der Treppe, die nach oben führt. Dafür reicht es nicht, einfach planlos vor sich hinzuarbeiten. Sie sollten sich Ihr ganz persönliches Karriere-Ziel festlegen und es nicht aus den Augen verlieren. Gehen Sie zielstrebig Schritt für Schritt vorwärts. Klappt nicht alles auf Anhieb, geben Sie nicht auf, sondern versuchen es erneut. Mit Ausreden – auch vor sich selbst – kommen Sie nicht weiter. Das soll das folgende Beispiel, das aus einem Verkäuferseminar stammt, verdeutlichen:

ICH WILL NICHT – sagt der Herumlungerer.

ICH KANN NICHT – sagt der Versager.

ICH WEISS NICHT – entschuldigt sich der Faulpelz.

ICH WÜNSCHTE, ICH KÖNNTE – schwärmt der Träumer.

ICH KÖNNTE UND SOLLTE EIGENTLICH – sagt der, der aufwacht.

ICH WILL ES VERSUCHEN – spricht der, der aufgestanden ist.

ICH KANN – sagt der, der schon unterwegs ist.

ICH WILL – spricht der, der schon an der Arbeit ist.

ICH HAB'S GETAN – sagt der, der jetzt Boss ist.

Auf welcher Stufe befinden Sie sich gerade? Schon auf dem Sprung zum Boss? Das kann und wird nicht jedem gelingen. Sie können durchaus zufrieden sein, wenn Sie sich auf der zweiten oder dritten Vorstufe dazu befinden. Lernen Sie, Ihre Fähigkeiten und Ihre Grenzen realistisch einzuschätzen. Ihr

Erfolg kann dabei auch in Beschränkung oder Ergänzung liegen. Stecken Sie Ihre Energie in Dinge, die Sie beherrschen. Es gibt hervorragende Köche, die aber als selbstständige Gastronomen überfordert wären. Andere wieder können wunderbare Texte schreiben, sind aber nicht in der Lage die Bilder dazu zu zeichnen. Ein berühmtes Beispiel dafür sind die geistigen Väter von Asterix: Zwei unterschiedliche Talente, die sich sehr erfolgreich ergänzt haben.

Bezogen auf Ihr jeweiliges Verkaufsumfeld bedeutet das: Entscheiden Sie sich für die Branche, die Abteilung oder die konkrete Aufgabe, der Sie sich gewachsen fühlen. Für Dinge, die Sie nicht leisten können, suchen Sie sich besser einen kompetenten Partner.

4. Frage: Sehen Sie Ihren Verkaufsalltag realistisch?

Was passiert, wenn ein Kunde feststellt, dass er beim Einkauf eine falsche Wahl getroffen hat? ... Gnade dem Verkäufer, denn er ist ja greifbar, sei seine Absicht auch noch so gut gewesen. Verstehen wir uns richtig: Hier ist nicht die Reklamation gemeint, sondern der Fall, dass der Kunde am nächsten Tag oder später den Kauf bereut. Wem das passiert, der ist dann schnell mit dem Urteil zur Hand, er sei mit psychologischen Mitteln verführt worden. Eigentlich hätte er es gar nicht gewollt, aber Zeitungsanzeigen, Werbespots, Werbebriefe oder letztendlich der Verkäufer hätten ihm eine ganz bestimmte Meinung suggeriert, in diesem Fall: hätten ihn negativ beeinflusst.

Hier ist wohl die Frage erlaubt, wo denn der mündige Bürger und Verbraucher geblieben ist. Denn keiner kann unter normalen Umständen einem anderen etwas aufzwingen, was er nicht will. Schließlich können Sie den Kunden das Denken und die endgültige Entscheidung nicht abnehmen. Gegen die Ausreden der Kunden vor sich selber nach einem Fehlkauf können Sie zwar nichts unternehmen. Aber Sie können Verkaufspsychologie im positiven Sinn einsetzen, nicht manipulativ.

Nutzen Sie – wenn Sie die Gelegenheit haben – beispielsweise die Vorteile der konsequenten Zielgruppenorientierung. Sie bietet Ihnen die Möglichkeit, potenzielle Kunden herauszufiltern, die für Ihr Produkt oder Ihre Dienstleistung mit großer Wahrscheinlichkeit in Frage kommen. So vergeuden Sie keine Zeit mit Angeboten, für die kein Bedarf besteht oder mit Gesprächen, an denen Ihr Gegenüber kein Interesse hat. Investieren Sie Ihre Energie besser in erfolgversprechendere Kontakte, die sich langfristig auszahlen.

Manchmal ist eine genaue Zielgruppenanalyse im Vorfeld nicht möglich. Denken Sie nur an den Einzehandel, wo die unterschiedlichsten Kunden den Laden betreten. Doch ob mit oder ohne Analyse, es wird in allen Verkaufsbereichen Kunden geben, die »Nein« zu Ihrem Angebot sagen. Haben Sie den Mut, nach den tatsächlichen Gründen für dieses »Nein« zu forschen. Einwände sollten Sie realistisch und nicht als persönliche Ablehnung betrachten. Und schließlich können Sie aus solchen Gesprächen für zukünftige Verkaufssituationen bestimmt nützliche Erfahrungen gewinnen.

Fazit: Als Verkäufer/in wird von Ihnen sehr viel gefordert. Doch wenn Sie diesen Beruf gewählt haben, gehört das nun einmal dazu. Und Sie wissen ja, vor den Erfolg haben die Götter den Schweiß gesetzt.

C Aktiv verkaufen – besser verkaufen. Was ist damit gemeint?

1 Was bedeutet Verkaufen?

Als Verkäufer haben Sie Ihren Beruf gewählt, weil Sie damit die Möglichkeit haben, mit Ihrer Initiative und der engagierten Entfaltung Ihrer Aktivität Ihre Leistung, Ihren Erfolg und Ihren Wert selbst zu erarbeiten und zu bestimmen.

Ihr Beruf findet in der Öffentlichkeit statt. Sie haben etwas anzubieten, das ein anderer nötig braucht, das er vielleicht brauchen könnte, oder sogar etwas völlig Neues, das noch niemand kennt, von dem Sie aber annehmen, dass dafür ein Bedarf besteht.

Interessenten und Kunden sind in den letzten Jahren zunehmend bewusster, informierter und kritischer geworden

Sie befinden sich mit Ihrem Angebot auf dem »Markt« und bieten es dort an. »Dort« ist: im Einzelhandel als Fachverkäufer, im Großhandel, im Werkverkauf oder im Import/Export als Vertreter, im Dienstleistungsgeschäft als Vermittler oder als ausführender Dienstleister. Sie sind auf dem Markt nicht der einzige Anbieter. Interessenten und Kunden, die in den letzten Jahren zunehmend bewusster, informierter und kritischer geworden sind, kommen, um die verschiedenen Angebote zu sehen und zu prüfen.

Das heißt: Menschen umgeben Sie in Ihrem Beruf, viele Menschen, völlig verschiedene Menschen. Mit ihnen müssen Sie reden, ihnen gut zuhören, sie fragen, ihre Wünsche herausfinden, ihre Probleme anhören, ihnen dazu Lösungen empfehlen u. a. m. Kurzum, Sie müssen mit Menschen umgehen können und gern mit ihnen umgehen wollen. Auch das notwendige Fachwissen, die Kenntnis der Waren und Leistungen Ihrer Angebotspalette müssen Sie erwerben und beherrschen.

Um besser und optimal zu verkaufen, muss man eine Menge können und wissen. Noch nirgends ist ein Meister vom Himmel gefallen, und um ein guter Verkäufer zu werden, muss man nicht dazu geboren sein. Voraussetzung ist vielmehr, dass Sie lernwillig und lernfähig sind und dass Sie intensiv lernen. Sie sollten keine Scheu vor anderen Menschen haben und ihnen offen entgegengehen können. Unabdingbar ist, dass Sie mit Freude und Begeisterung an Ihre

Aufgabe herangehen und Ausdauer haben. Fünf gesunde Sinne sollten Sie für Ihren Beruf mitbringen, einen realistischen Verstand, etwas Mutterwitz und eine Portion Humor. Ein wachsames Gefühl sollte schließlich nicht fehlen.

Verkaufen, was ist das, was beinhaltet das? »Die Bedürfnisse von Menschen zu befriedigen, ihre Wünsche zu erkennen und zu erfüllen.« Das gelingt Ihnen, wenn Sie richtig fragen, aufmerksam zuhören, mit Ihrem Angebot motivieren und überzeugen können. Tauchen dabei Probleme auf, können Sie diese nur partnerschaftlich mit Ihrem Kunden lösen und ihn schließlich zum Kauf führen.

»Besser verkaufen« ist Außergewöhnliches für den Kunden zu leisten

Und was ist »Besser verkaufen«? »Außergewöhnliches für den Kunden zu leisten.« Das kann eine Kleinigkeit sein, ein zusätzlicher Service, z.B. den Kunden vom Bahnhof abzuholen, aber auch z.B., ihm von einem Fehlkauf abzuraten. Der Kunde vergisst das nicht und wird Sie als Verkäufer, der nicht nur »Umsatz machen will«, im Gedächtnis behalten.

Das alles ist schnell hier gesagt, aber nicht ganz so schnell ausgeführt. Schritt für Schritt wollen wir an die Aufgaben, die auf Sie als Verkäufer zukommen, herangehen.

2 Die Persönlichkeit des Verkäufers – was wird von Ihnen erwartet?

Wer ist eine Persönlichkeit? Ein Begriff, der oft recht oberflächlich gebraucht wird. Wir lesen oder hören ihn fast täglich in den Medien, in denen er als schmückendes Beiwort benutzt wird. Mal sind es die Persönlichkeiten aus Wirtschaft und Politik, die als Sponsoren Beifall bekommen oder hochrangige Persönlichkeiten aus dem In- und Ausland, die bei einem Empfang des Bundespräsidenten feierlich begrüßt werden.

Es gibt keine allgemein gültige Begriffsbestimmung für »Persönlichkeit«

Was sie als Persönlichkeiten auszeichnet, wissen wohl die wenigsten, wobei in keiner Weise bezweifelt werden soll, dass es sich immer um Persönlichkeiten handelt. An diesem Beispiel zeigt sich, dass es keine allgemein gültige Begriffsbestimmung für eine Persönlichkeit gibt. Am ehesten können wir uns unter einer Verkäuferpersönlichkeit einen Menschen vorstellen, der weiß, was er will, was er kann und was er (noch) nicht kann, der weiß, dass er stets an sich arbeiten und lernen muss, einen Menschen, der sich das Ziel setzt, in seinem Beruf das Bestmögliche zu leisten, um die ihm gestellten Aufgaben zu erfüllen.

Er weiß, dass er nicht allein im Raum steht und fair und verständig mit seiner Umwelt und seinen Mitmenschen umzugehen hat. Für den Verkäufer sind seine Kunden die Menschen, mit denen er täglich umgeht. Sein Ziel ist es, ihre Bedürfnisse und Wünsche zu ihrem Nutzen zu erfüllen. Er steht ihnen in seinem Denken und Handeln positiv gegenüber, er ist bereit, für seine Kunden auch außergewöhnliche Anstrengungen zu leisten. Dazu gehört ebenso, dass er für sein Ziel, ein optimaler und erfolgreicher Verkäufer zu sein, intensiv mit allen Kollegen zusammenarbeitet. Teamwork heißt das neudeutsch.

Der Verkäufer weist sich als Persönlichkeit aus, wenn er nicht nicht nur seine Waren- oder Leistungspalette verkauft, sondern die Gesamtleistung des Unternehmens vertritt, dessen Bonität und Ruf zu erhalten und zu fördern er sich zur Aufgabe gemacht hat.

Zu seiner Persönlichkeit gehört auch ein gewisser Sportsgeist. Er misst sich mit seiner Leistung an anderen Verkäufern, an Kollegen im eigenen Unternehmen und auch denen der Konkurrenz, die ihm vielleicht sogar Aufträge »abgejagt« haben. Er lernt daraus, um sich selbst zu motivieren. Er begegnet seinen Kunden stets mit Achtung und Respekt, des ungeachtet, ob er sie nur einmal oder bei einer ständigen Geschäftsverbindung oft und regelmäßig trifft.

In der Regel ist die Zeit zu kurz, um einen Kunden so kennen zu lernen, dass man annehmen kann, ihn richtig zu kennen. Selbst an einem alten Freund oder auch am eigenen Partner entdeckt man noch nach vielen Jahren neue Eigenheiten. Das bedeutet für den Verkäufer, seinem Kunden bei jedem Besuch freundlich, herzlich und auch stets mit Respekt zu begegnen. Gegenseitige Achtung ist die beste Grundlage für gegenseitiges Verstehen und Verständnis.

Versetzen Sie sich in Ihren Kunden und betrachten Sie Ihre Argumentation aus seiner Sicht

Sich auf den Kunden einzustellen, sich in ihn hineinzuversetzen ist mitunter nicht einfach. Es gehört zu einem Verkäufer, so viel Fantasie aufzubringen, seine eigene Argumentation aus der Sicht des Kunden zu betrachten. Geistige Beweglichkeit ist dazu erforderlich, im Gegenzug erhalten Sie neue Denkanstöße für Ihre weitere Motivation des Kunden. Geistige Beweglichkeit, Flexibilität heißt nicht »sich anzupassen«, sie ist vielmehr das Gegenteil von Prinzipienreiterei und öffnet den Weg für die Fortführung des Gesprächs.

Begeisterung ist ein wesentlicher Faktor

Ohne Liebe zu Ihrem Beruf, ohne Identifikation mit Ihrem Unternehmen und dessen Leistungspalette ist keine Verkäuferpersönlichkeit vorstellbar, nur mit Begeisterung entstehen wesentliche Leistungen und werden gesteckte Ziele erreicht.

Wenn Sie sich selbst vertrauen, werden Sie auch das Vertrauen Ihrer Kunden gewinnen

Sich selbst zu vertrauen gehört ebenso dazu. Selbstvertrauen erwirbt sich der Verkäufer durch sein Können und Wissen, durch Beharrlichkeit, Zähigkeit und ständige Fortbildung. Wer sich selbst vertrauen kann, wird auch das Vertrauen anderer gewinnen. Der Kunde, der Einkäufer erwartet einen Verkäufer mit Selbstvertrauen. Erliegen Sie nie der Versuchung, mangelndes Selbstvertrauen durch aufgesetzte Haltung zu überspielen. Man wird es Ihnen zwar nicht gleich an der Nasenspitze ansehen, doch Ihre Künste werden nicht lange andauern.

Halten Sie Ihr Privatleben außen vor

Innere Ausgeglichenheit ist ein wesentliches Merkmal für eine Verkäuferpersönlichkeit. Nur eine in sich ruhende Persönlichkeit wird den Anforderungen ihres Berufs gewachsen sein. In welcher Situation auch sich persönlich der Verkäufer befindet, er muss sie von seinem Beruf trennen. Verkäufer, deren Sorgen, Launen, Leiden oder sonstige Probleme erkennbar werden, können dem Kunden nicht überzeugend begegnen. Die notwendige innere Ausgeglichenheit erwirbt sich der Verkäufer zum Beispiel durch sinnvolle Zeiteinteilung.

Misserfolge bleiben nie aus, kein Verkäufer, auch keine noch so erfahrene Verkäuferpersönlichkeit, bleibt davon verschont. Jedes Missgeschick hat seine Ursache. Ehe Sie auf das Produkt, den schlecht gelaunten Kunden, auf den zu hohen Preis oder die leidige Konkrrenz mit dem Finger zeigen, um ihnen die Schuld in die Schuhe zu schieben, prüfen Sie sich selbst, was Sie vielleicht falsch gemacht haben. Nur

Ihre Bereitschaft zur Selbstkritik bewahrt Sie davor, Fehler zu wiederholen. Selbstkritik und Selbsterkenntnis haben noch keiner Persönlichkeit zum Nachteil gereicht.

3 Welche Aufgaben kommen als Verkäufer auf Sie zu?

Im stationären Fachhhandel kommen die Kunden zu Ihnen

Sie wollen Kunden gewinnen, Sie wollen aus Kunden, die einmal bei Ihnen gekauft haben, Dauerkunden machen. Betrachten wir zuächst den stationären Fachhandel. Der Kunde kommt zu Ihnen, vielleicht gefällt ihm Ihre Schaufensterdekoration oder er hat Ihre Werbung in der Zeitung gelesen, er kann auch von Bekannten auf Ihr Geschäft hingewiesen worden sein.

Ihr Kunde, das unbekannte Wesen, Sie sehen ihn zum ersten Mal. Was nun? Was wissen Sie von ihm? Zunächst, dass er Interesse an Ihrem Angebot hat und zumindest ein gewisses Vertrauen, denn sonst wäre er nicht zu Ihnen gekommen – ein Punkt für Sie. Sie haben allen Grund, von diesem Augenblick an Ihre gesamte Aufmerksamkeit diesem Kunden zu schenken und freundlich auf ihn zuzugehen. Wie Sie nun das Gespräch mit dem Kunden beginnen und zu einem lohnenden Ende führen, erfahren Sie in Kapitel 4, wenn wir das Verkaufsgespräch in all seinen einzelnen Phasen und den dazugehörigen Techniken aufzeigen und besprechen.

Im Außendienst müssen Sie Ihre Kunden aufsuchen

Schwieriger ist es schon, wenn Sie einen möglichen Interessenten und Kunden für Ihre Firma und Ihre Angebote selbst ausfindig machen müssen. Dann sind Sie zunächst der unbekannte Anbieter.

3.1 Recherchieren Sie Informationen über und für Ihre Kunden

Wie müssen Sie es angehen, um potenzielle Kunden überhaupt zu erreichen? Beschaffen Sie sich zunächst einen Überblick über das Gebiet, in dem Sie Ihre Kunden suchen wollen, über seine wirtschaftliche Struktur im Allgemeinen, über Unternehmen, die für Ihre Angebotspalette in Betracht kommen könnten. Dabei helfen Ihnen Adressbücher, Adressverlage, die Gelben Seiten u.Ä.

Fragen Sie Ihre IHK

Empfehlen können wir Ihnen auch, bei der zuständigen IHK nachzufragen, die in der Regel über umfangreiches Adressmaterial verfügt, das detaillierte Auskunft über die im Kammergebiet ansässigen Handelsfirmen, Hersteller und Gewerbebetriebe gibt.

Hinter welchen der recherchierten Adressen verbergen sich potenzielle Kunden

Nun überlegen und prüfen Sie, ob und inwieweit potenzielle Kunden darunter sein können. Je nach Ihrem Leistungs- und Produktangebot sprechen Sie nun diese Firmen an, und zwar den verantwortlichen Mitarbeiter (zum Beispiel den Einkäufer). Beim ersten Kontakt stellen Sie sich und Ihr Unternehmen kurz gefasst vor, ebenso umreißen Sie Ihre Angebotspalette und warum Sie annehmen, dass diese speziell für das betreffende Unternehmen interessant und von Nutzen sein kann.

STELLEN SIE IHR ANGEBOT NICHT NEUTRAL VOR, SONDERN ARGUMENTIEREN SIE INDIVIDUELL, WARUM GERADE FÜR DIESEN KUNDEN IHR ANGEBOT NÜTZLICH SEIN KANN. NUTZEN SIE DAZU DIE ÜBER DEN KUNDEN EINGEHOLTEN INFORMATIONEN.

Es wird nur selten auf Anhieb klappen, dass Sie sofort einen ersten Besuchstermin bekommen. Zunächst werden Fragen an Sie gestellt werden, deren Beantwortung Sie sich sorgfältig überlegen sollten. Ganz gleich, mit welchen Begründungen man Sie zunächst einmal abweisen will – keine Zeit, keinen Bedarf für zusätzliche Produkte oder Leistungen – je individueller Sie Ihr Angebot darstellen, umso eher werden Sie auf Interesse stoßen. Überlassen Sie die Wahl eines Besuchstermins möglichst Ihrem Ansprechpartner und argumentieren Sie erneut, warum Sie gerade ihm Ihr Angebot unterbreiten wollen. Fassen Sie sich dabei kurz und bleiben Sie sachlich, Ihr prospektiver Kunde soll spüren, dass Sie nicht nur »Umsatz« machen wollen, sondern ihm ein Angebot zu seinem Nutzen vorlegen möchten.

Bereiten Sie Ihr erstes Verkaufsgespräch intensiv vor

Sollten Sie dann diesen Kunden für ein erstes Gespräch gewonnen und einen Besuchstermin erhalten haben, sollten Sie dieses erste Gespräch intensiv vorbereiten. Verlassen Sie sich nicht auf Ihr Improvisationsgeschick. Ohne Vorbereitung läuft nichts! Informieren Sie sich über das geschäftliche Umfeld des potenziellen Kunden, seinen Angebotspalette, seine Mitarbeiter und Kunden.

Jede zunächst noch so nebensächliche Information kann Ihnen im Verkaufsgespräch nützlich sein. Ihre Gute Kenntnisse signalisiert Ihrem Kunden, dass Sie willens und in der Lage sind, massgeschneiderte Lösungen anzubieten.

Wie können Sie einen Kunden, der einmal gekauft hat, auf Dauer gewinnen und binden?

Wenn schließlich dieser Kunde gewonnen ist und bei Ihnen gekauft hat, müssen Sie erneut überlegen, wie Sie diesen Kunden dazu bringen, dass er Ihnen zum Beispiel bei Ihrem nächsten Besuch einen neuen Auftrag zu erteilt. Erkundigen Sie sich regelmäßig nach der Zufriedenheit Ihres Kunden oder danach, ob neuer Bedarf entstanden ist. So bleiben Sie ständig in Erinnerung, ohne aufdringlich zu werden.

Alles, was Sie von oder über Ihren Kunden vom ersten Kontakt an gesehen, gehört und wahrgenommen haben, ist wichtig für Sie. Sie sollten es schriftlich festhalten.

Sie haben damit immer einen speziell auf den Kunden bezogenen Ansatzpunkt für ein neues Gespräch – über ein neues Produkt, über ein Sonderangebot, einen verbesserten Service oder andere wichtige nützliche Informationen für den Kunden. Sie zeigen ihm damit Ihr Interesse. »Pflegen« Sie Ihre Kundenkontakte und schaffen damit Vertrauen, die Basis für treue Stammkunden.

Versorgen Sie Ihren Kunden auch nach einem Abschluss mit nützlichen Informationen

Um diese Aufgaben zu bewältigen, genügen nicht allein die Informationen und Wahrnehmungen, die Sie aus der Begegnung mit dem Kunden schöpfen. Sie helfen Ihnen lediglich, Ihren Kunden nach und nach kennen und verstehen zu lernen. Sie sollten Ihren Kunden auch weiterhin mit für ihn nützlichen Informationen versorgen, die seinen Bedürfnissen und seinen Wünschen entsprechen. Ihr Ziel sollte es sein, in Ihrem Angebots- und Marktbereich der kompetenteste und wichtigste Informationsvermittler für Ihren Kunden zu sein.

Machen Sie sich für Ihren Kunden unentbehrlich!

Welche Informationen benötigen Sie dafür? Woher bekommen sie diese?

Es sind Einzelaufgaben für sich:

Informationen

- zu empfangen,
- zu sammeln,
- zu interpretieren und
- weiterzugeben.

Die wichtigsten Informationen erhalten Sie von Ihrem eigenen Unternehmen

Die wichtigsten Informationen erhalten Sie von Ihrem eigenen Unternehmen, vom Chef, vom Einkäufer, vom Kundendienst, sogar von Ihrer Buchhaltung und auch den übrigen Kollegen. Leider hapert es im eigenen Unternehmen oft mit dem Informationsfluss. Mitarbeiter »im Haus« sind mitunter der Meinung, der Verkäufer müsse nicht alles wissen.

Sei es, dass der Kundendienst sein Wissen über technische Anfälligkeiten des einen oder anderen Gerätes zurückhält, weil er glaubt, allein technisches Verständnis zu haben, und damit dem Verkäufer die Möglichkeit nimmt, bei einer Kundenbeschwerde sofort zu reagieren. Sei es, dass die Einkaufsabteilung es versäumt hat, dem Verkäufer die neuesten Prospekte des Lieferanten zuzustellen, und er vor dem Kunden bei seinem Besuch zugeben muss, dass er diese selber leider noch nicht erhalten hat. Sei es, dass ein Supermarkt, dessen Zentrale jede Woche ihre Angebote durch Kolonnen in die Briefkästen werfen lässt, vergisst, seine Kassen auf die Angebotspreise umzustellen, und auch die Verkäufer nicht informiert. Für die Einkaufsfreude des Kunden war das kein ermunternder Beitrag. Der Beispiele gäbe es noch viele, selbst Chefs halten mitunter notwendige Informationen zurück. Hier gilt es für den Verkäufer wachsam zu sein, nachzuhaken und, wenn es sein muss, auch beim Chef nachzufassen, um sicherzugehen, dass er alle Informationen, die er erhalten soll und erhalten muss, auch tatsächlich erhält.

HINTER DEM VERKAUF – DEM VERKÄUFER – ZU STEHEN UND IHN MIT ENTSPRECHENDEN INFORMATIONEN ZU VERSORGEN IST AUFGABE DES GESAMTEN UNTERNEHMENS.

Und dann sind da die Informationen, die Sie selbst sammeln müssen, um sie interpretieren und weitergeben zu können:

Andere Informationen müssen Sie selbst sammeln, auf Ihre Tauglichkeit prüfen und an Ihre Kunden weitergeben

- Marktinformationen aus der Tagespresse, aus Fachzeitschriften, aus Testergebnissen, aus Messen, Schulungen und Seminaren,
- Informationen über Ihre Mitbewerber, deren Organisation, deren Marktbedeutung, deren Angebotspalette, deren Preise und Konditionen, deren Werbung und Kundenveranstaltungen,
- Informationen über Ihre Kunden und deren maßgebliche Kontaktpersonen,
- Soweit es die Kundenfirma betrifft, deren Marktbedeutung, deren Bonität, deren Organisation, deren Management, deren Vertriebsorganisation.
- Soweit es die maßgeblichen Kontaktpersonen betrifft, deren Namen, Vornamen, Stellung im Unternehmen, deren Entscheidungskompetenz, deren Fachwissen, deren Verhandlungsstil, (Diktator?, vernünftiger Partner?, unklare Position?) gegebenenfalls sogar deren Hobbys und Freizeitaktivitäten.

Alle diese Informationen müssen Sie sich erarbeiten. Hören Sie bei allen Gesprächen gut zu, Sie erfahren damit oft mehr als durch Fragen, insbesondere, wenn es sich um persönliche Eigenarten und Vorlieben handelt. Manchmal kann Ihnen auch die Empfangsdame oder die Sekretärin der Geschäftsleitung wertvolle Informationen geben, ohne dass sie ihrem Unternehmen gegenüber illoyal handelt.

Imformationen recherchieren und sammeln ist immer eine Sache, die Sie fair und mit Feingefühl betreiben sollen.

Alle Informationen und das Wissen, das Sie damit erworben haben – und auch ständig erweitern sollten –, wenden Sie zum Nutzen Ihres Unternehmens und Ihrer Kunden an, indem Sie es sachlich interpretieren. Welchem Ihrer Kunden könnte welche Information nutzen? Mit Ihrem Wissen werden Sie für Ihren Kunden der kompetente und wichtige Ansprechpartner. Ihr Wissen erleichtert Ihnen Ihre Gesprächsführung und lässt Sie sicher die auf den Kunden bezogene Argumentation finden.

Welchem Ihrer Kunden könnte welche Information nutzen?

3.2 Repräsentieren und prägen Sie das Image Ihres Hauses

Nicht alle Verkäufer können für große, weltweit bekannte und berühmte Unternehmen Leistungen und Produkte verkaufen. Manche Verkäufer argumentieren deshalb, dass ihr Haus kein bekanntes Image habe und sie es daher wesentlich schwerer hätten als die Verkäufer großer Namen.

Auch Schmidt & Co können ein vorbildliches Image besitzen. Sie als Verkäuferpersönlichkeit haben keinen Grund, sich benachteiligt zu fühlen, »nur« Schmidt & Co zu vertreten, denn es liegt mit an Ihnen, wie das Image Ihres Hauses beurteilt wird.

Auch nicht in der breiten Öffentlichkeit stehende Firmen können und sollten ein positives Image haben

Ein »Image« ist das Bild, das der Interessent oder Kunde von einem Produkt, seinem Anbieter oder seinem Verkäufer hat. Bei großen Unternehmen ist dies beispielsweise sein Markenzeichen. Wer aber möchte bestreiten, dass die »XY Feinmechanik GmbH«, die Zulieferer für einen bestimmten Teilbereich ist, nicht ebenfalls ein gutes Image haben kann, auch wenn sie lediglich bei den Chefeinkäufern ein Begriff ist.

Welche Faktoren bestimmen ein Image?

- Ein hochwertiges Erzeugnis bzw. eine hochwertige Leistung,
- eine optimale Beratung und Betreuung des Käufers vor und auch nach dem Kauf,
- ein Verkäufer mit optimalem Fachwissen und einem exzellenten Einfühlungsvermögen für den Kunden.

Sie stellen für Ihren Kunden das Unternehmen dar

Für den Kunden stellen Sie das Unternehmen dar, z.B. wenn es Mängelrügen gibt, sind Sie der Mann oder die Frau, die für schnelle Abhilfe zu sorgen hat. Erklären Sie den Kunden, warum Ihr Haus führend für seine prompten Lieferzeiten ist und warum Sie über die gesetzliche Gewährleistungspflicht hinaus eine mehrjährige zusätzliche Garantie leisten. Beraten Sie den Kunden und haben Sie dabei stets seinen Nutzen im Auge. Schreiben Sie nicht nur Aufträge, um »Umsatz« zu machen. So bilden und verbessern Sie das Image Ihres Unternehmens und dessen Leistungen. Gleichzeitig bildet sich auch Ihr Image als Verkäufer.

In einem kleineren Unternehmen haben Sie es mitunter eher in Ihrer Hand, selbstständig etwas zu bewirken, als in einer großen Organisation. Betrachten Sie dies als Vorteil gegenüber den Kollegen von den großen Marken.

In einem kleinen Unternehmen können Sie vielfach mehr bewegen als in einer großen Organisation

OB ES IHNEN BEWUSST IST ODER NICHT:
SIE HABEN BEREITS EIN IMAGE!
WARUM SOLLTEN SIE ALSO NICHT AKTIV VERSUCHEN, DIESES IMAGE POSITIV ZU BEEINFLUSSEN?

Auch eine Bäckerei oder die Filiale eines Supermarkts besitzt ein Image. In der Bäckerei bestimmen es die gleich bleibend hohe Qualität der Backwaren, die freundliche Atmosphäre, die zusätzlichen Dienstleistungen, die es neben Brot und Brötchen gibt. So z.B. die Lieferung einer attraktiv dekorierten Geburtstagstorte, selbst wenn eigentlich kein Mitarbeiter zu entbehren ist oder der Laden bis an die Tür voll ist.

Sicher kennen Sie eine solche Bäckerei. Einen Familienbetrieb, der weder teurer noch wesentlich preisgünstiger als die Konkurrenz ist und in keiner besonderen Einkaufslage liegt. Aber immer ist hier Betrieb und samstags früh Hochbetrieb. Und auch das gute Betriebsklima spüren die Kunden. Auch ohne eine große Marke haben wir hier ein Beispiel für ein ausgezeichnetes Image, weil freundliche, hilfsbereite, aktive Menschen am Werk sind.

Und im Supermarkt? Was beeinflusst hier das Image? Nicht allein die Sonderangebote der Woche, nicht die sich ewig wiederholenden Werbeansagen. Sehen Sie sich an, wie das Gemüse in den Kästen aufgelegt ist, ob das Porträt des Marktleiters – freundlich lächelnd natürlich – mit der Erscheinung, die er tatsächlich abgibt, übereinstimmt. Sehen Sie sich die Kittel der Kassiererinnen und Verkäufer an, nicht immer stimmen sie mit dem Bild überein, das man sich von einem adretten Mitarbeiter macht. Unter dem gleichen Firmensignet können Sie auch das erfreuliche Gegenteil erleben. Die überregional bekannte Firmenkette ist nicht schuld am schlechten Image, aber das gegenteilige, gute kann sie sich auch nicht zurechnen.

ES SIND NICHT ABSTRAKTE »UNTERNEHMEN«, SONDERN IMMER MENSCHEN, AKTIVE MENSCHEN, DIE DAS BILD EINES UNTERNEHMENS IN DER ÖFFENTLICHKEIT BESTIMMEN.

Die Öffentlichkeit, das sind die Interessenten, das sind die Kunden, die spüren, ob es nur Sprüche sind, wenn es sich anhört, als ob man alle Kunden fest in sein Herz geschlossen hätte, oder ob wirkliches Interesse für den Kunden vorhanden ist.

Das Image Ihres Unternehmens und Ihr eigenes Image als Verkäufer bestimmen sich wechselseitig

Als aktiver Verkäufer sind Sie ganz wesentlich mitbestimmend für das Image Ihres Hauses und entscheiden so auch über Ihr eigenes Image. Auch das Image Ihres Produkt- oder Leistungsangebotes wird durch Sie positiv beeinflusst werden, wenn Sie in der Lage sind, nicht nur dessen Qualität sachgerecht zu vertreten, sondern auch damit zusammenhängende Antriebe zu erkennen und zu befriedigen und gegebenenfalls sinnvollen Zusatznutzen zu bieten.

Wichtig für Sie: Es sind nicht immer nur die »großen Abschlüsse«, die einen Verkäufer auszeichnen, auch bei der erfolgreichen Bewältigung kleiner Anforderungen können Sie sich, auch wenn Sie erst am Anfang Ihres Berufes stehen, schon als kompetent erweisen. Es ist richtig, dass alles erst einmal gelernt sein will; mit der rechten inneren Einstellung zu Ihrem Beruf lernen Sie schneller, besser und am Ende erfolgreicher. Noch eines: Sie werden auch Fehler machen, selbst »alte Hasen« machen Fehler, wir wissen das aus eigener Erfahrung. Behalten Sie dabei Ihr positives, nach vorn gerichtetes Denken, dann erkennen Sie am ehesten, wieso es zu Ihrem Fehler kam. Lernen Sie, den Fehler nicht zu wiederholen. Denken Sie nicht nur positiv, handeln Sie auch positiv. Schließlich gibt es auch Misserfolge, die Sie als Verkäufer nicht zu vertreten haben Tragen Sie diese mit Fassung und lassen Sie sich dadurch nicht verdrießen.

Wenn Sie positiv denken, handeln Sie auch positv

Die Zusammenfassung Ihrer Aufgaben heißt: dem »Kunden dienen«. Ihr Verhalten, Ihr persönlicher Einsatz, Ihre Zuverlässigkeit, Ihr Wissen und Können und Ihr Wille entscheiden über den Erfolg. Halten Sie sich auf keinen Fall an die Ausreden, die vielfach in »Verkäuferkreisen« kursieren: »Der Markt gibt in meinem Bezirk nichts her.« – »Ich bin vom Pech verfolgt.« – »Planung hat doch keinen Sinn, erstens kommt es anders, zweitens, als man denkt.«

Ehe wir uns intensiv mit dem Verkaufsgespräch befassen, fassen wir noch einmal in einer kurzen Übersicht zusammen, durch welche Kenntnisse und Fähigkeiten sich für uns ein erfolgreicher Verkäufer auszeichnet.

Kenntnisse und Fähigkeiten, die ein erfolgreicher Verkäufer, eine erfolgreiche Verkäuferin mitbringen sollte:

KENNTNISSE:
- Allgemeinbildung,
- kaufmännisches Fachwissen,
- betriebswirtschaftliche Grundkenntnisse,
- Marktkenntnisse,
- waren-/produkttechnisches Fachwissen,
- anwendungstechnisches Wissen.

FÄHIGKEITEN:
- natürliches Einfühlungsvermögen und Sensibilität,
- zusätzliche, im Umgang mit Menschen erworbene psychologische Fähigkeiten und Kenntnisse,
- rhetorische Fähigkeiten,
- Kommunikationsfähigkeit,
- Motivationsfähigkeit,
- Fähigkeiten in Verkaufstechnik und -taktik.

3.3 Wirken Sie durch Ihre Kommunikation und Ihr Auftreten

Ihre natürlichen Eigenschaften sind Ihnen von Geburt oder vom frühesten Kindesalter an mitgegeben. Die später erworbenen psychologischen Fähigkeiten und Kenntnisse haben Sie durch Ihre Sinne und durch die Beobachtung Ihrer Mitmenschen und deren Verhalten erworben. Sie können und sollten Ihre Kenntnisse auf diesem Gebiet durch geeignete Literatur und auch durch Schulungen und Seminare, die auf den Beruf des Verkäufers zugeschnitten sind, weiter vertiefen.

DIE FÄHIGKEIT, DAS RECHTE WORT ZUR RECHTEN ZEIT ZUM RECHTEN PARTNER, UND DIES AUCH NOCH WIRKUNGSVOLL, SAGEN ZU KÖNNEN, IST EINE GRUNDLEGENDE BEDINGUNG FÜR SIE ALS VERKÄUFER.

Finden Sie das rechte Wort zur rechten Zeit

Die Sprache ist Ihre Brücke zum Mitmenschen, zum Kunden. Rhetorische Fähigkeiten betreffen den Umgang mit der Sprache. Denken Sie stets daran: Ihre Sprache ist das bedeutendste Mittel, um mit anderen Menschen zu kommunizieren, sie überzeugen zu können. Ihr Wort und das Ihres Gesprächspartners vermitteln sich gegenseitig Haltung und Denkweise, Wissen und Können, Empfindungen und Gefühle. Ihr Wort ist Ihr wirkungsvollstes Mittel, Ihre Interessenten/Kunden für Sie, für Ihre Waren/Produkte/Leistungen und deren Erwerb zu gewinnen. Nur Menschen können sprechen und auch im Zeitalter der Datenverarbeitung und im Hinblick auf die sich mehr und mehr bemerkbar machende virtuelle Welt werden die Rede, das Gespräch ihren Sinn, ihren Zweck und ihre Notwendigkeit behalten.

Der Kunde will reden und informiert werden

Der Kunde will diskutieren, will persönlich informiert sein, will an der Sprache seines Gegenübers erkennen, was ehrlich gesagt oder »aufgesetzt« ist. Und wie könnte der Verkäufer seine persönliche Begeisterung und Überzeugung für sein Angebot besser als durch die Sprache zum Ausdruck bringen? Noch viele Neuerungen werden auf uns zukommen, für Sie als Verkäufer wird die Sprache – als Brücke zum Kunden – nichts von ihrem Wert und ihrer Notwendigkeit einbüßen. Noch ein praktischer Wink: Wenn Sie mit Ihrem Kunden reden, vergessen Sie nicht, was Luther einmal gesagt haben soll: »dem Volk aufs Maul zu schauen«. Das bedeutet nicht mehr und nicht weniger als sich auch in Bezug auf die Wortwahl, die Sprechweise in den Gesprächspartner hineinzuversetzen (siehe hierzu auch das Kapitel 7 in Teil B). Auch auf diesem Gebiet können Sie Ihre Fähigkeiten durch Literatur und Schulungen vertiefen.

Der Mund kann schweigen, der Körper nicht: Achten Sie auf Ihre Körpersprache

Ihre Rede, Ihre Sprache wird durch Ihre Mimik und Gestik unterstützt, meist unterbewusst. Es heißt nicht ohne Grund: »Der Mund kann schweigen, der Körper nicht.« Und wenn Sie sich selbst einmal beobachten, werden Sie feststellen, dass es mehr als einmal vorkommt, dass zuerst Ihre Geste und danach erst das Wort kommt. Körperhaltung und die Bewegungen der Arme und des Kopfes sowie die Mimik können anzeigen oder zumindest andeuten, wie weit Sie oder Ihr Kunde dominant oder zurückhaltend reagieren, offen oder verschlossen, aktiv oder passiv, interessiert oder ablehnend, gefühlsmäßig oder rational.

Körperhaltung und Mienenspiel drücken aus was wir denken und empfinden

Sobald im Gehirn ein Gedanke oder ein Gefühl entsteht, »sprechen« es Körper und Mienenspiel schon aus. Üben Sie sich darin, bestimmte Gesten abzulegen, um nicht Ihre Überlegungen und Gedanken zur unrechten Zeit zu offenbaren. Den Kopf schief zu legen, den Finger an die Unterlippe zu legen, die Stirn zu runzeln, sich am Kopf zu kratzen – all dies sind unbewusst ausgesandte Signale, die für ein genau beobachtendes Gegenüber sehr aufschlussreich sein können, wenn Sie nicht mit dem dabei gesprochenen Wortinhalt übereinstimmen.

Ein Beispiel:
Wenn Sie einem Kunden während eines Beanstandungsgespräches versichern: »Ich bin für alle Ihre Vorschläge offen«, dabei aber die Arme vor der Brust verschränkt haben, verrät Ihr Körper unbewusst, dass Sie buchstäblich »mauern« und eigentlich alles andere als offen sind. Die Diskrepanz zwischen dem, was Sie sagen, und dem, was durch Ihre Körperhaltung ausgedrückt wird bewirkt, dass Sie unglaubwürdig wirken.

Gestik und Mimik, Signale des Körpers sind nur im Zusammenhang zu sehen, es sind keine exakten Daten, sondern lediglich mögliche Hinweise, die auch bei der Betrachtung durch Wissenschaftler zum Teil recht unterschiedlich kommentiert werden. Dennoch – üben Sie sich darin, in Ihrer Körpersprache möglicherweise verräterische Gesten zu erkennen und möglichst abzulegen. Hüten Sie sich aber davor, zum »Pokerface« zu werden. Eine Rede, ein Gespräch brauchen Lebhaftigkeit, wenn sie etwas auszudrücken sollen, damit eine Botschaft auch »rüberkommt«.

3.3.1 Die vier Ebenen der Kommunikation

Was ist Kommunikation? Schematisch dargestellt ist Kommunikation die Übermittlung einer Nachricht, z.B von Ihnen

(**A**) zu Ihrem Kunden (**B**). Diese Kommunikation kann technisch gestört werden (Lärm), durch Mehrdeutigkeit (unklare Aussage), durch unterschiedliche Wahrnehmung der Situation oder dadurch, dass **A** und **B** eigentlich gar nicht kommunizieren wollen.

Feed-back: Vergewissern Sie sich, dass Ihre Botschaft auch beim Gegenüber angekommen ist

Letztlich ausschlaggebend für das Gelingen der Kommunikation ist weniger, was **A** sagt, sondern vielmehr das, was **B** versteht, weil **B** die Nachricht – ganz gleich, aus welchen Gründen – falsch interpretieren kann und deshalb auch falsch verstehen wird. **A**, der Sender, ist aber verantwortlich für eine genaue Kommunikation, d. h., er muss sich rückversichern, ob **B** seine Nachricht auch so aufgefasst und verstanden hat, wie es von ihm beabsichtigt war. In der Fachsprache heißt das, er muss auf das »Feed-back« seines Gesprächspartners achten.

Jede Kommunikation verläuft parallel auf verschiedenen Ebenen und hat Inhalts- und Beziehungsaspekte.

INHALT:	**A** übermittelt einen Sachgehalt.
OFFENBARUNGSANTEILE:	**A** zeigt etwas von sich selbst
BEZIEHUNGSASPEKTE:	**A** zeigt seine Beziehung zu **B**
APPELLANTEILE:	**A** will **B** zu etwas veranlassen

DAS, WAS WIR INNERHALB VON KOMMUNIKATION WAHRNEHMEN, LIEGT NICHT NUR AUF DER EBENE DER INHALTLICHKEIT DES GESPROCHENEN WORTES, SONDERN SPIELT SICH AUF GANZ VERSCHIEDENEN EBENEN AB.

Wenn Kommunikation gelingen soll, ist es für die Gesprächspartner unbedingt erforderlich, auf allen diesen Ebenen übereinstimmend zu agieren.

Den vier Ebenen entspricht jeweils ein ganz bestimmter Wortschatz. Der rein informative Teil wird sachlich exakt und mit korrekten Worten und Ausdrücken vermittelt. Die anderen, mit dem Sachgehalt ebenfalls unterschwellig mitschwingenden Ebenen sind mehr oder minder emotional eingefärbt. Sie können auch nonverbal, das heißt über Körperhaltung und Mimik, sowie über sprachliche Doppeldeutigkeiten übermittelt werden. Da nicht alle Ebenen gleich gewichtig sind, werden sie unterschiedlich und wechselnd akzentuiert werden.

Fragen, die Sie sich während einer Kommunikation stellen sollten

Wenn Sie also erfolgreich kommunizieren wollen, müssen Sie Signale auf folgenden Ebenen beachten und sich in Bezug auf Ihren Kommunikationspartner entsprechende Fragen stellen:

- Inhaltsebene
  Wie ist das zu verstehen?
  Um was geht es ihm?
- Beziehungsebene
  Wie steht er zu mir?
  Wie redet er mit mir?
  Was bedeutet das für unsere Beziehung?
- Ebene der Selbstoffenbarung
  Was ist er für eine Person?
  Was ist mit ihm los?
  Was beschäftigt ihn momentan?
- Ebene des Appells
  Was will er von mir?
  Wie soll ich mich verhalten?
  Was bedeutet das für mich?

Die Wahrnehmung kommunikativer Situationen ist nie objektiv

Um alle vier Kommunikationsebenen richtig auswerten zu können, müssen Sie Ihren Gesprächspartner und die Gesprächssituation richtig wahrnehmen. Wahrnehmungen sind Erfahrungen, die Sie mit Ihren fünf Sinnen machen. Ist aber wirklich wahr, was Sie wahrnehmen? Ihre Sinne können Sie täuschen. Wahrnehmung ist nie objektiv, nicht quantitativ messbar. Wenn Sie etwas wahrgenommen haben, werden Sie versuchen, es zu interpretieren. Unwillkürlich und zunächst ohne darüber nachzudenken, werden Sie Ihre Erfahrungen zu Rate ziehen. Augenblickliche Stimmungen und Erwartungen beeinflussen Ihre Interpretation. Was durch Ihre Wahrnehmung in Ihnen geschehen ist, welche Gefühle sie in Ihnen bewirkt hat, wird für Ihren Gesprächspartner erkennbar sein. Sie hat eine Wirkung, die Ihr Gesprächspartner wahrnimmt und wiederum für sich interpretiert.

Ein Beispiel für die Komplexität eines solchen sich auf den vier Ebenen der Kommunikation abspielenden Wahrnehmungsablaufs:

Ein Beispiel

Nach langen Verhandlungen mit seinem langjährigen Kunden steht der Außendienstmitarbeiter eines Bürogeräteanbieters kurz vor Vertragsabschluss über ein Kopiergerät.

KUNDE runzelt die Stirn:
»Eigentlich ist uns der Kopierer doch zu teuer und im Grunde sind wir auch mit Ihrem kleinen Tischkopiergerät ganz gut gefahren«.

INHALT:
Der Kopierer ist mir zu teuer.
Das kleinere Gerät war ausreichend.

BEZIEHUNG:
Wir sind jetzt schon so lange Kunde bei Ihnen und erwarten Entgegenkommen.

SELBSTOFFENBARUNG:
Ich bin enttäuscht, dass Sie kein günstigeres Angebot gemacht haben.

APPELL:
Senken Sie den Preis!

VERKÄUFER zieht die Unterlippe nach unten:
»Ich kenne Ihre Abläufe inzwischen ganz gut, die Zusatzfunktionen, die Ihnen das größere Gerät bietet, werden sich für Sie bezahlt machen.«

INHALT:
Ich kenne Ihre Abläufe. Die Zusatzfunktionen werden Sie brauchen.

BEZIEHUNG:
Ich habe Sie jetzt schon so lange zu Ihrer Zufriedenheit beraten.

SELBSTOFFENBARUNG:
Ich verüble Ihnen, dass Sie meine Beratungskompetenz in Zweifel ziehen.

APPELL:
Sie sollten mir vertrauen!

KUNDE kratzt sich am Kopf:
»Aber die Wartungskosten. Bei uns im Betrieb hat sich einiges geändert.«

Inhalt:
Die Wartungskosten sind zu hoch. Hier im Betrieb hat sich einiges geändert.

Beziehung:
Unsere Geschäftsbeziehung ist nicht so sicher, wie Sie vielleicht glauben.

Selbstoffenbarung:
Mein Entscheidungsspielraum ist kleiner geworden.

Appell:
Kommen Sie mir entgegen, wenn Sie mich als Kunde nicht verlieren wollen!

Verkäufer lächelt und breitet die Hände aus:
»Ich kann Ihnen einen günstigen Wartungsvertrag mit langer Laufzeit anbieten.«

Inhalt:
Der günstige Wartungsvertrag gleicht den höheren Anschaffungspreis aus.

Beziehung:
Ich habe verstanden und werde unsere Geschäftsbeziehung nicht aufs Spiel setzen.

Selbstoffenbarung:
Ich werde mir Mühe geben.

Appell:
Machen Sie sich keine Sorgen, wir werden einen Weg finden!

Standards im Gesprächsablauf sollten Sie der Situation entsprechend hinterfragen

Die einzelnen Phasen eines Gespräches laufen in der Regel nahezu automatisch ab, was oft hinderlich für den Verlauf einer Kommunikation sein kann, weil die Gesprächspartner so zu standardisierten Schlussfolgerungen kommen können, die der aktuellen Situation nicht gerecht werden und so zu Missverständnissen führen.

Hören Sie aktiv zu

Versetzen Sie sich daher in Ihren Gesprächspartner und hören Sie aktiv zu. Fragen Sie nach, bis Sie ihn wirklich verstanden haben und sein Anliegen oder Problem mit eigenen Worten formulieren können. So beugen Sie Missverständnissen vor und bestätigen Ihren Gesprächspartner.

Im Rahmen von Kundengesprächen ist höchste Aufmerksamkeit und Konzentration geboten, damit Sie keine Missverständnisse verursachen und selber keinen Missverständnissen erliegen.

4 Verkaufstaktik und Verkaufstechnik

Zum Erfolg in Ihrem Beruf gehören außer Ihrer Persönlichkeit, Ihrem persönlichen Einsatz, Ihrer Bereitschaft, die Anliegen und Bedürfnisse Ihrer Kunden zu erfüllen, noch einige allgemeine und berufsspezifische Kenntnisse. Prüfen Sie sich selbst, ob Sie diese haben oder ob Sie bereit sind, sich diese anzueignen.

Eine abgeschlossene Schulbildung empfiehlt sich vor Berufsantritt. Für Ihren Beruf als Verkäufer ist eine Ausbildung als Verkäufer oder kaufmännischer Angestellter eine weitere gute Basis, da Sie damit über kaufmännisches Grundwissen und notwendigste betriebswirtschaftliche Kenntnisse verfügen.

Warenkenntnisse und anwendungstechnisches Fachwissen sind unerlässlich, um den Kunden sachlich und fachlich zu beraten und seine Wünsche optimal erfüllen zu können. Diese müssen Sie in Ihrem Unternehmen und/oder mit Hilfe Ihres Unternehmens erwerben. Selbstständig zu lernen heißt es da. Sprechen Sie mit berufserfahrenen Kollegen, die Ihnen behilflich sein könnten. Ebenso steht es mit den Marktkenntnissen, die Sie sich erwerben müssen: Ihr Unternehmen wird Sie dabei unterstützen. Lernen Sie aus Zeitungen und Fachzeitschriften und gehen Sie mit offenen Augen durch die Welt, überall werden Sie Hinweise fnden, die Ihnen allgemeine Marktkenntnisse vermitteln. Und ein gutes Einvernehmen mit Ihren Kollegen wird Ihnen immer von Nutzen sein.

Die Beherrschung von Verkaufstaktik und -technik ist die unerlässliche Voraussetzung für das Führen von Verkaufsgesprächen

Zu Ihren berufsspezifischen Voraussetzungen gehören auch Kenntnisse in der Verkaufstaktik und der Verkaufstechnik, deren Beherrschung unerlässliche Voraussetzung für das Führen von Verkaufsgesprächen ist. Während die Verkaufstaktik das »Was« Ihres Vorgehens behandelt, ist Gegenstand der Verkaufstechnik das »Wie« Ihres Vorgehens.

Eine Taktik ist zum Beispiel, wenn Sie (Ihr Unternehmen) die Absicht haben, Ihre Angebotspalette und Ihren Einzugsbereich zu vergrößern. Bringen Sie sich aktiv ein. Erweitern Sie damit Ihre Fähigkeiten, Kenntnisse und Ihre Wettbewerbsfähigkeit.

Die Mittel, die Sie nun einsetzen und entwickeln müssen, um schnell mit zweckmäßigen und wirkungsvollen Maßnahmen unter wirtschaftlich vertretbaren Gesichtspunkten dieses Ziel zu erreichen (Werbung von Neukunden, spezielle Werbemaßnahmen u.a.m) betreffen dann Ihre Verkaufstechnik.

Anwendungsfeld für Verkaufstaktik und -technik ist das Verkaufsgespräch, da hier der grundsätzliche Kontakt zum Kunden stattfindet.

4.1 Das Verkaufsgespräch

Verkaufen heißt mit Menschen zu verhandeln

Verkaufen heißt: mit Menschen zu kommunizieren, sie zu motivieren und zu überzeugen, ihre Bedürfnisse, Erwartungen und Wünsche zu befriedigen, dabei auftauchende Probleme partnerschaftlich zu lösen, um zum gemeinsamen Ziel zu kommen: einem Kaufabschluss, mit dem beide Partner zufrieden sind. Der Weg zu diesem Ziel ist die Verhandlung. Was heißt aber nun verhandeln?

Verhandeln heißt: fragen, beraten, argumentieren, Zugeständnisse machen um Zugeständnisse zu bekommen. Verhandeln heißt aber auch Problemlösungen zu erarbeiten und zu diskutieren, die beiden Partnern den größtmöglichsten Nutzen bringen sowie flexibel zu agieren und zu reagieren, um Übereinstimmung zu erreichen.

Die mögliche Struktur des Ablaufs eines Verkaufsgesprächs wurde in eine standardisierte Formel gebracht

Schon Ende des letzten Jahrhunderts haben die Amerikaner die mögliche Struktur des Ablaufs einer Verhandlung, eines Verkaufsgesprächs erarbeitet und als »Verkaufsformel« systematisiert. Arbeiten Sie mit solchen Formeln, dann gilt es, diesen standardisierten Ablauf je nach Maßgabe der spezifischen Verkaufssituation und der Individualität des jeweiligen Kunden zu füllen.

4.1.1 Verkaufsformeln

Eine der bekanntesten Verkaufsformeln verbirgt sich hinter dem Kürzel: **A I D A**

Attention = *Aufmerksamkeit wecken*
Interest = *Interesse wecken*
Desire = *Drang nach dem Angebot verstärken*
Action = *Auftrag abschließen*

Nach dieser Formel sind nicht nur in Amerika, sondern auch in Europa weitere Formeln entstanden, die sich im Prinzip wenig unterscheiden und auch heute noch als Grundmodell angewandt werden, so zum Beispiel die Formel **VERKAUF-PLAN**.

Vorplanung
Erfassung der Grunddaten
Referenzinventar
Kontaktaufnahme
Appell an die Motivation
Untersuchung der Bedarfslage
Fassung der Bedarfslage
Prüfung der Argumente
Liquidierung der Einwände
Abschlussempfehlung
Nachfassarbeit

Es ist Ihnen überlassen, wie weit Sie die oben gezeigten Grundzüge erweitern oder straffen.

*WICHTIG IST NICHT **WELCHE** FORMEL SIE BENUTZEN, SONDERN **DASS** SIE SICH EINE FORMEL ODER RASTER ALS GRUNDLEGENDES KONZEPT IHRES VERKAUFSGESPRÄCHS ERARBEITEN UND AUCH ANWENDEN.*

Eine Verkaufsformel ist kein starres Schema

Dabei ist die Verkaufsformel kein starres Schema, sondern soll Ihnen nur einen Anhalt bieten, Ihr Verkaufsgespräch zu strukturieren und so in gewissem Sinne auch planen zu können. Mitunter werden im tatsächlichen Gespräch einzelne Phasen übersprungen, gestrafft oder erweitert. Ein Verkaufsgespräch ist in keiner Anordnung festgelegt, es ist nicht statisch, jedes Verkaufsgespräch hat sein Eigenleben und seine eigene Dynamik.

Deshalb gilt für Sie, sich auf jedes Verkaufsgespräch individuell vorzubereiten. Nur wenn Sie ganz konkret wissen, welches Ziel Sie anstreben, können Sie Abweichungen auch bemerken und darauf flexibel reagieren.

4.1.2 Verkaufsgesprächsvorbereitung

Da Sie im Einzelhandel Ihre Kunden in der Regel nicht kennen, können Sie sich nur bedingt vorbereiten

Wie bereiten Sie sich vor und in welchen Fällen können Sie sich möglicherweise nur bedingt vorbereiten? Eine bedingte Vorbereitungsmöglichkeit haben Sie fast immer im Einzelhandel. Sie kennen den Kunden nur in den seltensten Fällen. Ihre Vorbereitung erstreckt sich deshalb auf Ihren Verkaufstisch, auf Ihre Verkaufsauslage sowie Ihren griffbereiten Warenbestand. Herrscht hier Ordnung? Ist Ihr anzubietendes Sortiment komplett, ist alles einladend drapiert, sind in letzter Minute hereingekommene Waren ausgezeichnet?

Haben Sie die für Ihren Bereich notwendigen Unterlagen zur Hand, z. B. die Änderungspreisliste im Bekleidungshaus, evtl Lieferfristen, die aktuellen Sonderangebote etc.? Wissen Sie Bescheid, was der Mitbewerber heute anbietet? Sind Sie persönlich vorbereitet? Kennen Sie die aktuellen maßgeblichen Trends in Ihrer Branche? Ist Ihre Einstellung zum heutigen Tag positiv oder schleppen Sie einen unverdauten Frust mit sich herum? Und vor allem: Freuen Sie sich auf Ihren ersten Kunden? Das sollten Sie, denn es gibt Ihnen Selbstvertrauen. Der Kunde verspricht sich bei Ihnen einen guten Einkauf, denn sonst wäre er nicht in Ihr Geschäft gekommen. Enttäuschen Sie ihn nicht und machen Sie ein freundliches Gesicht.

Gepflegtes Äußeres und zweckmäßige Kleidung gehören ebenfalls zu Ihrer persönlichen Vorbereitung. Ob Sie »geschniegelt und gebügelt« auftreten müssen oder ob es auch ein wenig salopper und legerer sein darf, hängt von Ihrem Verkaufsumfeld und Ihrer Kundschaft ab.

Verkäufer im Außendienst können sich individuell auf ihre Kunden einstellen

Umfangreicher sind die Vorbereitungen für den Verkäufer im Außendienst. Welche Vorbereitungen und Recherchen er unternehmen muss, um prospektive Kunden zu suchen, haben wir Ihnen schon in Kapitel 3.1 beschrieben.

Legen Sie sich eine Kundendatei an, die Sie ständig auf aktuellem Stand halten

Erstellen Sie sich eine Übersicht der von Ihnen zu besuchenden Kunden/Interessenten als Kartei oder ausgedruckte Kundenliste mit den für Sie als Verkäufer wesentlichen Daten, z. B. Firmenanschrift mit Telefon/Fax, Umsatzgröße, Marktbereich, Marktbedeutung, zuständiger Verhandlungspartner, der z.B. über das Einkaufsbudget entscheiden kann.

Diese Liste/Kartei sollte Platz für Sie bieten, sie durch aktuelle Einträge zu ergänzen, damit Sie bei jedem Besuch Ihres jeweiligen Kunden immer eine aktuelle Übersicht über dessen Geschäftsentwicklung haben. Es soll zwar auch Menschen geben, die glauben, alle ihre Kunden im Gedächtnis zu haben. Besser zählen Sie sich nicht zu diesen.

Stellen Sie sich einen Tages- bzw. Wochenablaufplan zusammen

Für Ihre rationelle Arbeitsabwicklung ist es weiter notwendig, dass Sie sich einen Tagesablaufplan bzw. Wochenablaufplan zusammenstellen, damit Sie sich Umwege und unnötige Fahrten ersparen. Sie sollten auf kürzestem Wege möglichst viel produktive Arbeit leisten. Es empfiehlt sich für Sie, sich über den jeweiligen Tagesplan hinaus am Vortag die vereinbarten Termine bestätigen zu lassen.

Entwickeln Sie eine Checkliste für Ihre Kundengespräche

Unentbehrlich für Sie ist eine Checkliste zur Vorbereitung Ihrer Interessenten- und Kundenbesuche. Sie sollte Ihre Unterlage für Ihr Verkaufsgespräch sein.

Die folgende Liste ist nur ein Beispiel, das von Fall zu Fall variiert werden kann. Eine solche Checkliste können Sie generell zur Unterlage Ihres Gesprächs machen. Je nach Kunde und Bedarf kann es notwendig werden, dass Sie für jeden Kundenbesuch eine spezielle Checkliste vorbereiten.

Checkliste für Kundenbesuche

- Grund für den Besuch?
- Wer ist Gesprächspartner?
- Der letzte Vorgang vor diesem Besuch?
- Welcher Fragenkomplex steht von meiner Seite an?
- Welcher ist von Kundenseite zu erwarten?
- Mögliche Probleme?
- Meine heutige Offerte, meine Argumentation dazu?
- Welche Unterlagen?
- Ziel meines Besuches?
- Dauer der Besprechungszeit?

Ihre Checkliste sollte sich auf Schwerpunkte beschränken, sie wird andernfalls zu lang und damit unübersichtlich. Vergessen Sie nicht, möglichst kurz nach dem Gespräch Ihre Checkliste mit den wichtigsten Vermerken zu Ihrem Gespräch zu ergänzen.

Fassen Sie nach jedem Gespräch die wichtigsten Punkte zusammen

PLANEN IST KEINE VERTANE ZEIT, ES HILFT IHNEN, ZEIT ZU SPAREN UND SIE SINNVOLLER EINZUSETZEN.

Nach solcher Vorbereitung wird Ihnen die Ouvertüre – die Einleitung und der Beginn eines Verkaufsgesprächs – nicht mehr schwer fallen. Lampenfieber? Dazu besteht kein Grund, wenn Sie — wie es ein angesehener Staatsmann auszudrücken pflegte – Ihre Schularbeiten gemacht haben.

4.1.3 Verkaufsgesprächsvorspann

Sie melden sich bei der von Ihnen zu besuchenden Firma an. Der Weg zu Ihrem Gesprächspartner führt über seine Sekretärin oder – bei größeren Unternehmen – auch über einen zentralen Empfang. Hier ist Ihr Besuch terminiert. Umgehend oder nach kurzer Wartezeit gelangen Sie zu Ihrem Gesprächspartner. Wenn die Sekretärin Sie zu Ihrem Gesprächspartner führt, begrüßen Sie sie freundlich und charmant – zurückhaltend, nicht auftragen! Sekretärinnen können zu Hürden werden und »ihren Herrn« wie ein »Zerberus« vor »lästigen Vertretern« abschirmen. Sie merken es spätestens bei Ihrer nächsten telefonischen Vereinbarung für einen Besuchstermin, wie Ihnen die Sekretärin gesonnen ist.

Nun stehen Sie Ihrem Kunden gegenüber.

4.1.4 Einleitung:

Kommen Sie rasch auf den Kern der Sache

Mit einem freundlichen »Guten Morgen« oder »Guten Tag« gehen Sie auf Ihren Kunden zu (das »Händeschütteln« ist nicht jedermann's Geschmack, warten Sie deshalb ab, wie es Ihr Gesprächspartner hält), sehen ihm in die Augen und beginnen Ihr Gespräch am besten damit, dass Sie rasch auf den Kern der Dinge kommen.

Einleitend könnten Sie zum Beispiel beginnen:

»Ihre Anregung in unserem letzten Gespräch habe ich aufgenommen und mit unserer Kundendienstabteilung besprochen. Sie haben Recht gehabt, hier steckt noch Verbesserungspotenzial drin, das Ihnen auch zugute kommen sollte.«

Oder:

»Bei unserem gestrigen Telefonat haben Sie sich – zu Recht, wie sich herausstellte – über die Zustellung und deren Kosten geärgert. Ich habe heute noch keine abschließende Lösung parat, aber ich möchte Sie bitten, den Vorschlag, den ich Ihnen heute vorlege, mit mir zu besprechen, da ich mir davon schon rasch eine Kosten- und Arbeitsersparnis für Sie verspreche. Die abschließende Lösung soll dann zu einer weiteren Verbesserung führen.«

INDEM SIE UNMITTELBAR AUF EIN SCHWEBENDES PROBLEM EINGEHEN, VERMITTELN SIE IHREM KUNDEN: »IHRE ANLIEGEN STEHEN BEI MIR AN ERSTER STELLE.«

Sie zeigen damit Ihr Interesse an seiner Tätigkeit oder seinem Unternehmen und stimmen ihn damit auf Ihre weiteren Vorschläge und Angebote ein. Er wird ihnen bereitwillig zuhören und auf Sie eingehen, weil Sie gleich zur Sache gekommen sind, denn auch seine Zeit ist bemessen und kostbar. Hüten Sie sich in Ihrer Einleitung vor banalen Sprüchen. Auch ein Witz – und sei er noch so amüsant – wäre nicht angebracht.

Lassen Sie zunächst Ihren Kunden reden, Sie erhalten so wichtige Informationen

Mit Ihrer Eröffnung haben Sie Ihrem Kunden eine Vorlage gegeben und hören nun seine Fragen oder seine Ansichten dazu. Lassen Sie ihn reden, ausreden. Sie erfahren damit mehr, als wenn Sie von vornherein reden oder Fragen stellen, auf die der Kunde nicht vorbereitet ist. Hören Sie gut zu, was Ihnen der Kunde sagt und wie er es sagt. So erfahren Sie, welchen Stellenwert er seinen Aussagen zu Grunde legt, Sie erfahren seine Motive, seine Wünsche, seine Bedürfnisse, kurzum das, wo den Kunden »der Schuh drückt«. Dies wird seine Bereitschaft stärken, das Gespräch mit Ihnen zu führen.

4.1.5 Kundenabfrage

Nun können Sie das Gespräch fortsetzen, und dies zunächst einmal vorwiegend mit Fragen, denn Sie benötigen viele Informationen, um Ihrem Kunden ein gezieltes Angebot präsentieren zu können, das er akzeptiert und letztendlich auch kauft. Wir wollen deshalb den nächsten Abschnitt ganz dem Thema Fragen und Fragetechnik widmen.

»Die beste Antwort der erhält, der seine Fragen richtig stellt«, meint Eugen Roth – und gute Antworten brauchen Sie.

Stellen Sie die richtigen Fragen richtig

Warum fragen wir? Warum ist es für Sie notwendig wichtig zu fragen? Sie brauchen Informationen über Bedürfnisse, Wünsche, Motive, Probleme und Ziele Ihres Kunden, sofern sich der Kunde darüber noch nicht geäußert hat. So erhalten Sie eventuell auch Anregungen und Verbesserungsvorschläge.

MIT IHREN FRAGEN BEHALTEN SIE DIE INITIATIVE FÜR DAS GESPRÄCH UND LENKEN ES ZU DEM VON IHNEN ANGESTREBTEN ZIEL.

Fragen zwingen zur Konzentration und verhindern so unnötiges Palaver. Fragen bringen ein erlahmendes Gespräch wieder in Gang und ermuntern auch wortkarge Kunden zum Reden. Mit einer Frage können Sie einen offenen Widerspruch vermeiden. Fragen bringen ein Problem auf den Punkt, sie durchleuchten und erhellen es. Fragen und Rückfragen dienen der Kontrolle und Bestätigung, dass sich die Gesprächspartner richtig verstanden haben.

Fragen müssen je nach ihrem Zweck auf verschiedene Arten gestellt werden.

- **Offene Fragen**

Um weiterführende Informationen zu erhalten, sollten Sie vorwiegend »offene Fragen« stellen. Offene Fragen sind die so genannten »W-Fragen«, die mit *wer?, was?, wann?, wie?, warum?, wozu?, welche?, wen?* usw. beginnen. Sie heißen offene Fragen, weil Ihr Gesprächspartner sie nicht mit »Ja« oder »Nein« beantworten kann.

Offene Fragen, die den Kunden nicht einengen, bringen Ihnen die meisten Informationen

Durch eine Nein-Antwort bekommen Sie keine Informationen und selbst eine Ja-Antwort bringt Sie nicht weiter.

Ein Beispiel:

STATT: *Kann ich mit Ihnen einen Termin vereinbaren, um Ihnen die Vorzüge unserer neuen Buchhaltungssoftware vorzustellen?*

BESSER: *WIE sind Sie eigentlich mit Ihrer Buchhaltungsorganisation zufrieden?*

WELCHE Buchhaltungsorganisation erscheint Ihnen am sinnvollsten?

WANN kann ich Ihnen die Vorzüge unserer neuen Buchhaltungssoftware vorstellen?

WER ist in Ihrem Hause Ansprechpartner für Fragen der Organisation der Buchhaltung?

WIE (WO/WANN) kann ich Ihnen den Rationalisierungseffekt zeigen, den unsere neue Buchhaltungssoftware für Ihre buchhalterischen Abläufe mit sich bringen würde?

Weitere W-Fragen wären:

WELCHE technische Anlage soll als Erste erneuert werden?

WANN wollen Sie den neuen Kran in Betrieb nehmen?

WANN können wir den Probelauf der Rotationsmaschine einplanen?

WANN kann ich Ihnen meine neuen Muster vorstellen?

WARUM lehnen Sie die Anschaffung eines zweiten PC ab?

WARUM lehnen Sie moderne Möbel für die Neuaustattung Ihres Besprechungsraumes ab?

WER ist in Ihrem Hause für den Vertrieb zuständig?

WIE schulen Sie Ihre Mitarbeiter in Textverarbeitung?

Die Antworten auf offene Fragen bieten Anknüpfungspunkte für die Weiterführung des Gesprächs

Sie sehen hier, dass sich aus den möglichen Antworten auf offene Fragen Anknüpfungspunkte für die Weiterführung des Gesprächs ergeben und sich in der Regel eine neue Gelegenheit bietet, den Kunden in das Gespräch einzubinden und zusätzliche Informationen einzuholen.

- **Geschlossene Fragen**

Anders als die offenen beginnen die geschlossenen Fragen mit einem Verb und sind mit »Ja« oder »Nein« zu beantworten.

Zum Beispiel:

Benutzen Ihre Mitarbeiter die neuen Verkaufsunterlagen regelmäßig? Möchten Sie, dass wir zu den Sommerferien eine unterstützende Werbeaktion vorbereiten? Bestätigen Ihre Umsatzzahlen für den YX-Wäschetrockner unsere Prognose? Können Sie mir zustimmen, dass diese Fußbodenheizung eine erhebliche Einsparung bei den Energiekosten bewirken kann?

Mit diesen Fragen kann ein Gespräch gesteuert und auf die Entscheidung hin gelenkt werden. Beispielsweise: »Übernehmen Sie diesen Artikel in Ihren Katalog?« (Wenn Sie hier spontan ein »Ja« zur Antwort bekommen, sind sie entweder ein Verkaufs-As oder Sie haben mächtig Glück gehabt.) Wenn Sie bei etwa gleichem Gesprächsstand fragen: »Haben Sie noch weitere Fragen?« und ein »Ja« erhalten, bleibt Ihnen nur die offene Frage: »Welche sind das?«, um dann das Gespräch von dieser Antwort aus wieder aufzubauen.

Mit geschlossenen Fragen kann ein Gespräch auf eine Entscheidung hin gelenkt werden

- **Suggestivfragen**

Weiterhin gibt es die Suggestivfragen mit denen Sie Ihrem Gesprächspartner eine bestätigende Antwort entlocken wollen. Beispiel:

Sind Sie nicht auch der Meinung, dass dieses Gerät, das ich Ihnen eben vorgeführt habe, allen Ihren Ansprüchen voll genügt?

Stellen Sie Suggestivfragen nicht unüberlegt, sie könnten als Überredung aufgefasst werden und das mögen Kunden/Einkäufer gar nicht, auch wenn sie es sich nicht unbedingt anmerken lassen.

Stellen Sie Suggestivfragen nicht unüberlegt

- **Rhetorische Fragen**

Es können auch rhetorische Fragen gestellt werden. Darauf wir keine Antwort erwartet oder gar gewünscht. Sie sollen lediglich die Antwort, die der Fragende dann selbst gibt, auf »dramatische« Weise einleiten.

Beispiel:

Warum sind Sie gezwungen, Kosten im Zustelldienst einzusparen? Weil die Betriebskosten iimmer schneller steigen werden!

Rhetorische Fragen machen die Dinge noch einmal bewusst

Diese Frage könnte ein Verkäufer z. B. stellen, wenn er einen Kunden überzeugen will, dass sein Expressdienst die Zustellung kostengünstiger abwickeln könnte als der Fuhrpark des Kunden. Die rhetorische Frage hat hier den Zweck, dem Kunden ein Problem vor Augen zu führen, um ihn anschließend vom Nutzen Ihres Angebots um so besser zu überzeugen.

- **Alternativfragen**

Alternativfragen bringen die Dinge auf den Punkt

Vorwiegend bei Terminabspachen und in der Abschlussphase des Gesprächs werden Alternativfragen gestellt. Fragen, die mehrere Möglichkeiten anbieten oder zulassen.

Beispiel:

Wir hatten für März eine neue Besprechung vereinbart. Ist Ihnen die 11. Woche recht oder bevorzugen Sie einen Termin in der 12. Woche?

Oder:

Sollen wir Ihren Auftrag auf Paletten liefern oder soll die Lieferung seefest verpackt bei Ihrem Spediteur angeliefert werden?

- **Bestätigungs- und Kontrollfragen**

Bestätigungsfragen schließen die Verhandlung ab

Bestätigungs- und Kontrollfragen dienen der Absicherung, dass alle anstehenden Fragen und Probleme abgehandelt sind und von beiden Gesprächspartnern gleich aufgefasst worden sind.

- **Gegenfragen**

Bei Gegenfragen des Kunden ist vorsichtiges Vorgehen geboten

Tückisch können Gegenfragen des Kunden werden.

Der Erfahrungsbericht eines Verkäufers aus der Praxis:

Kunde: »Glauben Sie das selbst, was Sie mir hier einzureden versuchen? Eine Taschenlampe, wasserdicht soll sie sein und außerdem in explosionsgefährdeten Räumen benutzt werden dürfen? Und das für 5.80 US-Dollar frei deutsche Grenze? Das muss schon eine tolle Beißzange sein, mit der Sie Ihre Hosen anziehen.«

Beifalls heischend blickte der Kunde seine beiden Mitarbeiter an. So ging es noch eine Weile. Wäre ich nicht so davon überzeugt gewesen, dass die Taschenlampen genau das Richtige für diesen Kunden waren, hätte ich angesichts dieser Unterstellung die Beherrschung verloren. Den Kunden jetzt aber in seiner Pose zu unterbrechen wäre wohl das Ende für mich als Anbieter bei dieser Firma gewesen.
Mit einer Kühle, die ich mir buchstäblich abringen musste, gab ich daher zu bedenken, dass ich noch das Zertifikat zeigen könnte, das meine Aussagen behördlich bestätigte – und dies nicht nur für Deutschland – und fügte hinzu, dass sich hoffentlich die »Ämter« nicht getäuscht hätten und ich anfangs ähnlich gedacht hätte wie der Einkäufer der Kundenfirma.
Damit konnte der Kunde »sein Gesicht wahren« und es kam doch noch zu einem Verkaufsabschluss.

Zusammenfassend:

Fragen sollten sachlich sein, nicht neugierig und auch nicht neugierig wirken. Fragen sollten so formuliert sein, dass sie Ihr Kunde spontan beantworten kann. Fragen Sie höflich und taktvoll. Fragen Sie in erster Linie mit eröffnenden Fragen (W-Fragen). Die Antworten darauf sind die für Sie notwendigen Informationen. Und: Es kann von Fall zu Fall für Sie von Nutzen sein, wenn Sie für sich persönlich einen produkt- und firmenbezogenen Fragenkatalog als Anhaltspunkt und Arbeitsunterlage erstellen.

4.1.6 Das Angebot: Argumentation oder Vorführung

Wenn Sie die Bedürfnisse, Wünsche und Probleme Ihres Kunden kennen, machen Sie auf der Grundlage dieser Kenntnisse Ihr Angebot

Sie kennen nun die Bedürfnisse, Wünsche und Probleme Ihres Kunden und darauf eingestellt und abgestimmt präsentieren Sie ihm im Einzelnen Ihr Angebot, Ihre Ware oder Ihr Warenmuster, Ihren Projektvorschlag. Ebenso sind alle qualitativen Eigenschaften und Vorteile, alle Extras gegenüber früheren Angeboten herauszustreichen und auch die Unterschiede gegenüber einem Konkurrenzangebot sachlich und objektiv nachzuweisen.

Den Kundenargumenten müssen Sie mit Ihrem sachlichen und fachlichen Wissen Gegenargumente bieten.

Auch wenn Sie als Verkäufer exakt auf alles hinweisen und es in vorbildlicher Weise erklären und dokumentieren und Sie auch auf Referenzen zurückgreifen können: Ihre Argumente allein werden den Kunden noch nicht zu einem Kauf bewegen.

GEKAUFT WIRD EINE WARE ODER EINE LEISTUNG ERST DANN, WENN ES IHNEN GELINGT, GANZ KONKRET DEN NUTZEN IHRES ANGEBOTS FÜR DEN KUNDEN HERAUSZUSTELLEN.

»Nutzen« hat neben sachlichen auch emotionale Anteile

Kundenargumenten begegnen Sie am wirksamsten, wenn Sie sowohl den realen Nutzen als auch den emotionalen Nutzen Ihres Angebotes herausstellen.

Hierzu einige Beispiele.

Argumentieren Sie aus der Sicht Ihrer Kunden:

- *Ein Anzug*
  Zweckmäßigeit, Passform, Aussehen, Kleidsamkeit, modische Aktualität, sportliche Eleganz etc.

- *Eine Ferienreise*
  Sichere Flugzeuge, Schiffe und Busse, hervorragender Betreuungsservice (kundige Reisebegleiter, die Sprachschwierigkeiten ausschließen und gleichzeitig orts- und geschichtskundig sind), reservierte Strände, Sportmöglichkeiten, elegante Soirees etc.
  Der Hinweis auf diese Dinge vermittelt mehr Vorfreude und Nutzeneinsicht als die nüchterne Katalogaussage »3 Wochen Halbpension in Spanien«, obwohl es sich um ein und dasselbe Angebot handelt.

- *Ein neues Abrechnungssystem für Ladenkassen*
  Schnellere Tagesabrechnung, Integration in die Buchhaltung, leichtere Handhabung für die Kassiererin, übersichtlichere Kassenabschnitte für die Kunden, damit weniger Rückfragen, damit Zeitersparnis, geringere Personalbelastung, modernes Aussehen etc.

Erarbeiten Sie sich einen »Nutzenkatalog«

Um alle Nutzenargumente »griffbereit« zur Hand zu haben, sollten Sie sich ähnlich dem Fragenkatalog für Ihr Arbeitsgebiet, Ihre Angebotspalette oder die Leistungen Ihres Unternehmens einen Nutzenkatalog aufbauen (und ständig auf dem Laufenden halten), in dem auch Ihre Vergleichsargumente mit dem Wettbewerb enthalten sein sollten. Die Argumentation über den Wettbewerb sollte zurückhaltend sein und sich nicht an jeder Kleinigkeit aufhängen, sondern nur eingesetzt werden, wenn es unbedingt notwendig ist.

Und woher erfahren Sie alle diese Argumente?

Aus Ihrer eigenen Erfahrung, wenn Sie bereit dazu sind, von Ihren Kollegen, aus Kostenanalysen, aus Sicherheitsberichten, aus Aufstellplänen, aus Referenzen etc. –

Vergessen Sie eines nicht dabei: Argumente müssen sich auf das Problem beziehen, sie müssen prägnant, klar und sachlich sein. Sie müssen überzeugend sein, zur Vertrauensbildung beitragen, sie sollten nicht reißerisch sein.

ENTWICKELN SIE ZU JEDEM SACHARGUMENT DEN GANZ KONKRETEN KUNDENNUTZEN. EIN MODERATER VORTRAG ÜBERZEUGT SO NACHHALTIGER ALS ÜBERSPITZTE SUPERLATIVE.

- **Veranschaulichen Sie Ihre Argumentation**

Sie können Ihre Argumentation dadurch verstärken und anschaulicher machen, dass Sie Schwerpunkte mit Hilfe von Zeichen, kleinen Zeichnungen oder einer kurzen Nebenrechnung auf Flip-Charts skizzieren und damit herausheben (es tut auch Ihr immer bereitliegender Schreibblock). Sie sollten ein Warenmuster nicht nur zeigen, sondern vorführen. Eine visuelle Unterstützung Ihrer Argumentation verstärkt deren Wirkung erheblich. Umgekehrt, ohne das Wort, bleibt eine Vorführung, eine Bilddokumentation o.Ä. ziemlich wirkungslos.

Eine visuelle Unterstützung Ihrer Argumentation verstärkt deren Wirkung erheblich

Bevor Sie eine Vorführung veranstalten, machen Sie sich dafür Ihr Konzept. Fassen Sie sich bei Ihrer Vorführung kurz und einprägsam. Lesen Sie während der Vorführung nicht von Ihrem Konzept ab. Sie stehlen sich damit Ihre eigene Show. Ihre Erklärungen und Argumente müssen locker fließen. Vergessen Sie dabei nicht, dass Ihre Sprache auch hier die Brücke zum Kunden ist, dass Ihre Sprache erheblichen Einfluss auf die Vertrauensbildung hat. Sie wollen ja mit Ihrer Vorführung Vertrauen zu Ihrem Angebot schaffen.

Beispiele, die so allerdings nicht uneingeschränkt zur Nachahmung empfohlen werden können, sind die Vorführungen auf Verbrauchermessen, in Kaufhäusern oder auf Märkten. Haben Sie schon einmal beobachtet, wie Bügeleisen, Fruchtpressen, ja selbst simple Reinigungsmittel an den Mann und die Frau gebracht werden?

Planen Sie den dramaturgischen Aufbau Ihrer Vorführung

Aus dem dramaturgischen Aufbau, den manche dieser Aktionsverkäufer ablaufen lassen, kann man durchaus manches lernen. Sie lesen nie vom Zettel ab. Ihren Vortrag haben sie im Kopf. Und nach der Vorführung lassen sie Muster und Waren anfühlen und probieren. So bekommt sie der Kunde buchstäblich »in den Griff«.

Vor Ihrer Vorführung sollten Sie die Kunden ein Produkt allerdings nicht selber prüfen lassen. Sie laufen sonst Gefahr, dass ein »Besserwisser« kommt, der alles schon kennt und möglicherweise auch andere Teilnehmer Ihrer Vorführung demotiviert, bevor Sie überhaupt Gelegenheit hatten, mit Ihrer Argmentation zu überzeugen.

Zusammengefasst: Eine Vorführung beginnt mit einem interessanten und wirkungsvollen Argument, das sie im weiteren Verlauf mit zusätzlichen Nutzenargumenten ausbauen, und endet mit einem überzeugenden und, wenn möglich, effektvollen Abschluss.

4.1.7 Und nun der Preis!

Der Kunde will einen guten Preis, auch der Verkäufer will einen guten Preis: Jeder will einen guten Preis.

Jeder druckst am Preis herum. Die Kunden sind heute mutiger geworden und versuchen einen einmal genannten Preis mit allen vernünftigen und unvernünftigen Argumenten zu drücken.

Allerdings nicht überall. Beim Bäcker oder beim Fleischer tun sie das nicht. Einmal, weil sich Frau Müller geniert, etwas zu sagen, denn man kennt sie ja und die Kundinnen neben ihr kennen sie auch, zum anderen fürchtet sie eine Antwort wie: »Das Mehl wird täglich teurer und außerdem haben wir seit einem Jahr die Preise nicht erhöht«. Und in der Filiale eines Supermarktes würde man ihr sagen: »Da wenden sie sich am besten an die Zentrale«. Im Kaufhaus sagt man ihr mehr oder – nicht selten auch – weniger freundlich: »Wir haben feste Preise«. Und sie wird den verlangten Preis zahlen oder gehen.

- **Umfassender Service hat auch seinen Preis**

Der Fachhandel ist dem Preisdruck am meisten ausgesetzt und kommt in vielen Fällen nicht umhin, den Preis nachzulassen. Der Verkäufer kann in diesen Geschäften nur wenig tun. Eine Möglichkeit ist, mit gutem Service gegenzusteuern. Ein Herrenausstatter kann einem Kunden zum Beispiel keine Änderungskosten berechnen, er kann ein Paar Socken oder drei schicke Taschentücher »für Kundentreue« beilegen, er wird den Kunden von aktuellen Sonderangeboten vorab unterrichten etc. Das sind Beispiele, die in der Praxis durchaus zu finden sind.

Der Fachhandel ist dem Preisdruck am meisten ausgesetzt

Und dann sind da noch die Preisbrecher, die Qualitäts- und Markenware sehr preiswert verkaufen. Diese Discounter können das deshalb, weil sie auf wesentliche Teile des Service bewusst verzichten und so Einsparungen erzielen, die es ihnen gestatten, zu erheblich niedrigeren Preisen als die Konkurrenz anzubieten und zu verkaufen. Hier braucht der Kunde nicht mehr um den Preis zu handeln.

Was können Sie als Verkäufer daraus schließen? Jede Ware hat einen Preis. Der Preis resultiert, vereinfacht gesagt, aus dem reinen Warenpreis (Herstellungs- und Entwicklungskosten), allen Kosten inkl. Personalkosten und dem unterschiedlich hohen Aufwand für die Serviceleistungen des Unternehmens.

Wenn ein Unternehmen seine Kosten niedriger als seine Mitbewerber halten kann, können auch seine Preise günstiger werden. Wahrscheinlich werden dann auch seine Service-Leistungen geringer ausfallen.

Discounter können billiger anbieten, leisten dafür aber im Unterschied zum Fachhandel auch erheblich weniger Service

Ein Beispiel: Wenn Sie bei einem Discounter ein Fernsehgerät kaufen – an der Qualität und der Geräteausstattung und -leistung ist nichts zu beanstanden – schaffen Sie das Gerät vom Regalplatz an die Kasse und von dort zu Ihrem Wagen, der hoffentlich einen genügend großen Kofferraum hat. Dann in

Ihre Wohnung. Den Anschluss und die Einstellung Ihres Gerätes nehmen Sie selbst vor. Um die Entsorgung Ihres alten Gerätes müssen Sie sich ebenfalls selbst kümmern. Lediglich ein Zettel in der Verpackung Ihres Gerätes informiert Sie darüber, wohin Sie sich im Falle von Reklamationen oder technischen Fragen wenden können. Und das ist sicher kein Fachgeschäft am Ort.

- **Ihr Preisbewusstsein wird Ihr verkäuferisches Selbstbewusstsein fördern**

Umfassender Service hat – und dies durchaus berechtigterweise – auch seinen Preis

Warum erzählen wir Ihnen das? Damit Sie die unterbewusste Hemmschwelle, den Preis zu nennen, die jeder Verkäufer – zumindest am Anfang seines Berufes – hat, bei sich selbst abbauen können. Das Beispiel zeigt, dass Kunden zwei Wege wählen können: Entweder ein Gerät beim Discounter zu kaufen und damit auf den Service eines Fachhändlers zu verzichten, oder im Fachhandel zu kaufen und durch einen höheren Endpreis den Anspruch auf einen entsprechenden Service zu erwerben.

WENN EIN KUNDE BEANSTANDEN SOLLTE, DASS SIE VIEL ZU TEUER SEIEN, ZEIGEN SIE IHM DIE LEISTUNGEN AUF, DIE ER BEI IHNEN MIT ERWIRBT, UND WAS ES IHN KOSTEN WÜRDE, DIESE LEISTUNGEN SELBST ZU ERBRINGEN ODER DAFÜR AN ANDERE ZAHLEN ZU MÜSSEN.

Stellen Sie die Vorteile Ihres Services heraus

Wenn Sie den Nutzen Ihres Services herausstellen, wird ein möglicherweise beachtenswerter Preisunterschied erheblich relativiert. Sie erkennen an diesem Beisspiel, dass die Preisnennung und die sich meist daran anschließende Diskussion ein ganz normaler Teil des Verkaufsgesprächs ist.

In der Regel werden die Preisverhandlungen intensiver geführt als andere Abschnitte des Verkaufsgespräches, denn wenn es ums Geld geht, wird jeder Kunde »munter«. Aber erst recht müssen Sie als Verkäufer hellwach werden, damit Sie nicht vorschnell oder leichtfertig Geld verschenken, obwohl keine Notwendigkeit dazu besteht.

Ihr Problem als Verkäufer ist, dass Sie auf der einen Seite bemüht sind, Ihre Preise dem Kunden gegenüber durchzusetzen, auf der anderen Seite aber einen Konflikt vermeiden wollen, der durch eine Preisdiskussion ausgelöst werden könnte und möglicherweise einen Abbruch des Gesprächs nach sich zieht. »Was soll ich jetzt tun, um nichts zu verderben?« Wir kennen diesen inneren Konflikt aus eigener Erfahrung. Das Beste, was Sie tun können, ist, mit sich selbst ins Gericht zu gehen und sich in Bezug auf Ihren Preis eine Selbstanalyse zu erstellen.

Sie müssen von Ihrer Leistung überzeugt sein und deren Preis auch vertreten können

ERST WENN SIE DEN PREIS IHRES ANGEBOTES VOR SICH SELBER RECHTFERTIGEN KÖNNEN, KÖNNEN SIE IHN AUCH IHREN KUNDEN GEGENÜBER ÜBERZEUGEND VERTRETEN.

Stellen Sie sich hierzu folgende Fragen:

Fragen für die Stabilisierung Ihres Preisbewusstseins

Warum habe ich eine Hemmung, den Preis zu argumentieren? Habe ich nicht manchmal selbst schon gedacht, dass meine Preise zu hoch sind (ohne meine Meinung zu überprüfen)? Kenne ich die von mir angebotenen Waren/Produkte so genau, dass ich in der Lage bin, alle Fragen dazu zu beantworten und zu erklären? Kenne ich meine, die Produkte meiner Mitbewerber ausreichend gut? Kenne ich meine Preise, nicht nur deren Höhe, sondern auch deren Entstehung einschließlich aller damit verbundenen Leistungen? Kann ich dieses Wissen dem Kunden überzeugend »rüberbringen«? Was weiß ich über die Preise meiner Mitbewerber? Kenne ich die Leistungen meiner Produkte ausreichend genug, um sie gegenüber den Leistungen meiner Mitbewerber abgrenzen und dabei die Vorteile meiner Leistungen herausstellen zu können? Weiß ich, wie meine Waren/Produkte am besten einzusetzen sind, wie man sie anwendet, um den größten Nutzen mit ihnen zu erzielen? Kenne ich auch die Schwächen meiner Waren/Produkte, wie man diese vermeiden oder durch geeignete Handhabung abstellen kann?

Wenn Sie sich diese Fragen nicht ausreichend positiv beantworten können, stimmt Ihr »Preisbewusstsein« nicht. Es aufzurichten bedarf es weder eines Arztes noch eines Psychologen. Lernen Sie einfach systematisch Punkt für Punkt. Dazu sind nur Ihr Wille und Ihr Durchhaltevermögen erforderlich.

Wenn Ihr Preisbewusstsein in Ordnung ist, wird dies auch Ihr Selbstbewusstsein als Verkäufer fördern

Ihr Preisbewusstsein wird auch Ihr Selbstbewusstsein als Verkäufer erheblich fördern. Lassen Sie sich vom Kunden/Einkäufer nicht »bluffen«, weder von seiner Beredsamkeit noch von seiner Persönlichkeit, auch nicht von der Größe seines Unternehmens, das die Größe Ihres Unternehmens bei weitem übertreffen mag. Sie haben ein Angebot, dass für ihn interessant ist, diesbezüglich spielt die Größe Ihrer Firma keine Rolle.

Vergessen Sie das nie.

Dass Sie und der Einkäufer den Preis aus einem anderen Blickwinkel sehen, ist keine Besonderheit. Damit ist Ihr Gespräch noch nicht verloren, sondern es beginnt erst. Wesentlich bem Aufbau Ihres Selbstbewusstseins kann Ihnen Ihre Geschäftsleitung helfen, die Ihnen vielleicht etwas mehr als bisher über die Kalkulation mitteilt, nicht um den »Knackpunkt« für den äussersten Preisnachlass auszuloten, sondern um Ihre Verantwortung für den Preisabschluss herauszustellen.

- **Preisnachlass oder Verbesserung der Leistung?**

Warum entzündet sich bei Preisen eine Diskussion? Einkäufer sehen den Preis unter recht verschiedenen Gesichtspunkten und haben auch unterschiedliche Ausgangspunkte für ihre Preisbeurteilung. Dem einen ist der Preis zu hoch, er glaubt, der zu erzielende Nutzen sei zu gering, einem andern scheint der Preis zu niedrig und er glaubt deshalb, dass die Qualität des Produktes mangelhaft sei, ein weiterer akzeptiert, weil die Kosten-Nutzenrechnung für sein Haus mehr als zufriedenstellend aufgeht. Schließlich gibt es Einkäufer, die nur nach dem Preis kaufen ohne den Wert, das Preis-Leistungs-Verhältnis nachzuvollziehen und zu prüfen. Als Letztes gibt es den Einkäufer, der bis zum »Gehtnichtmehr« Rabatte herauszuhandeln versucht.

Worum geht es letztlich in einer Preisdiskussion? Nicht um den Preis, sondern um den (oft nur vermeintlichen) Preisunterschied. Dieser muss ausgeglichen werden. Durch einen Preisnachlass oder durch eine bessere der Leistung.

Der Preisnachlass kann eine Verlängerung des Zahlungsziels sein, oder es werden Mengen- und Malrabatte (bei wiederholter Bestellung), Saisonrabatte u.Ä. gewährt. Bei solchen

Rabattverhandlungen vergessen manche Verkäufer, ihre im Umfeld der Ware/des Produkts liegenden Leistungen herauszustellen. Einkäufer kaufen nicht nur Waren/Produkte, sie kaufen pünktliche Lieferzeiten und korrekte Liefermengen, Kundendienst und Wartung, Werbeunterstützung und kürzeste Lieferzeiten bei unvorhergesehenen Nachbestellungen. Seien Sie nicht zimperlich, ihren Partner im Verkaufsgespräch auf seine Möglichkeiten immer wieder hinzuweisen.

Verkäufer und Kunden/Einkäufer haben ein Limit, das sie nicht unterschreiten wollen/sollten

Der Verkäufer wie auch der Einkäufer haben ein Limit, das sie nicht überschreiten können, wenn das Geschäft sinnvoll sein soll, das heißt, der letztlich vereinbarte Preis muss für beide einen Gewinn bringen. Es ist in der Praxis nicht immer möglich, »nein« zu sagen, wenn es nicht zu diesem Vernunftsende kommt. Sicherlich gibt es auch außergewöhnliche Gründe dafür. Es würde hier zu weit führen, sich über Preispolitik ausführlich auszulassen. Für Sie persönlich: Halten Sie das Ihnen gegebene Preislimit ein. Wenn Sie glauben, ein weiteres Zugeständnis wäre angebracht, stimmen Sie sich evtl. vorher mit Ihrer Geschäftsleitung ab. Ab und zu muss es jedes Unternehmen auf sich nehmen, durch besondere Umstände bedingt, ein Limit auch zu unterschreiten. Aber wenn ein Preisgespräch nicht problemlos laufen sollte, seien Sie vorsichtig hier Rabatte zu gewähren und dort Zugeständnisse zu machen. Manches Unternehmen ist so nicht nur um seinen Gewinn gebracht worden, sondern auch in erhebliche finanzielle Schwierigkeiten geraten.

Vielleicht denken Sie einmal darüber nach: Einen fair aufgebauten Marktpreis durchzusetzen und nicht bei den ersten Einwänden ins Wanken zu geraten ist ein Merkmal einer Verkäuferpersönlichkeit, die weiß, was ihr Angebot beinhaltet und welcher Wert damit präsentiert wird.

4.1.8 Der Abschluss

Vor dem endgültigen Abschluss gilt es noch eine Hemmschwelle zu überwinden

Happyend ohne weitere Probleme? Handschlag, Unterschrift? Schön wäre es, wenn es so zügig abliefe. Alles ist doch besprochen, alle Probleme sind gelöst und es wurde auch Einigkeit über den Preis erzielt. Verkäufer aber auch Einkäufer haben manchmal, vor allem wenn Sie noch nicht genügend berufserfahren sind, Hemmungen vor der endgültigen Frage bzw. Antwort die zum Abschluss führt.

Der Verkäufer will mit einer vielleicht voreiligen Frage vermeiden, dass die Geschäftsbeziehung, das aufgebaute Vertrauen oder auch noch zu erwartende andere Geschäfte bei einem »Nein« verloren gehen könnten. Den Einkäufer plagt die Frage, ob er auch wirklich alles bedacht hat, ehe er den Zuschlag gibt.

Das ist verständlich, bei beiden geht es nicht nur um Lob oder Tadel, es geht um die geschäftlichen Folgen, letztendlich um Gewinne oder Verluste.

Es wird Ihnen ähnlich ergehen bzw. ergangen sein. Was erreichen Sie mit Ihrem Zaudern? Ein Mitbewerber, der mutiger und selbstbewusster ist als Sie, schnappt Ihnen gegebenenfalls den Auftrag vor der Nase weg oder der Kunde verliert – ganz gleich, aus welchen Gründen – das Interesse an Ihrem Angebot.

Sie haben das Verkaufsgespräch geführt, die Wünsche und die Bedürfnisse Ihres Kunden ausgelotet, seine Probleme erkannt und ihm danach ein Angebot erarbeitet. Dieses Angebot haben Sie mit dem Kunden auf seinen Nutzen und seinen Preis hin ausdiskutiert, bis es Ihr Kunde akzeptieren konnte.

Zögern Sie die Abschlussfrage nicht unnötig hinaus

Fragen Sie jetzt, mutig und selbstbewusst. Sie wissen dann ob »ja« oder »nein«. Ein Wissen, das besser ist als jede Ungewissheit. Wenn »ja«, dann haben Sie Ihr Ziel erreicht. Wenn »nein«, dann geht es erneut zur Fragestellung und Argumentation. Resignieren wäre verkehrt. Vielleicht müssen Sie die Abschlussfrage auch ein zweites Mal stellen. Wir können Ihnen keine Richtschnur geben, wann Sie diese Frage zweimal oder gar mehrfach stellen müssen. Das hängt von der Sache, von der Stärke des Wettbewerbs und von den handelnden Personen ab.

Fassen Sie in der Abschlussphase Ihr Gespräch noch einmal zusammen

In der Abschlussphase fassen Sie Ihr Gespräch kurz zusammen und achten auf Signale der Kaufbereitschaft, die von Ihrem Kunden ausgehen. Das können Fragen sein, die Details betreffen, die erst nach dem Kauf aktuell werden, die jedoch darauf schließen lassen, dass er sich innerlich schon fest entschieden hat. Oder der Kunde bestätigt sich gewissermaßen im Selbstgespräch: »Die Verpackungsmaschine wird uns echt Geld und Zeit sparen.«

Testen Sie die Kaufbereitschaft Ihres Kunden mit Fragen, die den Problembereich betreffen, den Ihr Angebot bewältigen soll, und die als Antwort ein eindeutiges »Ja« erforderlich machen.

Beispiele:

Hat diese Anlage alle von Ihnen geforderten Funktionen?
Entspricht die Ausstoßmenge Ihren Erwartungen?
Haben wir mit den vereinbarten Konditionen Ihre Vorgaben eingehalten?

Stellen Sie gegebenenfalls noch einmal das für den Kunden günstige Preis-Leistungs-Verhältnis heraus.

Und dann fragen Sie:
Kann ich den Auftrag, wie wir ihn gemeinsam erarbeitet haben, notieren!?

Wenn der Kunde jetzt »nein« sagt, sofort nachfassen. Lassen Sie sich nicht mit Ausflüchten vertrösten: »Das muss ich mir doch noch einmal durch den Kopf gehen lassen« o.Ä. Fragen Sie Ihren Kunden, was noch unklar ist, was er aus Ihren Argumenten nicht erkennen konnte. Antworten Sie mit klaren Gegenargumenten und überlegen Sie, ob es ein überzeugendes Argument gibt, das Sie vielleicht noch gar nicht eingesetzt haben, weil es Ihnen zu simpel erschien.

Lassen Sie sich im Falle eines negativen Bescheides nicht vertrösten, sondern fassen Sie sofort nach

Wenn Sie den Abschluss dennoch heute nicht erreichen können, zeigen Sie sich nicht verstimmt darüber, dass es Ihnen nicht gelungen ist, eine positive Entscheidung herbeizuführen. Überlegen Sie, ob die Ablehnung nur ein Vorwand ist und der Kunde Sie nur »loswerden« will, sich aber nicht traut, Ihnen das offen zu sagen oder ob die Ablehnung wirklich in Ihrem Angebot begründet liegt. Wenn Sie der Auffassung sind, dass der Kunde noch Einwände hat, die er selbst noch nicht formulieren kann oder will, dann starten Sie einen dritten Anlauf. Sollte dieser wiederum vergeblich sein, fragen Sie Ihren Kunden freundlich – auf keinen Fall aber verbittert –, was Sie falsch gemacht hätten, was denn an Ihrem Angebot nicht stimme, nachdem doch schon anscheinend eine einvernehmliche Auffassung bestanden habe.

Versuchen Sie die hinter einer Ablehnung liegenden Gründe zu ermitteln

Bleiben Sie bei dieser Frage gelassen und locker. Unabhängig davon, ob die Antwort »ja« oder »nein« lautet. Nicht alles kann gelingen. Behalten Sie Ihr Selbstbewusstsein. Eine Verkäuferpersönlichkeit verkraftet auch eine Niederlage.

Beglückwünschen Sie im Falle eines Abschlusses Ihren Kunden zu seinem Entschluss

Wenn aber, was wir Ihnen immer wünschen, die Frage nach dem Abschluss positiv beantwortet wurde, dann beglückwünschen Sie als Erstes Ihren Kunden zu seinem Entschluss und bestätigen ihm, dass dieser richtig und nützlich für ihn ist. Bedanken Sie sich freundlich für den Auftrag, den er Ihnen erteilt hat – fallen Sie aber nicht vor ihm auf die Knie.

Fertigen Sie dann den Auftrag schriftlich aus und besprechen mit Ihrem Kunden das nächstliegende Procedere und verabschieden sich freundlich.

Ob Ablehnung oder Abschluss, bedanken Sie sich nochmals schriftlich bei Ihrem Kunden für das Gespräch

Zurück in der Firma, schreiben Sie Ihrem Kunden eine ausführliche Auftragsbestätigung. Sind in Ihrem Haus dazu Formulare vorgesehen, dann benutzen Sie diese, vergessen aber nicht, einen Brief dazu zu schreiben, der Ihrem Kunden zeigt, mit welcher Freude Sie mit ihm am Zustandekommen dieses Abschlusses gearbeitet haben. Dieser Brief öffnet Ihnen die Tür zu Ihrem nächsten Besuch.

Selbst wenn Ihr Besuch vergeblich war, sollten Sie auch hier einen freundlichen Brief schreiben, ohne »Spitzen« und »(saure) Untertöne«. Sie erhalten sich damit die Möglichkeit, für ein anderes Geschäft diesen Kunden erneut ohne Vorbehalte anzusprechen und zu besuchen.

Bei erfolgreichem Abschluss überprüfen Sie das nun anstehende Procedere in Ihrem Hause

Wenn Sie alles erledigt haben, bleiben Sie Ihrem Auftrag auf den Fersen. Prüfen Sie in Ihrem Haus, ob auch alles so ausgeführt wird, wie es von Ihnen bestätigt wurde. Bedenken Sie: Der Teufel steckt im Detail. Ihre Versandabteilung könte z.B. einen Fehler machen, was Ihren gerade gewonnenen Kunden verärgert.

Und was Sie auf keinen Fall versäumen dürfen: Ihre »Manöverkritik« mit sich selbst, ohne Beschönigung, aber auch ohne Minderwertigkeitsgefühle. Sie werden Erkenntnisse dabei gewinnen, was Sie in Zukunft besser vermeiden oder ändern sollten und was Sie eventuell noch besser und effizienter hätten ausführen können.

Wir wünschen Ihnen keine allzu kritische Selbstbewertung, aber sie kommt unweigerlich, früher oder später, denn nichts ist vollkommen in unserem Dasein, auch wenn wir uns noch so sehr bemüht haben.

5 Die Reklamation: Einspruch, Beschwerde, Beanstandung

Reagieren Sie nicht spontan – zählen Sie erst einmal bis zehn und atmen Sie tief durch

Wenn man eine Beanstandung hört oder schriftlich vorliegen hat, stößt man im Geist je nach Temperament einen gotteslästerlichen Fluch oder einen tiefen Seufzer aus. Ehe Sie jedoch etwas unternehmen, zählen Sie erst einmal bis zehn, atmen tief durch und überlegen sich, was in Ihrem Kunden, den Sie nicht verlieren wollen, jetzt vorgeht. Erst dann sprechen Sie ihn an.

Völlig unabhängig davon, wie leicht abstellbar oder schwer wiegend die Reklamation im Augenblick scheint oder tatsächlich ist, der Kunde ist frustriert, dass gerade ihm das passiert, dass Produkt oder Dienstleistung doch nicht das zu sein scheinen, was Sie ihm als Verkäufer versprochen haben, dass er doch dem Vertreter der Konkurrenz hätte glauben sollen usw. Ihr Kunde wird den Grund für seine Reklamation nicht oder in den seltensten Fällen objektiv betrachten. Er will und muss sich abreagieren. Geben Sie ihm Gelegenheit dazu – vielleicht würden Sie an seiner Stelle auch nicht anders handeln.

Vielleicht steigert sich Ihr Kunde in seinen Zorn weiter hinein, sieht eventuell Schwierigkeiten mit seinen eigenen Kunden heraufziehen, befürchtet sogar Geldverluste und stellt sich selbst und seinen Kaufabschluss mit Ihnen in Frage. Er handelt emotional und sieht unlösbare Probleme auftauchen. Es kann sogar sein, dass Sie Ihr Kunde urplötzlich unsachlich anbrüllt.

Jetzt heißt es für Sie besonnen sein, fühlen Sie sich in die Situation des Kunden ein und bleiben Sie ruhig, bis der Kunde seinen Ärger abgeladen hat. Hören Sie ihm dabei gut zu. Einmal kommt auch dieser Kunde zur Ruhe, selbst wenn er brüllen musste.

Bestätigen Sie Ihrem Kunden, dass Sie sich gut in seine Lage versetzen könnten

Sagen Sie dann Ihrem Kunden, dass Sie die Situation ernsthaft bedauern, dass Sie sich gut in seine Lage versetzen können, dass Sie ihm dafür danken, dass er Sie sofort benachrichtigt hat und dass Sie persönlich sich vorrangig für eine schnelle Lösung des entstandenen Problems einsetzen werden. Notieren Sie alle wesentlichen Punkte der Reklamation, vereinbaren Sie, wenn es notwendig ist, eine Besichtigung des Schadens, zum Beispiel einer nicht funktionierenden Maschine, einer fehlerhaften Ware oder eine Zusammenkunft mit den Betroffenen.

Nach der genauen Klärung der Sachlage sollte unverzüglich Ihre Arbeit an der Lösung der Missstände zu beginnen. Was Sie selbst erledigen können, tun Sie selbst. Müssen Sie andere einbeziehen, seien Sie hartnäckig, bis die Angelegenheit zur Zufriedenheit Ihres Kunden geregelt ist.

Es liegt an Ihnen und Ihrem Einsatz, ob der Kunde danach in seiner Innung, an seinem Stammtisch oder wo auch immer sagt:
»Auf die Firma Meier und den Vertreter Schmidt lasse ich nichts kommen. Da hatte ich jetzt eine Reklamation, aber die haben das Problem schnell aus der Welt geschafft – auf die kann man sich verlassen«, oder »Die Firma Meier, die kann man vergessen, wenn man mal was hat, dann sind die nicht da oder machen erst mal Pause, ehe sie einen Finger krumm machen.«

Es liegt an Ihnen, ob Sie beschädigtes Vertrauen wieder herstellen und damit die Kundenbindung noch mehr festigen können oder durch Nachlässigkeit verspielen.

Sollte eine unberechtigte Reklamation erfolgen, gehen Sie ebenfalls behutsam damit um

Natürlich kann es auch sein, dass bei einer Reklamation der Kunde Unrecht hat. Gehen Sie dann mit ihm ebenfalls behutsam um. Vielleicht hat der Kunde bei der Bedienung oder beim Anschluss des Gerätes etwas falsch gemacht, hat bei der Aufstellung der Maschine ein Teil verkehrt eingebaut, weil seine Monteure die Aufbauanweisungen nicht oder nur mangelhaft beachtet haben, oder er hat seine Mitarbeiter falsch eingewiesen. Oder – ein Beispiel aus dem Einzelhandel: Ein Fernglas zeigt nur seitenverschobene Bilder, weil es der Kunde vom Baum herunterfallen ließ, was er Ihnen jedoch geflissentlich verschwieg.

Mitunter werden Sie es gar nicht selbst beurteilen können, ob die Reklamation berechtigt ist oder nicht. Fragen Sie Ihren Kunden präzise, aber immer freundlich, wann und wie die Probleme aufgetaucht seien, ob zwischen dem letzten reibungslosen Ablauf und dem Auftreten des Fehlers oder der Unregelmäßigkeit besondere Umstände eingetreten seien.

Verschweigt Ihnen Ihr Kunde etwas?

Hören Sie bei den Antworten des Kunden gut zu. Sitzen Sie Ihrem Kunden persönlich gegenüber, empfiehlt es sich, ihn genau zu beobachten. Nicht alle Kunden werden Ihnen, selbst wenn Ihnen bei Ihren Fragen klar wird, dass sie etwas übersehen oder falsch gemacht haben, ihren Fehler eingestehen. Wenn Sie das zu merken glauben, antworten Sie nicht überheblich: »Das müssen Sie doch gemerkt haben« oder »Das kann ich Ihnen so beim besten Willen nicht abnehmen!«

Bleiben sie gelassen und sagen Sie je nach Lage der Dinge: »Ich werde sofort anrufen und einen Ingenieur des Herstellers kommen lassen, der das genau untersucht, denn an diesem Punkt bin ich technisch überfordert. Auf jeden Fall werden wir die Ursache für Ihre Reklamation ganz rasch aufklären, ohne dass Ihnen zusätzliche Kosten oder weitere Unannehmlichkeiten entstehen.«

BERUFEN SIE SICH IN FACHFRAGEN AUF DAS URTEIL EINER NEUTRALEN INSTANZ.

Damit der Kunde sieht, dass Ihnen an einer sorgfältigen Prüfung gelegen ist, wiederholen Sie noch einmal alle Fragen und notieren Sie sie in seinem Beisein. Lassen Sie den Kunden auf keinen Fall spüren, dass Sie ihm evtl. misstrauen oder gar, dass Sie glauben, ihn zu durchschauen. Lassen Sie ihn sein Gesicht wahren.

Zur Zufriedenheit des Kunden abgewickelte Beanstandungen können die Vertrauensbasis verstärken

Aus mancher Reklamation ist schon ein neuer Auftrag geworden, weil durch behutsames Fragen und Vorgehen die gegenseitige Vertrauensbasis nicht beschädigt, sondern im Gegenteil noch verstärkt wurde.

Hüten Sie sich aber auch bei Reklamationen vor voreiligen Wiedergutmachungsversprechungen, bevor eine Klärung erfolgt ist.

Vergessen Sie nie, dass der Kunde zwar unglaubhaft wirken, aber dennoch mit seiner Reklamation im Recht sein kann. Es sind auch schon Autos von Nobelmarken zurückgerufen worden – und dies sogar noch nach Jahren.

EINE MANGELHAFT ERLEDIGTE REKLAMATION WIRD IMMER IHREM GUTEN RUF UND DEM IHRES UNTERNEHMENS SCHADEN.

Reklamationen sind immer auch Gelegenheit für Sie, Ihren Service zu verbessern

Seien Sie jedem Kunden, der reklamiert, dankbar. Trotz seiner Enttäuschung traut er Ihnen zu, dass Sie alles zu seiner Zufriedenheit regeln werden können. Eventuell weist er Sie sogar auf bisher nicht erkannte Schwachstellen hin und gibt Ihnen so Gelegenheit, Ihren Service zu verbessern; er dient Ihnen also. Zahlen Sie mit gleicher Münze, dienen Sie auch ihm. Es zahlt sich aus, nicht nur durch Kundenzufriedenheit, sondern letztlich auch bei Ihrem Gehalt oder Ihrer Provision.

6 Verkaufen am Telefon

Das Telefon zählt heute zu den Selbstverständlichkeiten, die uns privat und im Beruf umgeben. Daher ist es nicht verwunderlich, dass dieses Medium mehr und mehr in den aktiven Verkauf mit einbezogen wird. Wir wollen dem Verkaufen am Telefon daher im Rahmen der Darstellung der Verkaufstechniken ein eigenes Kapitel widmen.

Im Gegensatz zu anderen Marketinginstrumenten bringt ein Telefonat eine sofortige Reaktion

Aus Kostengründen und was die Geschwindigkeit der Informationsübermittlung betrifft, bietet das Telefon in der Tat sehr viele Vorteile. Statistiken zeigen, dass ein Außendienstbesuch mit 100 DM bis 500 DM zu Buche schlägt. Die Kosten für Werbebriefe liegen zwischen 2 DM und 4 DM, je nach Umfang und Auflage. Ein Telefonkontakt scheint zwar mit ca. 5 DM gegenüber dem so genannten Mailing teuer, bringt dafür höhere Reaktionsquoten.

Das ist kein Wunder. Wer kann sich schon dem Klingeln des Telefons entziehen? Es wäre allerdings fatal, das Telefon als »Schnellschuss-Marketing-Instrument« zu missbrauchen. Jede Verkaufsaktivität – und besonders der Verkauf per Telefon – bedarf einer exakten Vorbereitung.

Im Übrigen hat jedes Telefonat, das geführt wird, auch wenn es keinem Verkaufsgespräch dient, etwas mit Verkaufen zu tun. Es geht ja nicht ausschließlich darum, ein Produkt oder eine Dienstleistung per Telefon an die Frau oder den Mann zu bringen. Wie schon an anderer Stelle erwähnt, wird mit der Abwicklung eines jeden Telefonates auch das Image eines Unternehmens »verkauft«.

*Damit zeigt sich ein erster wichtiger Punkt: **Jedes Telefongespräch, gleichgültig, ob es eingeht oder ausgeht, berührt den Bereich Telefonmarketing.***

Sehr schnell kann man Kunden oder potenzielle Kunden in dem einen wie auch in dem anderen Fall verärgern. Bei eingehenden Gesprächen wird ein Anrufer spätestens nach dem fünften Klingelzeichen nervös und fragt sich, ob er die richtige Nummer gewählt hat. Warteschleifen, in denen entweder gar nichts passiert oder endlos lange Überbrückungsmusik ertönt, tragen auch nicht zu seiner Erheiterung bei und spätestens nach mehrfachen fruchtlosen Verbindungsversuchen der Vermittlungsstelle wird er entnervt den Hörer auflegen.

Bereiten Sie Ihre Telefonate gut vor

Ausgehende Gespräche sollten besonders sorgfältig vorbereitet werden. Der große Vorteil, einen Gesprächspartner direkt und persönlich zu erreichen, kann schnell verspielt werden. Anders als beim Mailing, das beiseite gelegt werden kann, muss der Angerufene sofort reagieren. Wenn Sie zu Ihren Kunden (oder Interessenten) in der Vergangenheit ein gutes Verhältnis aufgebaut haben, werden Sie keine Probleme haben. Ist es doch fast so, als spräche man mit einem guten Freund. Dann werden Sie – als Verkäufer – es nicht übel nehmen, wenn Ihr Gesprächspartner Ihnen z.B. sagt, dass er gerade absolut keine Zeit für Sie hat.

Rechnen Sie immer damit, im ungünstigsten Moment anzurufen

Auch wenn wir davon ausgehen, dass Sie Ihre Telefonate gründlich vorbereitet haben, werden Sie die Situation, in der Sie Ihren Gesprächspartner antreffen, niemals vorausse-hen können. Vielleicht gab es gerade vor Ihrem Anruf Ärger mit dem Chef, den Kollegen, dem/der Partner(in), vielleicht dröhnt schon den ganzen Vormittag ein Presslufthammer vor der Tür oder vielleicht meldet der Computer gerade »schwerer Systemfehler« ... und dann kommt Ihr Anruf. Ihr Angebot mag noch so gut sein, es kommt einfach im falschen Moment.

Sicherlich, dies mag ein düsteres Szenario sein. Nicht von der Hand zu weisen ist jedoch, dass Telefonmarketing (ebenso wie Werbebriefe) kein sehr positives Image hat. Bei nähe-

Vielfach leidet Telefonmarketing unter einem negativen Image

rer Betrachtung sind die Vorurteile in beiden Fällen allerdings nicht haltbar. Sosehr jeder verkaufen will und auch muss, so sei ganz besonders in Bezug auf Telefonverkauf noch einmal darauf hingewiesen, dass »Überfälle« keinen Erfolg bringen werden.

Schaffen Sie eine positive Gesprächsatmosphäre, für jetzt oder später, indem Sie ein Gespräch zum Beispiel mit der Frage einleiten: »Haben Sie einen Moment Zeit für mich?« Lautet die Antwort »Nein!«, erzwingen Sie die Gesprächsfortführung nicht. Versuchen Sie, einen Termin für einen erneuten Anruf zu vereinbaren und verabschieden Sie sich dann.

Versuchen Sie Ihrem Gesprächspartner – auch bei fehlendem Verkaufsinteresse – nützliche Informationen zu geben

Dazu zwei Beispiele aus der Praxis: Zirka alle 4 Wochen bekomme ich von einem Systemhändler einen Anruf. Ich kenne diesen Mann nicht einmal persönlich, trotzdem empfinde ich seine Anrufe nicht als Belästigung. Durch seine sehr natürliche, fröhliche Art ist er mir im Gedächtnis geblieben. Seine Anrufe sind immer eine Bereicherung. Er weiß sehr genau, mit welchen EDV-Systemen und -Programmen ich arbeite, und gibt mir wertvolle Informationen, was es Neues auf dem Markt gibt und welchen Service er mir bieten kann. Nebenbei reden wir auch mal über das Wetter oder was sich sonst so tut in unserer Region. Am Ende des Gespräches fragt er mich jedes Mal: »Darf ich Sie wieder anrufen?« Und meine Antwort lautet stets: »Ja, gerne!« Seine gute Kundenpflege oder – besser gesagt – Interessentenpflege wird sich sicherlich eines Tages in einem Auftrag niederschlagen.

Ein weiteres – in meinen Augen positives – Beispiel gibt es von der Telekom. Im Rahmen einer Umfrage rief mich ein Mitarbeiter an, der so entwaffnend freundlich war, dass ich ihm gerne seine Fragen beantwortete.

Beide Beispiele zeigen, wie es sein sollte. Freundlichkeit und Kompetenz sind die wichtigsten Bausteine für erfolgreiches Telefonmarketing. Doch leider gibt es ja auch viele Negativbeispiele. Die sollen hier gar nicht im Einzelnen erläutert werden, kennt sie doch jeder zur Genüge.

Außerdem sollte sich jeder Telefonverkäufer vor Augen halten, dass er nicht der Einzige ist, der diesen Weg geht. Pech für Sie, wenn Sie der dritte, vierte oder fünfte Anrufer sind, mit einem Angebot, das den Angerufenen vielleicht gar nicht interessiert.

Täuschen Sie niemals falsche Tatsachen vor, um zu einem potenziellen Ansprechpartner durchgestellt zu werden

Noch schlimmer, wenn Sie sich vielleicht noch an der Sekretärin »vorbeigemogelt« haben. Mit der Bemerkung »Es ist privat« oder dem (arroganten) Hinweis »Das möchte ich ihrem Chef persönlich sagen« mag es Ihnen zwar gelingen, durchgestellt zu werden, für ein Verkaufsgespräch ist das allerdings eine denkbar ungünstige Ausgangsposition.

Krankt das Medium »Werbebrief« daran, dass mancher meint, der geborene Texter zu sein, scheint die Selbstüberschätzung am Telefon noch ausgeprägter zu sein. Über gesetzliche Vorschriften oder auch die guten Sitten wird sich teilweise einfach hinweggesetzt. »Wo kein Kläger, da kein Richter«, sollte nicht als Maßstab dienen. Telefonmarketing im Privatkundenbereich ist verboten! Außerdem kann man wohl generell davon ausgehen, dass z. B. eine Privatperson am Wochenende oder spät abends nicht erwartet, ein Verkaufsgespräch führen zu müssen. Zu diesen Zeiten rufen wohl eher Familienmitglieder oder gute Freunde an.

Bei neuen Kontakten ist Ihre Stimme das einzige Instrument, um einen Kontakt aufzubauen

Im geschäftlichen Bereich sind die gesetzlichen Vorgaben nicht ganz so streng. Man kann aber nicht generell davon ausgehen, dass Anrufe stets willkommen sind. Schließen wir an dieser Stelle einmal gut gepflegte Geschäftsbeziehungen aus. Betrachten wir die Situation, wenn der Mensch am anderen Ende der Leitung Sie noch nicht kennt. Was würden Sie tun, wenn Sie persönlich vor ihm stehen würden? Halten Sie sich diese einfache Regel vor Augen, dann ist es gar nicht so schwierig. Bedenken Sie, dass Ihnen im Gegensatz zu einem persönlichen Gespräch Mimik und Gestik nicht zur Verfügung stehen. Wenn Ihr Gesprächspartner Sie noch nie gesehen hat, wird er sich auf Grund Ihrer Stimme ein Bild machen.

Die Psychologie ist ein wesentliches Element in unserem Leben. Ebenso spielt die sinnliche Wahrnehmung eine sehr wichtige Rolle. Am ausgeprägtesten ist der Geruchssinn. Er entfällt beim Telefonieren, ebenso wie die sichtbare Wahrnehmung durch das Auge. Es bleibt die Stimme, oder besser gesagt: die Stimmlage. Sie spiegelt die Situation wider, in der Sie sich befinden.

Dazu einige grundsätzliche Tipps:

Grundlegende Regeln für das Verkaufen am Telefon

- Telefonieren Sie, wenn es geht, im Stehen:
  Sie sind dann wesentlich lockerer und können freier sprechen als an Ihrem Schreibtisch sitzend.
- Lächeln und gestikulieren Sie, auch wenn Ihr Partner Sie nicht sehen kann:
  Ihre Stimme kommt so wirkungsvoller »rüber«.
- Geben Sie Ihrem Gesprächspartner ausreichend Zeit, sich auf Sie einzustellen:
  Ihr Partner und Sie haben nur ihre Stimmen als Anhalt, um ihre jeweiligen Reaktionen zu interpretieren.
- Auch wenn Sie Ihres Erachtens gut vorbereitet sind, sollten Sie immer sämtliche Unterlagen übersichtlich und griffbereit zur Hand haben, die Sie eventuell brauchen, um auf weiterführende Fragen antworten zu können.

VERHALTEN SIE SICH WÄHREND EINES TELEFONATES GRUNDSÄTZLICH SO, ALS WÜRDE IHNEN IHR GESPRÄCHSPARTNER DIREKT GEGENÜBERSITZEN.

Größere Unternehmen arbeiten mit sog. »Call-Centern« zusammen

Professionelles Telefonmarketing, d.h. der Verkauf am Telefon, kann nicht nebenbei erledigt werden. Größere Unternehmen arbeiten deswegen mit sog. »Call-Centern« zusammen. Kleinere Firmen versuchen es aus Kostengründen in Eigenregie. Dabei wird manchmal nicht bedacht, wie viel Zeit notwendig ist, auch nur einen »kleinen« Kundenstamm zu betreuen, der vielleicht 100 Personen umfasst. Wenn Sie ein intensives Verkaufsgespräch per Telefon führen wollen, werden Sie in einer Stunde höchstens vier oder fünf Anrufe abwickeln können. Dabei können Sie nicht davon ausgehen, dass Sie direkt jeden Gesprächspartner erreichen. Es müssten also bei einer Adresse manchmal mehrere Wählversuche stattfinden. Abgesehen davon, benötigt man zwischendurch auch einmal eine Pause. Professionelle Telefonmarketer telefonieren maximal eine Dreiviertelstunde und machen dann eine Viertelstunde Pause.

Nun mag sich das vielleicht ganz schön anhören, in einem Call-Center zu arbeiten und auf Kosten anderer den lieben langen Tag zu telefonieren. Die Praxis sieht anders aus. Das ständige Telefonieren, sich immer wieder auf einen neuen

Gesprächspartner einzustellen ist harte Arbeit. Wer jedoch aktiv und professionell per Telefon verkaufen will, sollte auf solche Experten zurückgreifen. Erledigt man Telefonmarketing »nebenbei«, wird man im eigenen Betrieb oft durch irgendetwas gestört. Selbst dann, wenn Sie lediglich Ihre Adressen aktualisieren wollen, denn auch das ist Telefonmarketing, und dies braucht ebenfalls seine Zeit. Wenn Sie nicht auf eine professionelle Agentur zurückgreifen möchten, aus welchen Gründen auch immer, sorgen Sie auf jeden Fall dafür, dass Sie einen ruhigen Platz für Ihre Aktion haben und ungestört sind.

Für Qualifizierungsmaßnahmen (Adressenprüfung o.Ä.) ist das Telefon bestens geeignet. Schneller können Sie eine Antwort gar nicht bekommen.

In der Praxis hat sich besonders das Zusammenspiel zwischen Werbebrief und Telefon bewährt

Die Praxis zeigt auch, dass sich besonders das Zusammenspiel zwischen Werbebrief und Telefon bewährt hat:

- So wird im ersten Schritt zunächst telefonisch der zuständige Ansprechpartner ermittelt, was z.B. über die Zentrale einer Firma geschehen kann. (Sollten Sie direkt durchgestellt werden, können Sie neben der Qualifizierung der Adresse auch auf das folgende Mailing hinweisen.)
- Im zweiten Schritt informiert der Werbebrief dann ausführlich über Ihr Angebot.
- Im dritten Schritt können Sie wieder telefonisch nachfassen, was einerseits die Beachtung Ihres Mailings verstärkt, andererseits können Sie auch direkt evtl. noch offene Fragen klären.

Außendienstbesuche lassen sich am Besten per Telefon vorbereiten

Ebenso können Außendienstbesuche per Telefon vorbereitet werden. Hier liegt das Telefon eindeutig vor dem Mailing, weil direkt auf besondere Wünsche des Kunden eingegangen werden kann.

Falls Ihren Kunden Service-Rufnummern zur Verfügung gestellt werden, ist ein ganz wichtiger Punkt die ständige Erreichbarkeit. Nichts ist ärgerlicher für einen Anrufer, als andauernd ein Besetztzeichen oder ein Freizeichen zu hören und niemand nimmt den Hörer ab. Allein das Einrichten einer Servicenummer nützt nichts. Auch hier ist Kompetenz gefragt.

Greifen Sie nicht planlos zum Hörer. Bereiten Sie sich gut vor, was jedoch nicht heißen soll, dass Sie von einem vorgefertigten Skript alles ablesen und dabei Ihren Kunden vielleicht gar nicht zu Wort kommen lassen. Überschütten Sie ihn nicht mit Informationen, sondern versuchen Sie, durch aktives Zuhören herauszufinden, was ihn interessiert.

Prüfen Sie, wen Sie nach den gesetzlichen Bestimmungen überhaupt anrufen dürfen

Beginnen Sie mit Ihren Überlegungen, bevor Sie überhaupt den Hörer hochnehmen. Weil es so wichtig ist, sei es hier noch einmal gesagt, dass Sie Privatpersonen, zu denen kein Kundenkontakt besteht, nach dem Gesetz nicht anrufen dürfen! Aber selbst bei Personen, die schon Ihre Kunden sind, haben Sie keinen Freibrief. Sie dürfen dort nur anrufen, wenn auch deren Einverständnis vorliegt. Dazu reicht es nicht, auf einer Antwortkarte die Telefonnummer eintragen zu lassen. An Stelle verklausulierter Formulierungen wie »Bitte nennen Sie uns Ihre Telefonnummer, falls wir Rückfragen haben« sollten Sie einfach und klar fragen: »Dürfen wir Ihnen unsere Angebote auch telefonisch übermitteln?«

HALTEN SIE SICH IMMER VOR AUGEN, DASS SIE PER TELEFON DIREKT UND UNVERMITTELT IN DIE PRIVATSPHÄRE EINES MENSCHEN EINDRINGEN.

Betrachten Sie Ihre geplante Aktion auch immer durch die Brille des Kunden oder Interessenten, den Sie anrufen werden. Legen Sie sich Ihre Argumente zurecht, warum er gerade mit Ihnen sprechen oder warum er gerade Ihr Angebot nutzen soll. Um es noch einmal deutlich zu sagen: Es sind keine stereotypen Sätze gefragt, sondern vielmehr Natürlichkeit und Ehrlichkeit.

Gesprächstechniken kann man lernen. Trotz allem aber sollte man seine Persönlichkeit nicht überdecken. Ihr Gesprächspartner wird sehr wohl merken, ob Sie »authentisch« und mit Begeisterung bei der Sache sind oder nicht. Auch beim Telefonverkauf gilt die »alte« Verkäuferregel, dass man nur das Produkt mit Leichtigkeit verkaufen kann, von dem man auch selbst überzeugt und begeistert ist.

D KUNDENORIENTIERUNG IN THEORIE UND PRAXIS

1 KUNDENORIENTIERUNG – EIN BÜNDEL VON MASSNAHMEN

Kundenorientierung als »Programm«, das hört man in letzter Zeit allerorten. Auch in den vorangegangenen Teilen dieses Buches ist mehrfach darauf verwiesen worden. So häufig, wie »Kundenorientierung« als Schlagwort zu hören ist, kann man fast den Eindruck gewinnen, dass es die Lösung für alle Probleme sein soll, die die gegenwärtige wirtschaftliche Lage mit sich bringt.

Es gibt keine passenden Konzepte: Jeder Kunde ist anders

Oft besteht die Erwartung, dass Kundenorientierung nach einem passenden Rezept umgesetzt werden könne. Selbst wenn das so einfach wäre, müssen Sie als Verkäuferin, als Verkäufer zugeben, dass Ihnen schon die Anwendung eines solchen Rezeptes viel abverlangen würde: einen Perspektivenwechsel vorzunehmen, d.h., sich aus Sicht der Kunden ideenreich zu überlegen, was diese in der jeweiligen Situation erwarten; zu prüfen, was das eigene Angebot an Machbarem bietet ... und das Ganze immer freundlich und zuvorkommend anzugehen. Und beim nächsten Kunden aufs Neue, auch wenn es vielleicht zuvor eine Enttäuschung gegeben hat.

Doch halt: Hier wird schon ein Umriss von Kundenorientierung gezeichnet. Gehen wir noch einmal einen Schritt zurück und versuchen wir, den Begriff etwas näher zu klären. Fragt man verschiedene Personen, was eigentlich unter Kundenorientierung zu verstehen sei, werden die Befragten – ähnlich wie bei der Frage nach der Erwartung an »die« Psychologie – sehr unterschiedliche Antworten geben.

Fragen, die sich stellen, wenn »Kundenorientierung« mit Leben gefüllt werden soll

Im Kern wird dies am häufigsten auf »guter Service« oder »leistungsfähiges Team« hinauslaufen. Das sind geläufige Formulierungen, aber wenn Sie sie für Ihr Verkaufsumfeld mit Leben füllen möchten, stellen sich plötzlich viele Fragen:

- Wie weit kann ich als Einzelner die Versprechen einlösen, die mein Unternehmen abgibt?
- Wie erkenne ich Kundenwünsche?
- Was kann ich gegen Missverständnisse tun, was bei launischen Kunden, was, wenn gar die »Chemie« nicht stimmt?

- Welche Einzelheiten prägen eigentlich meine Kommunikation mit den Kunden – im Gespräch, am Telefon usw.?

EINES SOLLTE KLAR SEIN: KUNDENORIENTIERUNG LÄSST SICH NICHT AUF EINE FORMEL REDUZIEREN, SONDERN SETZT SICH AUS VIELEN EINZELNEN ASPEKTEN ZUSAMMEN.

Kundenorientierung betrifft nicht nur die Verkäufer, sondern das gesamte Unternehmen

Im vorliegenden Abschnitt möchten wir deshalb mit Ihnen über die vielfältigen Fragen nachdenken und Denkanstöße geben, wie Sie Lösungen erfolgreich in die Praxis umsetzen können. Dies geht wiederum nicht nur die Verkäufer an, sondern reicht über den Verkauf hinaus und betrifft in gleichem Maße das Unternehmen bzw. den Unternehmer.

2 Ihr Unternehmen und Sie

2.1 Versprechen müssen eingelöst werden können

Wünsche und Bedürfnisse der Kunden – woraus leiten sie sich ab? Zum Teil eben von den Informationen und Versprechungen Ihres Unternehmens – und versprochen wird hier vieles – insbesondere in der Werbung. Bei der Kundenorientierung zählt jedoch nicht die Durchsetzungskraft oder die Häufigkeit der Werbung. Die Praxis zeigt, dass zwischen Sagen und Tun noch eine große Lücke klafft. Davon sind Sie als Verkäuferin oder Verkäufer mit direktem Kundenkontakt besonders betroffen. In letzter Konsequenz liegt es ganz wesentlich an Ihnen, ob ein Kunde kauft oder nicht. Allerdings sind Sie nicht ausschließlich dafür verantwortlich, sondern wir berühren hier die Frage des Unternehmenskonzepts. Arbeiten Werbung, Verkaufsförderung und Vertrieb gut zusammen? Berücksichtigt man Ihre Erfahrungen als Verkäufer/in? Überlegen Sie, ob Ihr Unternehmen ein »ehrliches« Konzept hat, mit dem Sie gegenüber Kunden Erfolg versprechend und nachhaltig umgehen können!

2.2 Die Qualität muss stimmen

Selbstverständlich müssen zuallererst Produkte und Dienstleistungen »stimmen«. Eine systematische Lösung, Produktqualität und Vermarktung zusammenzubringen sowie Kundenorientierung an allen Stellen im Unternehmen umzusetzen, versprechen in diesem Zusammenhang z.B. die ISO-Zertifizierungen. Sie sollen durch Vorgabe bestimmter Vorgehensweisen einen Betrieb entsprechend durchstrukturieren.

Die Zertifizierung bietet eine systematische Lösung, Produktqualität, Vermarktung und Kundenorientierung zusammenzubringen

Im Vorfeld der Zertifizierung wird ein »Qualitätsmanagement-Handbuch« erarbeitet. Idealerweise werden dabei die Mitarbeiter mit einbezogen. Ob die erarbeiteten Richtlinien den Vorgaben der Norm DIN ISO 9000 ff. entsprechen, prüft eine externe, unabhängige Kommission. Sind die erforderlichen Kriterien erfüllt, wird das ISO-Zertifikat ausgestellt. Dieses Zertifikat schließt im Übrigen ein, dass die Erfüllung der Qualitätsvorgaben in regelmäßigen Abständen von der Kommission geprüft wird.

Man sollte allerdings nicht vergessen, dass alle entwickelten Qualitätsvorgaben letztendlich von Menschen umgesetzt werden müssen.

Und hier setzt mittlerweile Kritik am Zertifizierungssystem ein. Denn erstens sind Menschen, das wissen wir, keine Roboter. Es wird immer Mitarbeiter geben, die (wenn vielleicht auch unbegründet) dies alles als »Papierkram« abtun und sich darum erst recht nicht daran halten. Was nützt aber das beste Qualitätshandbuch, wenn ein Anrufer beispielsweise schon in der Telefonzentrale abgekanzelt wird? Zweitens: Welche Vorteile bringt es, wenn kostbare Arbeitszeit mit der Umsetzung der Vorschriften vergeudet wird? Papier ist bekanntlicherweise geduldig und manches, was am runden Tisch erarbeitet wurde, erweist sich in der Praxis als unrealistisch oder zu zeitaufwendig.

Die bloße Zertifizierung garantiert noch keine Kundenorientierung

Natürlich muss auch in Unternehmen, die nicht zertifiziert sind, auf Qualität geachtet werden. Dabei wäre es hilfreich, wenn Sie als Verkäuferinnen und Verkäufer zu den Kundenreaktionen und -wünschen, zum Markt überhaupt, gefragt würden und wenn nicht nur Rückschlüsse aus den Zahlen gezogen werden, die Sie schreiben. Dennoch werden Sie in der Regel nur begrenzten Einfluss auf die Produktqualität und auf das Verkaufsumfeld haben. Hier heißt es für Sie, sich

Als Verkäufer/innen können Sie nur begrenzten Einfluss auf die Produktqualität nehmen

auf die Gegebenheiten einzustellen. Beispielsweise durch gute Produktkenntnis, sodass Sie Kunden kompetent beraten können. Denken Sie in diesem Zusammenhang an die Ausführungen in Teil C – das Verkaufsumfeld und sogar der Preis spielen nicht immer die wichtigste Rolle.

*EIN KUNDE WIRD IHREM UNTERNEHMEN TREU BLEIBEN, WENN ER SICH BEI **IHNEN** GUT BERATEN UND BEDIENT FÜHLT – DAS IST IHR BEITRAG ZUR UNTERNEHMENSQUALITÄT.*

2.3 Das Unternehmen muss Anreize im Verkaufsumfeld bieten

Das Produkt, das Sie verkaufen, ist vorgegeben, die Beratung gestalten Sie. Die Verkaufsbedingungen bestimmt Ihr Unternehmen. Je größer Ihr Handlungsspielraum dabei ist desto besser. Auch wenn der Preis nicht alles ist, gehören die Zahlungskonditionen mit an die erste Stelle. Dies betrifft besonders mögliche Nachlässe und Zahlungsziele.

Im Einzelhandel wird zunehmend die Möglichkeit geboten, mit »Plastikgeld« zu zahlen

Im Einzelhandel tendieren die Zahlungsmöglichkeiten zunehmend in Richtung »electronic cash«. Da werden Kundenkarten, Klubkarten oder Bonuskarten ausgegeben, wodurch immer mehrere Aspekte berührt werden – Verkaufsförderung, Kredit und Bequemlichkeit. Soll der Kunde so vielleicht auch verleitet werden, Geld auszugeben, das er im Moment nicht hat? Wenn dem so sein sollte, kommt das Erwachen für ihn spätestens dann, wenn die aufgelaufene Summe des »Plastikkredits« in echten Münzen und Scheinen zurückgezahlt werden muss – das wäre gewiss falsch verstandene Verkaufsförderung.

Das Empfinden dafür, dass die Plastikkarte Geld bedeutet, das selbst verdient werden muss, scheint auch eine Generationenfrage zu sein. Dazu ein Beispiel: Mutter und Sohn stehen an der Kaufhauskasse. Der Sohn (ca. 7 Jahre alt) sagt zur Mutter: »Gib doch die Karte ab, dann brauchen wir nicht zu bezahlen ...« Wer die Entwicklung der Plastikkarten bewusst miterlebt hat, käme wahrscheinlich nicht auf so eine Idee. Wie ist es aber mit denjenigen, die es gar nicht anders kennen? Welche Ausmaße das annehmen kann, zeigt in erschreckendem Maße die Überschuldung bereits bei Kindern und Jugendlichen. Allerdings lassen sich auch viele Erwachsene verführen und leben über ihre Verhältnisse.

Wir brauchen diesen Konflikt bzw. die Frage, ob hier Verantwortung des Verkäufers besteht, nicht weiter zu vertiefen und es soll hier auch nicht gegen die »Kärtchen« geredet werden, die – zweifellos – ihre Vorteile haben. Man braucht nicht große Mengen Bargeld mitzunehmen, was nicht nur sicherer, sondern auch zeitgemäß und bequemer ist. Diese Bequemlichkeit heißt in der Fachsprache »Convenience«.

»Convenience« bedeutet neben der Produktqualität auch im Verkaufsumfeld für die Kunden Bequemlichkeit und Komfort zu schaffen und ist somit ein Instrument der Kundenbindung.

Bequemlichkeit bei den Zahlungsmodalitäten

Convenience bei den Zahlungsmodalitäten ist noch längst keine Selbstverständlichkeit, sie ist aber auch nicht allein eine Frage der Kundenorientierung, sondern reicht bis ins finanzwirtschaftliche Unternehmenskonzept und überschreitet damit den Bereich des Verkaufs. Als Unternehmer sollten Sie bequeme Bezahlungsmöglichkeiten in Ihrem Unternehmen ermöglichen, als Verkäufer/in sollten Sie diese Vorteile nutzen und Ihre Kunden darauf aufmerksam machen. Vielerorts gehört die Frage »Wie möchten Sie gern zahlen?« ja bereits zum Standard.

Preisnachlässe über Bonuskarten und Rabatte

Neben Convenience sprechen wir in diesem Zusammenhang auch über Preisnachlässe. Bonuskarten im Sonnenstudio, beim Friseur oder bei Schuh- und Schlüsseldienst, um nur ein paar Beispiele zu nennen. Sie sind gewiss ein Element von Kundenorientierung, aber sie sind nicht neu, sondern hinsichtlich des Preisvorteils nichts anderes als die guten alten Rabattmarkenheftchen, die in den 50er-Jahren so beliebt waren. Rabatt wird für eine bestimmte Menge eingeräumt, aber um die Menge zu erreichen, muss der Kunde mehrmals wiederkommen. Damit wird die Karte zu einem Instrument, das zugleich die Kundenbindung fördert.

Eigentlich ist vieles gar nicht so neu, es heißt vielleicht anders, aber grundsätzlich besinnt man sich auf Dinge, die es in ähnlicher Form schon gegeben hat. Convenience – damals im Tante-Emma-Laden hieß das, den Einkaufsbetrag für ein paar Tag »anschreiben« zu lassen. Heute heißt es »mit der Karte zahlen« und den Betrag nach vier Wochen in Rechnung gestellt zu bekommen.

Die Waren werden ins Haus geliefert

Convenience – das heißt auch, dass die Einkäufe ins Haus gebracht werden. Heute wieder »neu« entdeckt von pfiffigen Filialleitern mancher Supermärkte. Da heutzutage ja auch ein wenig Unterhaltung gefragt ist, hatte einer von Ihnen eine besondere Idee: Seine Kunden können wählen ob sie mit ihren Einkäufen per Fahrrad-Rikscha oder im Taxi nach Hause gebracht werden möchten. Doch der Filialleiter bietet noch mehr in seinem Geschäft, beispielsweise eine Schuhputzmaschine und eine japanische Massageliege. Der Lohn für so viel Kundenorientierung: Bei schrumpfenden Umsatzzahlen der Branche im Allgemeinen, verbuchte er ein Umsatzplus von 8,5 Prozent!

Auch der Tankwart ist wieder im Kommen

Auch der vielerorts zwischenzeitlich wegrationalisierte Tankwart ist – dank Convenience – wieder im Kommen. Seine Dienste heißen jetzt »Fahrbahnservice«; er putzt wieder Frontscheiben, prüft den Ölstand und fährt auch schon einmal das Auto durch die Waschanlage, wenn ein Autofahrer den Mut hat, sich zu »outen«, dass er darin Platzangst bekommt. Und neuerdings sind Autowaschanlagen mancherorts auch spätabends oder sogar sonntags in Betrieb.

Im Sinne von Kundenorientierung sind dies alles lobenswerte Maßnahmen. Wenn die vorherigen Ausführungen ein wenig ironisch klingen, mag es daran liegen, dass uns, den Autoren, einiges sehr bekannt vorkommt und man dabei immer ein bisschen an »des Kaisers neue Kleider« denken kann. Wer immer immer im Unternehmen Verantwortung trägt, muss aber für »seine« Verkäufer/in ein solches Verkaufsumfeld schaffen.

Als Verkäufer/in sollten Sie Ihr Verkaufsumfeld sinnvoll nutzen und auch selbst Ideen entwickeln und umsetzen, wo immer Sie dazu die Möglichkeit haben.

3 Sie selbst

Was ist im Sinne von Kundenorientierung eigentlich gut oder schlecht? Was ist falsch oder richtig? Eine schlüssige Beantwortung dieser Fragen käme doch wieder einem Patentrezept gleich. So wie jeder Kunde ist auch jeder Verkäufer ein Individuum. Und es wird Fälle geben, in denen zwischen beiden – wie es so schön heißt – die Chemie nicht stimmt. Da nützen Kompetenz und Freundlichkeit manchmal nur wenig.

Es können ganz banale Gründe sein, warum ein Kunde sich von Ihnen abwendet. In den Verkaufsschulungen »alten Schlages« wurde gelehrt, dass Sie auf Körperpflege und Kleidung achten müssen. Grundsätzlich ist das auch heute noch so. Wer im aktiven Verkauf tätig ist, sollte möglichst morgens nicht zu großzügig mit Parfüm oder After-Shave umgehen. Auch Knoblauchgeruch kommt nicht besonders gut an, wenn nur einer von beiden – in diesem Falle Sie – ihn als Fahne vor sich herträgt, von anderen Fahnen ganz zu schweigen. Auch wenn es Ihnen lächerlich erscheinen mag, so etwas kommt vor. Wir reden hier von Kundenorientierung, und als Verkäufer ist es Ihre Sache, auf solche Dinge bei sich zu achten. Schließlich wollen Sie verkaufen. Sie würden ja auch kaum ein gutes Produkt vorsätzlich in eine beschädigte Verpackung stecken – oder?

So sollte Ihr Arbeitsumfeld sein

Unterschätzen Sie auch nicht, wie sich Ihre Arbeitsbedingungen auf Ihr Verhalten auswirken können. Zunächst einmal: Die Grundvoraussetzungen müssen stimmen. Idealerweise lieben Verkäuferinnen und Verkäufer ihren Beruf, denken positiv, kennen die Produkte, die verkauft werden sollen, und können sich auch damit identifizieren. Im privaten Bereich gibt es keine Probleme. Ihre Arbeit wird von der ganzen Familie anerkannt und liebevoll unterstützt. Die Vorgesetzten sind durch die Bank weg nett. Sie haben nicht nur immer ein offenes Ohr und ausreichend Zeit, sondern zahlen auch noch ein Gehalt, mit dem es sich gut leben lässt. Schließlich noch die Kolleginnen und Kollegen, mit denen man in ansprechend ausgestatteten Verkaufsräumen ganz hervorragend im Team arbeiten kann. Mobbing beispielsweise ist ein Fremdwort. Und schließlich die Produkte. Sie sind optimal auf die Kundenbedürfnisse zugeschnitten, haben durchweg verständliche Gebrauchsanweisungen, sind kaum reparaturanfällig, haben eine lange Lebensdauer und sind jederzeit in allen Variationen, die der Kunde wünscht, verfügbar …

Die Wirklichkeit sieht meist ganz anders aus

Hören wir an dieser Stelle auf zu träumen. Jeder hat genügend eigene Erfahrungen und weiß, dass die Wirklichkeit durchaus anders aussieht. Und jeder wird Beispiele anführen können, die das Verkaufen, aber auch das Einkaufen nicht zum Vergnügen machen. Es fordert Ihre besondere Leistung heraus, auch unter eingeschränkten Bedingungen nicht die Freude am Verkaufen zu verlieren und in jedem Fall »kundenorientiert« zu bleiben. Blättern Sie bei Bedarf noch einmal zum Thema Selbstmanagement (Teil B, Kap. 8) zurück!

4 Ihre Kunden und Sie

4.1 Kundenorientierung zählt an jedem Ort des Verkaufs

Wechseln Sie wieder die Perspektive: Was würden Sie sich als Kunde wünschen?

Unabhängig von Branche und Produkt sind die folgenden Anregungen sicher auch in Ihren Bereich übertragbar. Nutzen Sie wieder den Vorteil des Perspektivenwechsels und überlegen Sie, was Sie sich selbst als Käufer wünschen würden.

Denn eigentlich sind Verkäuferinnen und Verkäufer doch in der beneidenswerten Lage, in einer Person beides zu sein: Verkäufer und Kunde. Sie erleben beide Seiten und könnten eine Fülle von Anregungen sammeln, wie aktiv erfolgreich verkauft werden könnte. Hier ist ganz bewusst »könnte« gesagt, denn diese Chance wird noch viel zu wenig genutzt. Anstatt sich nur auf »sichere« Techniken zu verlassen, sollte man sich vielleicht auch das Sprichwort »Was du nicht willst, das man dir tut …« ein wenig zu Herzen zu nehmen!

In Ihrer Rolle als Käufer kommen vermutlich auch Sie in der Regel am meisten mit dem Einzelhandel in Berührung, schließlich kauft jeder von uns täglich etwas ein – seien es Lebensmittel, Bekleidung, Hi-Fi-Artikel oder Einrichtungsgegenstände. Dort nimmt man sie oder ihn – die Verkäuferin oder den Verkäufer – besonders wahr. Aber verkauft wird natürlich an weit mehr Stellen und auch dort, wo es nicht so eindeutig auffällt. Kompetenz fängt z.B. in der Telefonzentrale an! Der zitierte bereits von der Telefonzentrale abgekanzelte und verschreckte Kunde ist dann nämlich keiner mehr, sondern nur noch eine vertane Verkaufschance. Und das kann auch dann der Fall sein, wenn er zwar nicht abgekanzelt wurde, dafür aber freundlich eine – falsche – Auskunft erhielt.

Ob Ladengeschäft, Versandhandel, Messe, Kundenbesuch, Restaurant oder auch zunehmend Internet: Sie begegnen Kunden, Sie verkaufen, und zwar persönlich, am Telefon oder schriftlich. An unterschiedlichsten Stellen muss Kundenorientierung in verschiedenen Formen umgesetzt werden. Die Verkaufsstrategien sind unterschiedlich, Verkäuferinnen und Verkäufer unterscheiden sich ebenso wie Kundinnen und Kunden.

Das Grundmuster bleibt aber in jedem Fall das gleiche:

IHRE KUNDEN ERWARTEN, VON IHNEN DAS ZU BEKOMMEN, WAS SIE SICH VORGESTELLT HABEN – UND SIE MÜSSEN ERGRÜNDEN, WELCHE ERWARTUNGEN BESTEHEN UND OB UND WIE IHR PRODUKT ODER IHRE DIENSTLEISTUNG DIESE ERFÜLLEN KÖNNEN.

Suchen Sie nicht für Ihr Produkt einen Kunden, sondern für Ihren Kunden ein Produkt

Heutzutage geht es nicht nur darum, Produkte und Dienstleistungen zu verkaufen, für die grundsätzlich ein Bedarf vorhanden ist. Sie können nicht mehr davon ausgehen, dass (potenzielle) Kunden automatisch zu Ihnen kommen. Und in Verkaufsgesprächen müssen Sie zunehmend den Kundennutzen verkaufen, weniger die Funktionalität eines Produktes.

Vielleicht sind Sie ein wenig frustriert darüber, dass immer nur Sie als Verkäuferinnen oder Verkäufer die Ratschläge bekommen und nie die Kunden. Die Kunden können Sie sich nicht aussuchen, aber Sie können schon den ersten Schritt in Richtung Kundenorientierung tun: Machen Sie sich klar, dass die Fähigkeit, sich auf (den) Kunden einzustellen, ein

Stellen Sie sich auf Ihren Kunden ein

Teil des aktiven Verkaufens ist. Was nicht heißen soll, sich selbst zu verleugnen oder dass alle Kunden perfekt sind. Darauf kommen wir später noch zurück.

4.2 Lernen Sie Ihre Kunden besser kennen

»Tante Emma« kannte ihre Kunden

Kundenorientierung und Service sind gewiss keine neuen Erfindungen. In den 50er- und 60er-Jahren waren sie z.B. in den schon angesprochenen Tante-Emma-Länden selbstverständlich. Die Begriffe wurden weder analysiert noch diskutiert: Kundenorientierung wurde einfach praktiziert. »Tante Emma« kannte ihre Kunden mit Namen, ihre Vorlieben und Abneigungen. Das sind schon neben der Freundlichkeit zwei der wichtigsten Voraussetzungen, wenn man von Kundenorientierung redet. »Tante Emma« kannte auch die Familien vom Kind bis zum Haustier und wusste so ziemlich über alles Bescheid, was rundherum vorging. In ihrem Laden wurde nicht nur eingekauft, es wurden auch die sozialen Kontakte gepflegt.

Schlagen wir hier die Brücke in die Gegenwart. Als Verkäufer/in wissen Sie, dass es sich positiv auf eine Geschäftsbeziehung auswirkt, je mehr Informationen Sie über Ihre Kunden und deren Umfeld haben. Das soll freilich nicht bedeuten, dass man die intimsten Geheimnisse eines Kunden trickreich herausbringt und sie gegen ihn verwendet, wenn er z.B. bei einem Vertragsabschluss zögert.

Signalisieren Sie Ihrem Kunden Interesse

Nein, hier geht es vielmehr darum, dem Kunden zu zeigen, dass er uns nicht nur als Geschäftspartner interessiert. Wie weit dieses Interesse gehen soll und darf, ist natürlich ganz individuell. Es wird immer Menschen geben, die sich bei allem, was über das Geschäftliche hinausgeht, abschotten werden. Doch auch der unzugänglichste Kunde wird sicher gerne ein wenig mit Ihnen über sein Hobby plaudern. Das ist Kundenorientierung, mit der Sie ganz nebenbei eine entspannte Gesprächsatmosphäre schaffen. Ihr Geschäftspartner würde sich bestimmt auch freuen, wenn Sie an seinen Geburtstag denken würden. Dass seine Familie gratuliert, ist für ihn selbstverständlich. Aber wenn Sie diesen Tag nicht vergessen, zeigt das doch, dass er für Sie nicht nur als Kunde wichtig ist. Gerade heutzutage, wo kaum einer für den anderen

Zeit hat, gewinnen diese Kleinigkeiten wieder zunehmend an Bedeutung.

Kenntnisse über das Umfeld Ihres Kunden signalisieren diesem Ihr Interesse und dienen so der Kundenbindung. Möglicherweise erhalten Sie so auch zusätzlich wichtige Verkaufsargumente.

Informationen müssen gezielt recherchiert werden und systematisch verfügbar sein

Bei aller netten Erinnerung an »Tante Emma«: Das Rad der Zeit oder des Fortschritts können wir nicht zurückdrehen. Wir müssen die freundliche Zuwendung zum Kunden, die wir dort studieren können, auf heutige Gegebenheiten übertragen und vor allem systematisieren. Was »Tante Emma« noch zwanglos in Erfahrung bringen konnte, ist in den so stark gewandelten Märkten nicht mehr so einfach zu ermitteln (siehe auch Teil C, Kap. 3.1). Schließlich wird kein Kunde seine Wünsche auf einem Schild vor sich hertragen.

Es kommt hinzu, dass sich Kundenwünsche rasch wandeln und dass auch Kontroverses nebeneinander existiert. Krass gesagt: Hätte der Kunde es heute gerne so, so hätte er es morgen schon gern wieder anders.

Nehmen wir als Beispiel ein Autohaus: Ist ein (potenzieller) Kunde an einem Tag nur zu gerne bereit, sich ausführlich über jedes Detail und jede mögliche Farbkombination der Innenpolster ausführlich beraten zu lassen, stürmt ein anderer (oder auch derselbe!) an einem anderen Tag in den Verkaufsraum und will nichts anderes als nur Informationsmaterial – ganz schnell und ganz viel, aber bloß keinen Verkäufer. Ein guter Verkäufer wird diese Situation intuitiv erkennen und darauf entsprechend reagieren.

Weder gibt es den perfekten Verkäufer noch gibt es den perfekten Kunden. So entstehen schon einmal Missverständnisse. Wenn ein Verkäufer in guter Absicht über die Informationen in den Prospekten hinaus beraten will, wird er damit bei dem einem Kunden auf Interesse, bei einem zweiten aber genau auf das Gegenteil stoßen. Hier die richtige Entscheidung zu treffen, dazu gehört nach wie vor Fingerspitzengefühl.

Ziehen Sie Marktstudien zu Rate

Zur systematischen Ermittlung von Kundenwünschen können z. B. Ergebnisse der Marktforschung herangezogen werden. Wir knüpfen hier an die ausführlicheren Beschreibungen der Lifestyletypen an (Teil B, Kap. 5), wo schon der Rat gegeben wurde, brancheneigene Studien zur Kenntnis zu nehmen (entsprechende Quellen finden Sie im Rahmen der Literaturhinweise). Deren Ergebnisse können Anregungen geben und Ideen vermitteln, sollen aber keinesfalls dazu führen, Kunden – im übertragenen Sinn – in Schubladen zu packen.

Fragen Sie Ihre Kunden direkt nach Ihren Wünschen

Es kann für ein Unternehmen vorteilhaft sein, Kunden direkt zu fragen, was sie eigentlich von der Firma, von deren Produkten erwarten. Das hört sich einfach an, ist aber anscheinend nicht so leicht in die Praxis umzusetzen. Man erlebt oft, dass entweder zu viel gefragt wird oder so unkonkret, dass der Befragte nicht weiß, wie und was er antworten soll, und es darum gleich bleiben lässt. Oder es gibt zum Beispiel keine Möglichkeit, (konstruktive) Kritik anzubringen. Diese Vorgehensweisen sind sicher nicht im Sinne von Kundenorientierung.

Dabei lässen sich Kundenbefragungen durchaus schon mit einfachen Mitteln und geringem Aufwand durchführen. Das kann zum Beispiel ein bei einem Besuch hinterlassener kleiner Fragebogen sein, den man beim nächsten Mal ausgefüllt mitnimmt. Oder im Einzelhandel ein am Ausgang postierter Mitarbeiter, der die Kunden freundlich anspricht und fragt, ob sie ein paar Fragen beantworten würden. Ebenso können im Verkaufsraum oder Restaurant kleine Kärtchen ausgelegt werden, auf denen die Kunden oder Gäste ihre Meinung mitteilen können.

4.3 Reagieren Sie positiv auf Kritik

Kundenwünsche in Erfahrung zu bringen kann auch dazu führen, dass Dinge ans Licht kommen, mit denen Kunden unzufrieden sind. Bei einigen Unternehmen, die Kundenbefragungen durchführen, könnte man allerdings den Eindruck gewinnen, dass sie Angst vor solchen Antworten haben. Manchmal scheinen sie sehr gut zu wissen, dass etwas im Argen liegt, und versuchen dann, sich durch geschickte Fragestellung Absolution erteilen zu lassen. Auch das ist keinesfalls Kundenorientierung!

Sicher ist es nicht angenehm, wenn Kunden auf Fehler hinweisen. Nicht in allen Fällen kann Abhilfe geschaffen werden und es werden auch notorische Nörgler unter den Antwortenden zu finden sein. Aber die gibt es immer, die lassen wir einmal beiseite. Konstruktive Kritik dagegen sollte als Chance gesehen werden (siehe auch Teil C, Kap. 5). Manches sieht man selber gar nicht mehr. Sie kennen den Ausdruck von der »Betriebsblindheit«.

Viele Schwachpunkte werden auf Grund von »Betriebsblindheit« nicht gesehen

Wenn Sie als »Insider« in Ihrem Betrieb beispielsweise jeden Tag wie selbstverständlich über eine Falte im Teppich hinwegtreten, wie Freddy Frinton in »Dinner for one« über den Tigerkopf, ist dies mit Sicherheit ein Punkt, der Ihre Kunden stört – spätestens dann, wenn sie lang hingestreckt vor Ihnen liegen. Aber Scherz beiseite, es gibt sicher genügend Dinge, wo Ihnen Ihre Kunden entscheidende Tipps für Verbesserungen geben können. Sie sollten selbstkritisch genug sein, um darin keinen persönlichen Angriff zu sehen. Wenn Sie dann noch die eine oder andere gute Anregung tatsächlich umsetzen, zeigen Sie ihrem Kunden damit, dass es Ihnen mit der Kundenorientierung wirklich ernst ist.

Sagen Sie nicht, dass das mit Verkaufen nichts zu tun hat oder dass Sie als Verkäufer nicht für den Teppich im Verkaufsraum zuständig sind. Der Teppich dient hier nur als Beispiel. Genauso gut kann es um das Verhalten des Personals gehen. Auch dies könnte als Kritikpunkt bei einer Befragung herauskommen.

Aus konstruktiver Kritik lassen sich wertvolle Informationen zur Verbesserung Ihres Services ableiten.

4.4 Bemühen Sie sich aktiv um Ihre Kunden!

Man sollte davon ausgehen, dass derjenige, der den Beruf des Verkäufers gewählt hat, überhaupt die Grundvoraussetzungen dafür mitbringt: die Freude am Verkaufen und die Freude am Umgang mit Menschen. Unlust und Inkompetenz, die offensichtlich zu erkennen sind, führen sicher nicht zu einem Verkaufsabschluss. Die Frage ist nur, warum diese Untugenden trotzdem immer noch anzutreffen sind. Zugegeben, jeder hat einmal gute und einmal schlechte Tage und es gibt auch sehr schwierige Kunden, bei denen wohl jeder an einem bestimmten Punkt die Geduld verliert. Davon aber einmal abgesehen, muss ein Verkäufer, wenn er erfolgreich sein will, in der Lage sein, seine persönlichen Probleme im Moment des Verkaufens zurückzustellen. Gehören Sie zu den Verkäuferinnen und Verkäufern, die diesen Standpunkt ganz selbstverständlich einnehmen? Oder bejahen Sie ihn, aber es fällt Ihnen gelegentlich schwer? Oder lehnen Sie diesen Standpunkt sogar ab? Im letzteren Fall sollten Sie noch einmal gründlich über Kundenorientierung und über Ihren Wunsch nach Erfolg nachdenken: Überlegen Sie dann bitte auch kurz, was Sie erwarten, wenn Sie selbst als Kunde unterwegs sind! Geduld und Höflichkeit zum Beispiel sind keine Einbahnstraße.

Es kommt ganz entscheidend auf Ihre innere Einstellung zu Ihrem Beruf an

Das Sich-um-den-Kunden-bemühen sollte nicht Mühsal sein und Dienstleistung sollte nicht als Dienen im negativen Sinn empfunden werden. Es kommt ganz entscheidend auf Ihre innere Einstellung zu Ihrem Beruf an. Schlechte Angewohnheiten kann man sich abgewöhnen oder andersherum gesagt: Einige Fähigkeiten kann man sich durchaus aneignen. Stures Auswendiglernen irgendwelcher Verhaltensmaßregeln oder Gesprächsfloskeln bringt allerdings nicht den gewünschten Erfolg. Im Gegenteil, der Käufer ist so sensibel, dass er das intuitiv erkennen und ablehnen wird. Verkaufen bedeutet glaubwürdig zu sein, sonst führt es zu nichts. Allenfalls dazu, dass ein negatives Image aufgebaut wird, das sich erwiesenermaßen schnell herumspricht. Denn die Kunden haben sich in einer Hinsicht überhaupt nicht geändert: Positives nehmen sie als selbstverständlich hin, Negatives dagegen erzählen sie gerne und häufig weiter.

4.5 Beseitigen Sie Störungen

Von dem, was positiv oder negativ ist, können zwei Personen (in unserem Fall Verkäufer und Käufer) durchaus unterschiedliche Meinungen haben. Wo der Verkäufer der Ansicht ist, er verhalte sich richtig, kann beim Kunden ein ganz anderer Eindruck entstehen, und umgekehrt.

Was bedeutet das alles für die Praxis? Machen Sie sich die Störfaktoren klar, die sich negativ beim Verkaufen auswirken können. An einigen Dingen ist nichts zu ändern, andere wiederum können Sie beeinflussen.

Wenn die »Chemie« nicht stimmt …

Zum Beispiel: Der Kunde mag Sie schlicht und ergreifend aus ganz persönlichen Gründen nicht. Das kommt durchaus vor, wie das Erlebnis einer Referentin verdeutlichen mag, die bei Durchsicht der Seminar-Beurteilungen feststellte, dass ein Teilnehmer ein durchweg vernichtendes Urteil abgegeben hatte. Sie nahm ihren ganzen Mut zusammen, rief diesen Teilnehmer an und fragte ihn, ob sie denn wirklich so schlecht gewesen sei. Verlegenes Lachen am anderen Ende und eine verblüffende Antwort: Nein, sie sei gut gewesen. Nur … er sei vor kurzem von seiner Frau verlassen worden und sie (die Referentin) sähe ihr sehr ähnlich. Als sie bei Seminarbeginn durch die Tür kam, wäre bei ihm einfach »die Klappe gefallen«, sie hätte machen können, was sie wollte, sie hätte es ihm nicht recht machen können.

Fragen Sie gegebenenfalls nach

Dieses Beispiel zum Thema »Nasenfaktor und Chemie« zeigt, dass man Kritik nicht einfach unter den Tisch fallen lassen, sondern den Mut zur Ursachenforschung haben sollte. Das mag im Moment unangenehm sein, hat aber langfristig betrachtet eine positive Wirkung. Wenn Ihr Kunde nicht ein ausgesprochener Menschenverächter ist, wird er erkennen, dass er bzw. seine Meinung Ihnen wichtig ist.

Vielleicht können Sie bei so einer Gelegenheit ein Vorurteil oder eine Meinung, in die sich ihr Kunde einfach hineingesteigert hat, entschärfen oder abbauen.

Wie leicht man sich etwas einfach nur einbildet und dann für sein Gegenüber völlig unverständlch reagiert, hat Paul Watzlawick in seinem Buch »Anleitung zum Unglücklichsein« treffend beschrieben. Es ist »die Geschichte mit dem Hammer«, die wir Ihnen nicht vorenthalten möchten:

»Ein Mann will ein Bild aufhängen. Den Nagel hat er, nicht aber den Hammer. Der Nachbar hat einen. Also beschließt unser Mann, hinüberzugehen und ihn auszuborgen. Doch da kommen ihm Zweifel: Was, wenn der Nachbar mir den Hammer nicht leihen will? Gestern schon grüßte er mich nur so flüchtig. Vielleicht war er in Eile. Aber vielleicht war die Eile nur vorgeschützt, und er hat etwas gegen mich. Und was? Ich habe ihm nichts angetan; der bildet sich da etwas ein. Wenn jemand von mir ein Werkzeug borgen wollte, ich gäbe es ihm sofort. Und warum er nicht? Wie kann man einem Mitmenschen einen so einfachen Gefallen abschlagen? Leute wie dieser Kerl vergiften einem das Leben. Und dann bildet er sich noch ein, ich sei auf ihn angewiesen. Bloß weil er einen Hammer hat. Jetzt reicht's mir wirklich. – Und so stürmt er hinüber, läutet, der Nachbar öffnet, doch noch bevor er ›Guten Tag‹ sagen kann, schreit ihn unser Mann an: ›Behalten Sie Ihren Hammer, Sie Rüpel!‹«

(aus: Paul Watzlawick: Anleitung zum Unglücklichsein. Piper Verlag GmbH, München 1983)

Ein klärendes Gespräch ist oft hilfreich – nur muss einer den Anfang machen

Ein klärendes Gespräch würde in diesem Fall Wunder wirken. Nur, einer – in diesem Fall der »Angegriffene« – müsste wohl den Anfang machen. Sein Kontrahent käme ja gar nicht auf die Idee. Den Ausgang der Geschichte kann man sich leicht ausmalen: Das grandiose Missverständnis würde ausgeräumt, das Bild endlich aufgehängt und die beiden Kampfhähne würden bei einem Versöhnungsbier gemeinsam über diesen unnötigen Unsinn lachen. Und was wäre passiert, wenn keiner den ersten Schritt gemacht hätte? Wahrscheinlich wären sie bis zum JüngstenTag grußlos aneinander vorbeigegangen, Unverständnis auf beiden Seiten.

Je nach Ihrem Verkaufsumfeld kann es Fälle geben, in denen die »Chemie« irreparabel nicht stimmt. Im Prinzip haben Sie dann nur noch zwei Möglichkeiten: Entweder versuchen Sie das Beste aus der Situation zu machen – wobei Sie nichts mehr daraus machen können, wenn sich der Kunde dem weiteren Gespräch entziehen kann und auch entzieht, beispielsweise wenn er den Laden verlässt oder kurz und knapp erklärt, er hätte nun keine Zeit mehr. Oder aber Sie versuchen, das Verkaufsgespräch auf jemand anderen zu übertragen. Das setzt Kollegialität voraus und dass Sie sich als Team verstehen, das den Nutzen des Unternehmens vor den eigenen Erfolg (und das Eingeständnis eines Misserfolgs!) stellt, bzw. beim Kundenbesuch Organisationsstrukturen, die es ermöglichen, dass ein anderer Kollege diesen Kunden aufsucht.

Nun soll nicht der Eindruck entstehen, dass unser Kunde in jeder Hinsicht unfehlbar ist. Er verhält sich schon ein wenig unorthodox. Einerseits will er seinen Bedarf schnell und reibungslos decken, z.B. in übersichtlichen, gut durchorganisierten Supermärkten oder Kaufhäusern, ohne dass er von Verkaufspersonal »gestört« wird. Andererseits verlangt er jedoch umgehend nach Beachtung, wenn es ihn danach verlangt, z.B. nach Verkaufspersonal, wenn er etwas nicht findet. Oder denken Sie an das Beispiel »Autohaus«. Das Kaufverhalten ist schwer einzuschätzen, man redet daher mittlerweile vom »Freistilkonsumenten«, der nicht entweder im Fachhandel oder beim Discounter oder aus dem Katalog kauft, sondern sowohl als auch.

Den Ansprüchen der heutigen »Freistilkonsumenten« ist oft nur sehr schwer zu entsprechen

Zum Ärger der Verkäufer passiert es dabei immer wieder, dass sich unser Kunde König im Fachhandel ausführlich beraten lässt, um das Produkt dann beim Discounter oder Versender zum günstigeren Preis einzukaufen. Und was die Produkte anbelangt, ist er entweder extrem sparsam und fährt sinnloserweise einige Kilometer mehr zu einer Tankstelle, wo das Benzin einen Pfennig günstiger ist, oder er ist extrem verschwenderisch und schaut nicht auf besagten Pfennig, wenn das Markenzeichen nur groß genug und damit für alle sichtbar auf einem T-Shirt, einer Tasche, einem Gürtel oder sonstwo prangt.

Es gibt bisher noch keinen Leitfaden, wie sich Kunden »korrekt« verhalten sollten, und realistisch betrachtet, wird es so etwas wohl auch nicht geben. Da wir alle »nur« Menschen sind, werden sich Störfaktoren ergeben, die man einfach nicht voraussehen kann. Beide Akteure (Verkäufer und Käufer) haben bestimmte Erwartungshaltungen oder auch schlicht und einfach Vorurteile, die einen negativen Einfluss auf ein Verkaufsgespräch haben können. Es wird auch in Zukunft Aufgabe des Verkäufers sein, sich damit auseinander zu setzen, wie Kundenorientierung erfolgreich umgesetzt wird. Fachkompetenz, Freundlichkeit und Ehrlichkeit sind dabei sehr wichtige Komponenten – drei Stichworte, auf die wir noch eingehen werden.

4.6 Sorgen Sie für Ihre Fachkompetenz

Fachwissen kann sich jeder aneignen. Sie sollten schon genau wissen, was ein Produkt leisten kann (und was nicht) oder was genau Ihre Dienstleistung auszeichnet. Sie sollten auch die Unterschiede zu den Konkurrenzprodukten kennen und über die Preise informiert sein. Damit sind Sie für Ihren Kunden ein kompetenter Gesprächspartner.

KOMPETENZ SCHAFFT VERTRAUEN UND VERTRAUEN SCHAFFT KUNDENTREUE.

Bei der heutigen Produktvielfalt werden Fachleute immer wichtiger. Das gilt besonders für technische Produkte oder für komplexere Dienstleistungen.

Nehmen wir als Beispiel den nahezu unüberschaubaren Technikmarkt. Hier sind Kunden für kompetente Beratung besonders dankbar. Sie werden nicht nur bei der nächsten Kaufentscheidung wieder dort hingehen, wo sie gut beraten wurden, sondern zusätzlich dieses Geschäft und diesen Verkäufer sicherlich weiterempfehlen. Wenn Sie – wie es auch immer mehr in Mode kommt – umsatzabhängig entlohnt werden, kann Ihnen gar nichts Besseres passieren.

Argumentieren Sie nicht Produktqualität, sondern immer Kundennutzen

Aneignung von Fachwissen bedeutet nicht, die Werbeversprechen der Prospekte auswendig zu lernen. Sie sollten vor allen Dingen den Kundennutzen der Produkte herausarbeiten, die Sie verkaufen, auch im Hinblick auf die Konkurrenzprodukte (siehe auch Teil C, Kapitel 4.1.6). Stellen Sie sich die Frage: Warum soll der Kunde dieses oder jenes gerade bei Ihnen kaufen?

Fragen Sie z.B. einmal in Ihrem Freundeskreis, ob man ein bestimmtes Produkt bei Ihnen kaufen würde. Wenn Sie eine bestätigende Antwort erhalten, fragen Sie nach, warum das so ist. Versuchen Sie auch herauszufinden, warum man nicht bei Ihnen kaufen würde. So bekommen Sie für zukünftige Verkaufsgespräche Argumente zusammen, aus denen Sie Formulierungen für Kundennutzen ableiten können. (Es geht hier natürlich nicht darum, dass man bei Ihnen kauft, weil Sie befreundet sind!)

4.7 Schaffen Sie mit Freundlichkeit die Basis

Um Produktkenntnis zu erwerben und Kundennutzen zu erarbeiten, müssen Sie Zeit und Energie aufwenden. Für eines brauchen Sie aber so gut wie gar nichts zu tun. Diese Fähigkeit hat jeder Mensch: das Lächeln. Dafür brauchen Sie nur ein wenig die Mundwinkel zu heben. Ein Lächeln verströmt automatisch Freundlichkeit und schafft eine positive Atmosphäre – ein ganz wichtiger Baustein der Kundenorientierung. Ein Lächeln baut Barrieren ab. Selbst wenn Ihr Gegenüber einen schlechten Tag haben sollte, ein Lächeln wird seine eisige Stimmung bestimmt ein wenig auftauen. Einem Lächeln kann sich kaum jemand entziehen. Schließlich wendet man sich eben lieber jemandem zu, der freundlich ist, als jemandem, der ein unfreundliches Gesicht aufgesetzt hat.

Ein Lächeln baut Barrieren ab und schafft eine freundliche Atmosphäre

Unfreundlichkeit kann viele Gründe haben: Sie sind vielleicht mit dem falschen Bein aufgestanden, irgendetwas oder irgendjemand hat Ihnen schon am frühen Morgen den Tag verdorben, die Straßenbahn ist Ihnen vor der Nase weggefahren oder Sie haben mit dem Auto im Stau gestanden und sind zu spät gekommen. Dann haben Sie vielleicht einen Rüffel vom Chef bekommen, die Kollegen haben auch noch gelacht und als Krönung ist Ihnen noch die Kaffeetasse umgefallen. Diese Reihe könnte fortgesetzt werden und in der einen oder anderen Version passiert so etwas jeden Morgen. Fazit: Man ist frustriert und neigt dazu, seinen eigenen Ärger an der nächstbesten Person abzureagieren. Wenn Sie erfolgreich aktiv verkaufen wollen, müssen Sie die Fähigkeit haben, die kleinen Schikanen des Tages – wie man so schön sagt – »wegzustecken«.

Manchmal fällt einem selber auch gar nicht auf, dass man unfreundlich wirkt. Schließlich gucken wir nicht von morgens bis abends in den Spiegel, um uns zu kontrollieren.

Manche Firmen unterstützen ihre Mitarbeiter durch Verkaufstraining oder andere Schulungsangebote. Sind Sie jedoch diesbezüglich auf sich allein gestellt, sollten Sie – bildlich gesprochen – hin und wieder doch in einen Spiegel schauen. Wenn Sie wirklich ein aktiver Verkäufer sein oder werden wollen, wird es Ihnen nichts ausmachen, sich selbst kritisch zu beobachten oder von anderen auf falsche Verhaltensweisen hingewiesen zu werden.

Persönliche Kompetenz kann man erwerben

Möglicherweise berühren wir einen Ihrer wunden Punkte, wenn wir Ihnen vorschlagen, zum Beispiel einen Rhetorikkursus zu besuchen. Vielleicht meinen Sie, dass Sie das nicht nötig haben, oder allein der Gedanken, einen solchen Kurs zu besuchen, bereitet Ihnen Magenschmerzen. Keine Sorge, damit wären Sie nicht allein. Vielen Menschen fällt es schwer, sich z. B. vor einer Videokamera zu bewegen, sich das Ergebnis dann anzusehen, und das auch noch zusammen mit Menschen, die sie bisher gar nicht kannten. Als Verkäufer sollten Sie sich jedoch dazu überwinden. Es ist wichtig für Sie, etwas über sich selbst zu erfahren. Sie werden eventuelle Mängel abbauen und davon profitieren können.

Professionelle Rhetoriktrainer beschäftigen sich auch mit dem Thema Körpersprache. Es muss ja nicht gleich ein Seminar bei einem »Guru« wie Samy Molcho sein. Orientieren Sie sich bei den Bildungsangeboten der regionalen Träger oder der für Sie in Frage kommenden Fachverbände.

Doch zurück zum Thema: Was immer der Auslöser für Unfreundlichkeit oder Unlust ist, wenn ein Kunde vor Ihnen steht oder Sie mit ihm telefonieren, ist er in diesem Moment wichtig und nichts anderes. Er kann nichts dafür, wenn Ihr Tag mit diversen Misslichkeiten begonnen hat. Also lassen Sie diese nicht an ihm aus. Vergessen Sie Ihren Ärger. Wenn Sie meinen, dass Ihnen das absolut nicht gelingt, räumen Sie an solchen Tagen besser Ihren Schreibtisch auf. Sicher, es gibt Situationen, in denen man sich nicht einfach zurückziehen kann. Hier zeigt sich dann, was einen guten Verkäufer ausmacht. Er wird auch unter widrigen Umständen immer noch eine einigermaßen gute Leistung erbringen.

4.8 Verärgern Sie Ihre Kunden nicht

Von den Beispielen über schlechten Service leben viele »Meckersendungen«

Missverständnisse passieren tagtäglich, in nachbarschaftlichen, aber auch in geschäftlichen Beziehungen. Sie sind Inhalt beliebter TV-Serien mit Titeln wie »Mit mir nicht«, »Wie bitte ...« und viele andere. Ohne hier einer bestimmten Sendung den Vorzug zu geben, ist es schon bezeichnend, dass z. B. der Sendung »Wie bitte ...« seit Jahren die Beispiele nicht ausgehen. Und es scheint darüber hinaus noch mehr Bedarf zu bestehen. Von Kundenorientierung ist in vielen der dort beschriebenen Beispiele wenig zu merken. Mit den dort vorgestellten »Geschichten« könnte man Bücher füllen. Stellvertretend für viele andere hier ein Beispiel: Ein Produkt wurde ohne Gebrauchsanweisung verkauft. Der Kunde forderte sie nachträglich an und bekam sie auch. So weit, so gut. Nur – diese Gebrauchsanweisung musste bezahlt werden, und – als ob das noch nicht gereicht hätte – sie war auch noch in Spanisch!

»Nobody is perfect« – doch selbst die kleinen Unstimmigkeiten und Reibereien des Alltags können Ihrem Image großen Schaden zufügen

Kein Mensch ist perfekt und einige nehmen es mit Humor, wenn sie auf ihre »Schusseligkeiten« hingewiesen werden. Doch leider bei weitem nicht alle. Da wird abgewiegelt oder dem Kunden die Schuld zugeschoben. Die »Robin Hoods der Verbraucher« werden beschimpft, ihnen wird die Tür vor der Nase zugeschlagen oder sogar Prügel angedroht. Machen sich die »Ertappten« eigentlich kein Bild davon, welchen Schaden sie durch ihr Verhalten anrichten? Können sie sich wirklich nicht vorstellen, wie groß die Beliebtheit dieser Sendungen – sprich: das Millionenpublikum – ist, vor dem sie sich blamieren, und welch lang anhaltenden Schaden sie dem Image ihrer Firma zufügen?

Für solche alltäglichen Vorfälle sollten Vorgesetzte und Verkäufer/innen gleichermaßen sensibilisiert sein. Als Vorgesetzter sollten Sie Ihre Verkäufer/innen nach derartigen Vorkommnissen fragen und versuchen, sie in Ihrem Unternehmen abzustellen, indem Sie Ihren Mitarbeitern besondere Handlungsspielräume zugestehen. Wenn ein Kunde »schlecht« bedient worden ist, sollte ihm der Verkäufer zum Beispiel einen Bonus einräumen können. Ebenso wirkt sich ein unkomplizierter Umtausch positiv aus – was sich übrigens auch betriebswirtschaftlich rechnet. Als Verkäufer /in sollten Sie Ihren Handlungsspielraum in der Form nutzen, dass Sie sich im Unternehmen über Unstimmigkeiten bei Produkten, Angeboten, Abläufen etc. informieren oder indem Sie Verbesserungsvorschläge machen.

Vereinzelte schwarze Schafe können dem Ruf einer ganzen Branche schaden

Auf einer völlig anderen Ebene sind die »schwarzen Schafe« zu sehen, die leider in vielen Berufszweigen zu finden sind und die Kunden mit dubiosen Versprechen schlicht »über den Tisch ziehen«. Obwohl man sich manchmal die Frage stellen kann, ob die »Geschädigten« wirklich unser Mitleid verdienen, wenn sie auf abenteuerliche Versprechen, wie beispielsweise Renditen, die jenseits jeder Realität sind, hereinfallen. Doch anscheinend wird über solche Fälle noch nicht genug berichtet, weil sie immer wieder vorkommen. Es gibt aber auch leider genügend Beispiele, wo seriöse Anbieter nicht davor zurückschrecken, Kunden etwas aufzudrängen, oder Vertragsbedingungen so geschickt verklausulieren, dass man viel zu spät merkt, worauf man sich eingelassen hat.

Negative Beispiele für Abonnentenwerbung

In Teil B haben wir über die so genannten »Drücker« bei der Abonnentengewinnung für Zeitungen und Zeitschriften berichtet. Diese Methoden sind sicher nicht im Sinne der Verlage. Doch auch die Abonnentenwerbung in vielen Zeitschriften selbst lässt manchmal zu wünschen übrig. Neben den absolut seriösen Angeboten, die für einen bestimmten Zeitraum gelten, etwa vier Wochen oder drei Monate, findet man in letzter Zeit vermehrt Angebote, die bewusst auf die Vergesslichkeit setzen. Beispiel: Sie bekommen fünf Ausgaben kostenlos, müssen aber nach der dritten Ausgabe innerhalb von fünf Tagen schriftlich mitteilen, dass sie an einer weiteren Belieferung nicht interessiert sind. Wer soll sich das merken? Als Anreiz für ein Probe-Abonnement werden kleine Dankeschön-Prämien offeriert. Ungebrochener Beliebtheit erfreuen sich dabei, wenn auch mittlerweile vielleicht etwas langweilig, Kugelschreiber, Schlüsselanhänger und Ähnliches.

Ganz geschickt in ihrer Vorgehensweise fand sich wohl eine renommierte Wochenzeitschrift, die telefonisch Abonnenten warb. Sie wissen es bereits: Das ist bei Privatkunden verboten. Wie auch immer, der Angerufene stimmte einem Probe-Abonnement zu und erhielt daraufhin eine Rechnung für ein ganz normales Jahresabonnement. Auf seine Rückfrage, was das bedeuten soll, bekam er die Antwort, dass man das immer so machen würde, und dann noch einen flotten Spruch, dass ihn das Probe-Abonnement ohnehin so überzeugen würde, dass er ja sowieso die Zeitschrift weiter beziehen wolle. Es ist kaum vorstellbar, aber tatsächlich so passiert. Das Ergebnis: Ein Probe-Abonnement wollte der Angerufene jetzt auch nicht mehr und Sie können es sich sicher schon denken, er erzählte es auch weiter, was Sie allein daran sehen, dass dieses schlechte Beispiel hier niedergeschrieben wurde. Hätten kreative Ideen hier nicht wesentlich mehr bewirkt?

Warum werden Kunden auf diese Art unnötigerweise verärgert? Kundenorientierung ist das mit Sicherheit nicht! Wer es so geschafft haben sollte, etwas zu verkaufen, wird daran nur kurz seine Freude haben. Ein verärgerter Kunde ist an sich schon schlimm genug. Doch auch das Image des ganzen Unternehmens wird darunter leiden. Für Kunden und Interessenten repräsentiert jeder Mitarbeiter und jede Aktion diese Firma.

Mit unlauteren Mitteln erschlichene Verkaufsabschlüsse schaden auf Dauer nur

Sicher haben Sie auch schon einmal gesagt, »da kaufe ich nicht mehr« oder »da gehe ich nicht mehr hin«, weil Sie aus irgendeinem Grund unzufrieden waren. Und sicher haben Sie Ihre schlechten Erfahrungen im Bekanntenkreis weitererzählt. Ob Ihre Meinung richtig oder falsch ist, tut nichts zur Sache. Eines ist jedenfalls sicher, negative Aussagen wirken nachhaltiger als positive. Auch wenn man selbst noch keine schlechten Erfahrungen mit einer Firma gemacht hat, wird man dort im Bedarfsfall nicht kaufen, wenn man von ihr nichts Gutes gehört hat. Sicher kennen Sie aus eigener Erfahrung weitere Beispiele – einmal abgesehen von der Abonnentenwerbung. Sei es der Friseur, die Tankstelle, das Einrichtungshaus usw.

Schlechte Nachrichten verbreiten sich schneller als gute: Verärgerte Kunden geben Ihre negativen Erfahrungen mit Sicherheit weiter.

4.9 Umgang mit schwierigen Kunden und Beschwerden

Ein schwieriger Kunde – was ist das überhaupt? »Schwierig« wird jeder unterschiedlich empfinden, ebenso wie »gut« oder »schlecht«. Kunden, die der eine noch ganz locker zu nehmen weiß, bereiten dem anderen schon unüberwindliche Schwierigkeiten.

Ein Kunde wird meistens dann als »schwierig« bezeichnet, wenn er eine Beschwerde oder eine Reklamation hat. Dabei mag der Kunde nicht immer Recht haben, immer Unrecht hat er aber auch nicht. Auch bei gutem Willen fällt es uns im Allgemeinen unbewusst schwer, mit Kritik umzugehen, fühlen wir uns doch leicht persönlich angegriffen. Und wenn wir angegriffen werden, wehren wir uns ganz automatisch. Zwar

Im Allgemeinen sind »schwierige« Kunden solche, die Beanstandungen haben

nicht gleich handgreiflich, aber immerhin oft mit zum Teil heftigen Worten. Wut macht unsachlich. Wie schnell fallen Worte, die man hinterher bereut. Je nach Mentalität und momentaner Stimmungslage schlagen dann die Wellen manchmal ganz schön hoch. Bei stürmischer See versucht man, Ruhe in das Schiff zu bringen. Segelschiffe werden so gesteuert, dass der Wind aus den Segeln genommen wird.

Nehmen Sie Beschwerde führenden Kunden zunächst den Wind aus den Segeln

Und genau das ist der erste Schritt, den Sie auch in Beschwerdesituationen tun sollten: den Wind aus den Segeln nehmen. Mag der Kunde noch so aufgebracht sein, versuchen Sie, ihn zu beruhigen. Führen Sie ihn zu einem Platz, wo Sie sich ungestört unterhalten können und hören erst einmal zu, worum es überhaupt geht. Geben Sie nicht gleich auf, wenn er unwirsch reagiert. Geduld, Ruhe und Sachlichkeit sind die wichtigsten Voraussetzungen, um eine Problemlösung zu finden.

Hören Sie gut zu – wer selbst redet, erfährt gar nichts

Dabei ist es zunächst einmal gleichgültig, um welchen »Typ« von Beschwerdeführer es sich handelt. Im Folgenden sind einige typische Beispiele aufgeführt (Quelle: Ideen-Brief Verkauf & Service aktuell. GWI Verlag, München). Sie werden bei allen eine Gemeinsamkeit entdecken – es ist immer angebracht, erst einmal Ruhe zu bewahren und zuzuhören. Werden Sie ein »Vielhörer« und vermeiden Sie, ein »Vielredner« zu sein. (Reden wir nicht manchmal auch darum sehr viel, um von Unsicherheiten abzulenken?) Gutes Zuhören ist ein Baustein für erfolgreiche Gesprächsführung. Gutes Zuhören schmeichelt dem Kunden und fördert sein Vertrauen. Er spürt, dass Sie Interesse an dem haben, was er sagt. Durch gutes Zuhören erfährt man eine Menge wichtiger Dinge. Wer nur selbst redet, erfährt gar nichts. Und schließlich: Es ist eine Wohltat, in der allgemeinen Hektik (des Berufsalltags) einen guten Zuhörer zu finden.

Wie reagieren bei welchen Beschwerdeführern?

- Massiv verärgerte Kunden
  - Gut zuhören, ausreden lassen, immer wieder ein paar bestätigende Worte einfließen lassen.
  - Verständnis für den Ärger zeigen, ohne sich über das eigene Unternehmen negativ zu äußern.
  - Rasche Hilfe anbieten, ohne die Kompetenzen zu überschreiten.
  - Wo erforderlich, einen Fachmann zu Rate ziehen.

- Enttäuschte Kunden
  - Gut zuhören, Verständnis äußern.
  - Mit glaubhaften Argumenten um Verständnis und Vertrauen werben: Zeigen Sie sich hilfsbereit, die Scharte schnellstmöglich auszuwetzen.
  - Erneuten Enttäuschungen auf Grund der gleichen Ursache vorbeugen.
- »Gebrannte Kinder«
  - Zeigen Sie Verständnis, dass nach den schlechten Erfahrungen der Vergangenheit ein gewisses Misstrauen bleibt (aber nicht die eigene Firma »schlecht machen«).
  - Wenn möglich, argumentieren Sie mit positiven Reaktionen anderer Kunden oder
  - verpflichten Sie sich als persönlichen Garanten.
  - Wichtig ist, dass es zu keiner weiteren Enttäuschung kommt.
- Der Besserwisser
  - Zeigen Sie sich interessiert; loben Sie, wenn es etwas zu loben gibt.
  - Stellen Sie die eigene Leistungsfähigkeit deutlich, aber bewusst etwas untertrieben dar.
  - Seien Sie besonders hilfsbereit und liebenswürdig.
- Der Grobian
  - Er ist nicht Ihretwegen, sondern aus Prinzip grob.
  - Lassen Sie sich nicht provozieren! Widersprechen Sie möglichst nicht und lassen ihn ein wenig »toben«.
  - Wenn Sie einen Grobian zum Lächeln bringen, haben Sie gewonnen.
- Der Schwätzer
  - Ausreichend lange zuhören, dann mit konkreten Fragen zur Sache/auf das Wesentliche kommen.
  - Mit Fragen führen, die Gesprächsführung steuern.
- Der ganz Eilige
  - Lassen Sie sich nicht überfahren und nicht aus der Ruhe bringen.
  - Erfragen Sie konsequent und unbeirrbar das wirklich Wichtige.
  - Reagieren Sie rasch und präzise.
  - Vermeiden Sie überflüssigen »Smalltalk«.

5 Direkte Umsetzung: Service

Kundenorientierung ist nicht nur Service, aber Service ist ein wichtiger Bestandteil von Kundenorientierung. Service ist an sich ja nichts Neues. In der heutigen Zeit ist die Umsetzung lediglich schwieriger geworden. Produkte und Dienstleistungen sind größtenteils austauschbar, der Wettbewerb ist härter als je zuvor und die Kundenstrukturen haben sich verändert (siehe hierzu auch die Thesen in Teil A). Ein Kunde ist nicht gezwungen, ein Produkt bei einem bestimmten Anbieter zu kaufen – er kann es tun und er wird es dort tun, wo er nach seiner Ansicht am besten bedient wird.

»Servicewüste« Deutschland

Damit scheint es gerade in Deutschland noch einige Schwierigkeiten zu geben. Nicht von ungefähr kursiert der Begriff von der »Servicewüste« Deutschland. Da schauen einige neidisch nach Amerika, wo anscheinend alles einfacher geht. Aber das, was andernorts gut klappt, kann sicher nicht einfach übernommen werden. Doch wer hindert uns, Vorgehensweisen zu übernehmen, mit denen wir uns identifizieren können?

Das amerikanische Vorbild

Dienst am Kunden musste immer geleistet werden, wenn auch unter anderen, auf den ersten Blick vielleicht einfacheren Vorzeichen. Wie immer man z. B. amerikanischen Beispielen gegenüberstehen mag, eines muss man anerkennen: den Pioniergeist der Amerikaner, ihren Ideenreichtum und den Mut zu ungewöhnlichen Aktionen, was sich u. a. in der Redewendung »vom Tellerwäscher zum Millionär« wiederfindet. Das hat sich bis heute nicht wesentlich geändert.

Denken Sie nur an einen der größten Softwarehersteller oder eine große Schnellrestaurantkette mit dem Hauptprodukt Hamburger. Beide Unternehmen reden nicht nur von Kundenorientierung, sie setzen sie um. Inwieweit uns alles gefällt, wie sie dabei vorgehen, sei dahingestellt. Die Umsatzzahlen sprechen allerdings eine deutliche Sprache – also werden die Produkte anscheinend gut verkauft. Im Fall des Softwareherstellers geht heute kaum noch ein Rechner ohne dessen Betriebssystem und Programmgrundausstattung über den Ladentisch. Das wird allgemein akzeptiert. Eigentümlicherweise geht aber angeblich kaum jemand zu besagtem Hamburger-Restaurant – trotzdem werden immer neue Filialen eröffnet. Einiges machen diese Unternehmen demzufolge zweifellos »richtig«, abgesehen von den enormen finanziellen Möglichkeiten, ihre Strategien im Markt umzusetzen. Andernfalls wären sie nicht so erfolgreich.

Aber wir sind nicht in Amerika, sondern in Deutschland, und hier müssen Sie Ihre Produkte oder Dienstleistungen verkaufen. Dass solch konsequente Kunden- und Serviceorientierung auch hier möglich ist, zeigen Ihnen die vier Interviews im fünften Kapitel von Teil A! Sie werden sie, nachdem Sie in diesem Buch so weit vorgedrungen sind, mit anderen Augen sehen und Veranschaulichungen für viele der formulierten Ratschläge finden.

Auch das gehört zum Service: Der Kunde muss Sie zunächst einmal finden

Kommen wir noch zu einem Punkt, der sich aus dem Wort »Kundenorientierung« ableiten lässt. Helfen Sie Ihrem Kunden sich zu orientieren, z. B. durch Beschreibungen, wie man zu Ihnen findet oder sich bei Ihnen zurechtfindet. Eine Skizze auf dem als Zeitungsbeilage gestreuten Prospekt oder auf der Geschäftskarte, ein Aufdruck auf dem Geschäftsbogen – es sind im Prinzip nur Kleinigkeiten.

Aber gerade Wegbeschreibungen sind manchmal so unverständlich geschrieben, dass es einfacher ist, einen Passanten oder an der nächsten Tankstelle zu fragen. Wer mit nicht ortsansässigen Kunden zu tun hat, sollte dafür sorgen, dass sein Unternehmen, seine Geschäftsstelle, sein Möbelhaus oder sein Hotel nach Möglichkeit im Stadtgebiet gut sichtbar und rechtzeitig ausgeschildert ist.

Sollten Sie eine Wegbeschreibung anfertigen, hier ein Tipp für Sie: Nehmen Sie sich ein Diktiergerät, fahren Sie die Strecke ab und sprechen die Angaben zu Hinweisschildern oder markanten Punkten, z. B., wo man sich zum Abbiegen einordnen muss, auf Band. Erstellen Sie so eine Wegbeschreibung, die Ihre Kunden oder Besucher ohne große Umwege zu Ihnen führt.

Verlaufen kann man sich aber auch ganz schnell innerhalb größerer Gebäudekomplexe, in einem Ladengeschäft oder in Bürogebäuden. Sorgen Sie für Orientierung durch Ausschilderung. Womit nicht das Konzept in Frage gestellt werden soll, in Ladengeschäften die Umstellung von Produkten in den Regalen bewusst vorzunehmen, damit »Ladenblinde« auch andere Sortimente beachten.

Warum ist Service heute so wichtig geworden?

Machen wir an dieser Stelle einen Exkurs, blicken wir noch einmal auf Teil A des Buches zurück. Versuchen wir unter Berücksichtigung der dort aufgestellten Thesen herauszuarbeiten, warum Service als differenzierendes und Vorteil schaffendes Element der Kundenorientierung so wichtig geworden ist. Kundenorientierung, das bedeutet Kundenpflege und Kundenbindung. Zu Tante Emmas Zeiten schien auch das einfacher. Blieb den Kunden doch manchmal gar nichts anderes übrig, als im Laden um die Ecke einzukaufen. Autos waren noch ein Luxus, den sich nicht jeder leisten konnte. So musste vieles zu Fuß oder mit öffentlichen Verkehrsmitteln erreichbar sein.

Der wirtschaftliche Aufschwung änderte vieles. Man wurde mobiler, es entstanden die ersten Supermärkte und Einkaufszentren. Hier gab es alles, was man brauchte, an einer Stelle, und das zu sagenhaft günstigen Preisen. Die Selbstbedienung kam in Mode, die auch den freundlichen Tankwart, der Ölstand und Reifendruck prüfte oder die Frontscheibe putzte, nach und nach wegrationalisierte. Der Wegfall der persönlichen Betreuung fiel entweder gar nicht auf oder man fand das ganz in Ordnung, denn dafür wurden die Preise günstiger. Beratung und Service gerieten ins Hintertreffen, wurden zum Teil auch gar nicht mehr gewollt. Der Begriff Fachverkäufer – ehemals ein Gütesiegel – wurde zunehmend spöttisch gebraucht, nach dem Motto: Der Fachverkäufer greift nur noch ins Fach und verkauft.

Der rasante technische Fortschritt brachte es auch mit sich, dass immer häufiger Maschinen die Arbeit übernahmen, die bis dahin von Menschen gemacht wurde; der Computer drängte sich mehr und mehr auf leisen Sohlen in unser Leben. Alles wurde schneller, komfortabler und anscheinend einfacher. Doch die Zeiten haben sich drastisch geändert. Vor dem Ergebnis stehen wir heute wie Goethes Zauberlehrling: Die Geister, die wir riefen, werden wir nicht mehr los.

Der einst so gepriesene Fortschritt führte zu einer Anonymität, die uns in vielen Bereichen vermuten lässt, nur noch als Nummer im Computer verwaltet zu werden, ohne Rücksicht darauf, dass wir Menschen aus Fleisch und Blut mit Gefühlen sind. Doch nicht nur das, er bescherte uns auch die hohe Abeitslosenquote, an die zwangsläufig ein hoher

Kaufkraftverlust gekoppelt ist. Diese Entwicklungen spüren alle Bereiche, besonders aber die, die mit Verkaufen zu tun haben. Am ehesten wird jetzt an den Dingen gespart, die nicht unbedingt notwendig sind. In dieser Situation werden verstärkt Lösungen gesucht, um den Verbraucher trotz der schwierigen Umgebungsbedingungen zum Kaufen zu animieren.

PRODUKTE UND DIENSTLEISTUNGEN SIND ZUNEHMEND AUSTAUSCHBAR, DIE MÄRKTE ANONYMER GEWORDEN. INDIVIDUELLER SERVICE MUSS DAHER ÜBER DEN BLOSSEN PRODUKTNUTZEN HINAUS MASSGEBENDE KAUFANREIZE SETZEN.

6 DIREKTE UMSETZUNG: INTERESSE AM INDIVIDUUM

Der erste Eindruck zählt

Die bisherigen Ausführungen in diesem Kapitel veranschaulichen, dass man nicht einfach sagen kann, tue dies oder das und du wirst Erfolg haben. Eigentlich ist uns allen klar, dass der erste Eindruck der wichtigste ist. Doch was macht es für einen (ersten) Eindruck, wenn Kunden auf Schilder wie diese stoßen: »Wir arbeiten Hand in Hand, was die eine nicht schafft, lässt die andere liegen« oder »Wo wir sind, ist Chaos, aber wir können nicht überall sein«? Sicher ganz witzig gemeint, doch drückt sich hier nicht unterschwellig eine ganz bestimmte Einstellung aus, die dem widerspricht, was wir schon zur Servicebereitschaft gesagt haben?

Kundenorientierung ohne Verkaufspsychologie ist nicht denkbar

Seien Sie sich immer bewusst: Was Sie als als Verkäufer/in tun, »beeinflusst« Ihre Kunden, wirkt psychologisch. Nicht im Sinne von Manipulation, sondern in dem Sinne, dass Sie eine negative oder eine positive Wirkung hervorrufen. Kundenorientierung ohne Verkaufspsychologie ist also schlicht nicht denkbar.

Gebrauchen wir als Zusammenhang dafür ruhig einmal das Bild, wie Sie mit einem Partner umgehen, den sie umwerben. Um jemanden werben – das hat hier eine ganz direkte, ursprüngliche Bedeutung. Was tun wir nicht alles, um bei dem oder der Angebeteten in einem vorteilhaften Licht zu erscheinen? Ist das nicht auch ein wenig verkaufen? Wie sorgfältig machen wir uns für ein Rendezvous zurecht, wie rücksichtsvoll und fürsorglich verhalten wir uns, welche Aufmerksamkeiten denken wir uns aus, wie hingerissen lauschen wir selbst banalen Geschichten? In allem, was wir tun, drücken wir aus: Du interessierst mich, ich bemühe mich um dich.

Umwerben Sie Ihre Kunden?

Betrachten Sie Verkaufen einmal aus diesem Blickwinkel, denn auch Kunden wollen »umworben« werden. Und ebenso wie der geliebte Partner sehr schnell falsche Versprechen durchschauen und sich abwenden würde, würde es ein Kunde tun. Andererseits nimmt man auch schon einmal »kleine Macken« in Kauf, wenn der Rest stimmt.

Reden Sie Ihre Kunden mit ihrem Namen an

Das beginnt ganz simpel beim Namen. Der eigene Name ist uns – wenn auch unbewusst – sehr wichtig. Er macht uns zum Individuum. Wie wichtig er ist, dokumentieren Initialen auf Kugelschreibern, Terminkalendern und Kfz-Kennzeichen, um nur einige Beispiele zu nennen. Sprechen Sie jemanden mit seinem Namen an, signalisieren Sie ihm damit, dass er Ihnen wichtig ist, denn Sie haben sich seinen Namen gemerkt. Allerdings sollte es auch der richtige sein! (Was empfinden Sie, wenn man Sie mit einem falschen Namen anspricht oder anschreibt? Begeistert sind Sie sicher nicht. Oder wie würde Ihre Partnerin oder Ihr Partner reagieren, wenn Sie einen falschen Namen gebrauchten?)

Übertreiben sollten Sie die Namensnennung natürlich auch nicht, weder im persönlichen Gespräch noch schriftlich. Eine Studie hat zwar ergeben, dass andere Nationen den Namen ihrer Gesprächspartner wesentlich häufiger nennen als Deutsche, aber wenn wir einfach andere Gewohnheiten übernehmen, würde es doch zu aufgesetzt wirken. Denken Sie nur an bestimmte Werbebriefe, die sich über einige Seiten erstrecken und in denen immer wieder – vielleicht sogar noch in einer anderen Farbe oder unterstrichen – Ihr Name genannt wird. Da schrillt beim Empfänger doch sofort die Alarmglocke »Achtung, Werbung«, was zu einer Abwehrhaltung führt. Die Mentalität spielt eben auch eine Rolle.

Was aber niemanden hindern sollte, den Namen dort zu nennen, wo es angebracht ist, z. B. bei einem Kunden, der schon häufiger bei uns gekauft hat. Ein freundliches »Schön, dass Sie wieder einmal bei uns hereinschauen, Frau/Herr ...« hat noch nie geschadet, wenn es aus Überzeugung gesagt und nicht als Floskel heruntergeleiert wird.

Sollten Sie ein schlechtes Namensgedächtnis haben, gibt es verschiedene Möglichkeiten, sich Ihre ganz persönlichen »Eselsbrücken« zu bauen. Versuchen Sie beispielsweise, sich einen Namen als Bild oder als eine Empfindung zu merken, die Sie ganz persönlich damit verbinden. Versuchen Sie es einmal – Sie werden feststellen, es klappt. Hilfreich sind auch Visitenkarten, auf die Sie hin und wieder einen Blick werfen können, um sich einen Namen einzuprägen. Oder machen Sie sich eine Notiz auf Ihre Unterlagen. Beim Telefonieren wird es niemand merken, und wenn Ihnen der Kunde gegenübersteht, wird er es sicher nicht übel nehmen, signalisieren Sie doch so wiederum Interesse an ihm.

Beim Telefonieren erfüllt die Nennung des Namens gleich mehrere Funktionen

Beim Telefonieren (siehe hierzu auch Teil C, Kap. 6) ist der Name gleich in mehrerer Hinsicht wichtig: Es ist nicht nur ein Gebot der Höflichkeit, seinen Gesprächspartner mit dessen Namen zu begrüßen, wichtiger ist, dass Sie durch die Nennung seines Namens seine Aufmerksamkeit und Zuhörbereitschaft aktivieren. Andererseits weiß der Angerufene durch die Nennung Ihres Namens gleich mit wem er es zu tun hat. Beim Telefonieren sollten Sie berücksichtigen, dass Ihr Gesprächspartener ein wenig Zeit braucht, um sich auf das Gespräch einzustellen. Erst ab dem dritten oder vierten Wort hat sich Ihr Gegenüber auf »Zuhören« eingestellt. Anstatt sich mit »Meyer, guten Tag, ich wollte Ihnen ...« zu melden (was an sich schon nicht besonders höflich ist), wäre ein besserer Gesprächsbeginn beispielsweise: »Guten Tag, Frau/Herr ..., hier ist die Firma XY, mein Name ist ...«.

7 Kommunikation optimieren

Individuelle Ansprache und individuelle Kommunikation spielen im Rahmen der Kundenorientierung eine sehr wichtige Rolle. Kommunikation findet auf verschiedenen Ebenen statt und beschränkt sich nicht nur auf das Gespräch, wenn Sie einem Kunden gegenüberstehen. Kommuniziert wird am

Achten Sie auch auf Ihre Körpersprache

Telefon, durch Briefe und sogar ganz ohne Worte: durch Mimik, Gestik und Körperhaltung (siehe hierzu auch Teil C, Kap 3.3). Einen guten Rede- oder Schreibstil kann man trainieren, die Körpersprache dagegen – wenn überhaupt – nur ganz bedingt. Sie wird unbewusst eingesetzt ... wir runzeln die Stirne, ziehen die Augenbrauen hoch, schauen in eine andere Richtung usw. Die Sprache des Körpers wird viel stärker wahrgenommen als das gesprochene Wort und löst in Sekundenbruchteilen eine Bewertung aus.

Dazu ein kleines Beispiel: Stellen Sie sich vor, man begrüßt Sie mit den Worten »Schön, Sie zu sehen ...« und schaut über Sie hinweg auf einen imaginären Punkt an der Wand. Sie werden auf den abgewandten Blick wesentlich stärker reagieren als auf die Begrüßungsfloskel. Sie fühlen sich nicht beachtet, werden sicher etwas ärgerlich und das wird sich automatisch auf das weitere Gespräch auswirken.

Auch bei einem Telefonat bekäme ein Gesprächspartner sehr wohl mit, wenn Sie – um bei dem Beispiel zu bleiben – gelangweilt an die Decke schauen würden. Andersherum – Sie mögen es kaum glauben – ein Lächeln kann man »hören«. Nun, nicht hören im eigentlich Sinn, aber die Stimme klingt tatsächlich viel freundlicher, wenn Sie beim Sprechen lächeln. Nicht von ungefähr haben Mitarbeiter professioneller Telefonmarketing-Agenturen einen Spiegel an ihrem Arbeitsplatz und ein Hinweisschildchen mit der Aufschrift »Bitte lächeln«.

Bliebe noch die schriftliche Kommunikation. Gerade wenn man sich besonders anstrengt, geht es manchmal daneben. Auch hier ein kleines Beispiel aus der Praxis, das zwar nicht den Auftrag gekostet hat, wohl aber einen Heiterkeitserfolg erzielte. Ein renommiertes Hotel bestätigte die Reservierung für ein Geschäftsessen wie folgt: »Die Raummiete entfällt bei gemeinsamem Verzehr der Teilnehmer«. Na dann, guten Appetit.

Kundenorientierung gestaltet sich dann problematisch, wenn man unbedacht kleine Fehler macht. Ein Formulierungs-»Ausrutscher« der zitierten Art ist dabei nichts Schlimmes und wird keine weit reichenden Konsequenzen haben. Allerdings, wenn so etwas ständig passiert oder Briefe voller Tipp- oder

Rechtschreibfehler sind, wird sich der Empfänger irgendwann schon einmal Gedanken über Ihre Kompetenz machen, wenn auf solche »Kleinigkeiten« offensichtlich wenig Wert gelegt wird.

Auch dazu, wie Sie Kundenorientierung in Bezug auf Kommunikation auf den verschiedenen Ebenen umsetzen können, will Ihnen dieses Buch im Folgenden noch einige Anregungen geben. Dabei wird wiederum nicht von Tricks oder Patentrezepten die Rede sein. Tricks wird ein seriöser Verkäufer sowieso nicht anwenden und Patentrezepte gibt es nun einmal nicht. Allein durch die Fähigkeiten, die in jedem persönlich stecken, oder die Aktivierung vielleicht bisher ungenutzter Fähigkeiten kann Kundenorientierung umgesetzt werden.

Auch im Rahmen der Unternehmenskommunikation sollte Kundenorientierung umgesetzt werden

7.1 Verkauf nach Werbeaussendungen

Kundenorientierung findet auf vielen Ebenen statt, eben überall dort, wo ein Kunde oder ein Interessent Berührungspunkte mit einer Firma hat. Der technische Fortschritt eröffnete in den letzten Jahren sehr viele Möglichkeiten, mit dem Verbraucher Kontakt aufzunehmen, ohne dass dieser überhaupt einen Verkaufsraum betritt. Verkaufen per Brief und Telefon halten einige für die Lösung überhaupt. Auch hier gilt wieder: Im Prinzip ist dagegen nichts einzuwenden, wenn es gut und seriös gemacht ist.

Früher war es großen Versandunternehmen vorbehalten, Briefe zu schreiben, die den Eindruck eines individuellen Briefes erweckten, indem sie personalisiert wurden, d.h. in der Adresse und Anrede mit dem Namen des Empfängers versehen waren. Dank der schnellen und vereinfachten Datentechnik ist dies jetzt allen Unternehmen möglich, die über einen Computer und einen Drucker verfügen. Dass Qualität immer noch vor Quantität gehen sollte, scheinen dabei einige zu vergessen. Nach dem Motto »Viel hilft viel« werden teilweise tausende von Briefen verschickt. Was flattert uns nicht täglich alles auf den Tisch. Schlüpfen Sie ein weiteres Mal in die Rolle des Kunden: Manche Texte reizen nicht zum Weiterlesen, denn nicht jeder ist der geborene Werbetexter. Tintenstrahldrucker, die farbig drucken, sind sehr preiswert

Im Zeitalter unbegrenzter Vervielfältigungsmöglichkeiten gilt das Motto »Viel hilft viel« nicht mehr

Zu viel Farbe erschwert den Überblick

geworden. Das führt streckenweise zu so bunten Ergebnissen, dass man förmlich erschlagen wird. Mit anderen Worten: Hier fehlt Professionalität.

Bis zu 95 % der Werbeaussendungen landen im Papierkorb

So ist es zwar traurig, aber nicht verwunderlich, dass bis zu 95 % dieser Post im Papierkorb landen. Im Einzelnen sind die Gründe, die dazu führen, vielfältig. Es kann am Text oder an der Aufmachung liegen. Eine entscheidende Rolle spielt auch die Auswahl der Zielgruppe. Es würde den Rahmen dieses Buches sprengen, umfassend das Thema Direktwerbung bzw. Direktmarketing zu erläutern. Sie finden dazu jedoch auf den folgenden Seiten einen kleinen Exkurs, den Sie bei Bedarf durch die Lektüre entsprechender Fachliteratur vertiefen können.

Bleiben wir zunächst beim Verkauf und der Frage, wie sich Werbeaussendungen auf den Absatz auswirken. Das wird je nach Verkaufsumfeld unterschiedlich sein.

Werden Ihre Kunden von anderen Abteilungen Ihres Unternehmens »quer« angesprochen?

Wenn Sie als Verkäufer bei Ihren Kunden unterwegs sind, so ist das Thema für Sie natürlich nicht neu. Sie haben sich schon immer schriftlich oder telefonisch angemeldet und mit Ihren Kunden auch korrespondiert. Es gilt aber aufzupassen, wenn andere Abteilungen Ihres Unternehmens die Kunden »quer« mit Informationen versorgen und werblich ansprechen – das muss schlicht mit dem zusammenpassen, was Sie tun. Eine solche Queransprache darf Ihnen nicht den Wind aus den Segeln Ihres Angebots nehmen (Kunde sagt: »Kenne ich schon ...«) oder es dürfen keine widersprüchlichen Informationen und Angebote entstehen (Kunde sagt: »Da hat mir Ihre Zentrale aber was anderes geschrieben ...«).

Umgekehrt können Sie natürlich daran anknüpfen, dass sich Maßnahmen und Kontakte flankieren. (»Sie haben ja bereits schriftliche Informationen erhalten, über die Details wollte ich mit Ihnen heute sprechen ...«)

Diese Möglichkeiten sind einerseits sehr erfreulich, andererseits machen sie eine weitaus bessere Zusammenarbeit zwischen den Unternehmensabteilungen notwendig. Das klappt in der Praxis längst noch nicht überall.

Die persönliche, direkte Kundenansprache Ihres Unternehmens durch Werbeaussendungen macht sich (hoffentlich!) darin bemerkbar, dass verstärkt Kunden kommen, die auf eine gezielte Vorinformation aus Ihrem Unternehmen Bezug nehmen.

MIT KUNDEN, DIE SCHON EINE WERBEAUSSENDUNG ZUR KENNTNIS GENOMMEN HABEN, WERDEN SIE AUCH EIN VERÄNDERTES VERKAUFSGESPRÄCH FÜHREN.

Es setzt erstens an einer anderen, späteren Stelle ein. Zweitens werden die Kunden gezielter nach Produkten oder Dienstleistungen fragen, über die Sie im Detail informiert sein sollten und die auch verfügbar sein müssen.

Auch das sind eigentlich selbstverständliche Hinweise; vor allem dann, wenn Sie nicht (mehr) alles verfügbar haben, müssen Sie die ganze Klaviatur der Kundenorientierung spielen können: Für rasche Nachlieferung sorgen, Bestellintervalle flexibel ändern, Auslieferungen nach Kundenbedürfnissen umschichten, den Kunden den zweiten Weg ersparen und anliefern ...

7.2 Exkurs: Direktmarketing

Direktmarketing-Aktionen bieten die Möglichkeit einer Feinklassifizierung von Kundengruppen. Die klassischen Medien wie Plakate, Anzeigen, Zeitungsbeilagen oder Radio- und TV-Spots wenden sich an einen großen, anonymen Zielmarkt. Direktmarketing will und kann die einzelnen Personen (potenzielle Kunden) einer Zielgruppe direkt erreichen. Dies geschieht z. B. durch den Versand von Werbebriefen mit einer konkreten Adresse und dem Namen des Empfängers.

Nach dem persönlichen Verkaufsgespräch stellt das Instrumentarium des Direktmarketing die direkteste Form der Ansprache dar

Nach dem persönlichen Verkaufsgespräch ist dies die direkteste Form der Ansprache. So können Außendienstkosten gesenkt und – bei richtiger Zielgruppenauswahl und -ansprache – Streuverluste vermieden werden. Ein weiterer, sehr wichtiger Vorteil: Direktmarketing-Aktionen sind kontrollierbar. Zurückgesandte Antwortkarten oder Anrufe zeigen genau, wie viele Empfänger auf die Werbung reagiert haben. Hier erkennt man sehr schnell, ob die Aktion gut oder ein Flop war. Mittlerweile können auch schon Kataloge und Zeitungen mit dem Namen des Empfängers versehen werden und diese Entwicklung wird weitergehen. Alles unter dem Aspekt, punktgenau seine Werbung zu platzieren und möglichst umgehend eine Reaktion zu erhalten. Ein wichtiger »Türöffner« ist der Name, der – wie an anderer Stelle bereits ausgeführt – das wichtigste Gut des Menschen ist.

Viele Verbraucher stehen dem Direktmarketing kritisch gegenüber

Leider wird mit Namen und Adressen nicht immer seriös umgegangen. Und so ist mehr Abneigung als Zustimmung beim Verbraucher zu erkennen, wenn er unaufgefordert Werbebriefe erhält oder angerufen wird (Telefonmarketing). Hartnäckig halten sich Gerüchte, z.B. von Briefkästen, die mit Werbung vollgestopft seien, oder auch von ständigen Anrufen, wo etwas verkauft werden soll, was der Angerufene nicht benötigt. Hinterfragt man diese Angaben einmal etwas genauer, stellt sich heraus, dass es so extrem gar nicht ist. Andererseits zeigen diese Beispiele erneut, dass eine negative Meinung sich sehr schnell verbreitet und häufig ohne zu hinterfragen einfach übernommen wird. Alles, was im Übermaß betrieben wird, hat mehr oder minder schädliche Folgen.

Werbungtreibende sollten wissen, dass gerade im Direktmarketing Qualität vor Quantität geht.

Trotzdem finden sich immer wieder Unverbesserliche, die meinen, hier ein Mittel gefunden zu haben, jeden mit ihrer Werbung zu »beglücken«, gleichgültig, ob er das will oder nicht.

7.3 Telefonieren und faxen

Im Teil C haben wir schon einiges über das Telefonmarketing gesagt (siehe dazu Kap. 6). Im hier gegebenen Zusammenhang mit der Kommunikation im Verkauf müssen wir zwei Verwendungszwecke des Telefons auseinander halten, die freilich im Zusammenang stehen.

Das Telefon ist erstens ein Instrument, um Verkäufe abzuwickeln

Das Telefon ist ein wichtiges Kommunikationsinstrument bei der Verkaufstätigkeit: Einerseits passiv, d.h. Kunden rufen an und möchten Informationen haben, Bestellungen aufgeben, Beschwerden loswerden. Andererseits ist es Marketinginstrument, um aktiv Kunden zu gewinnen und Verkäufe anzubahnen. Sie rufen bei Kunden an und möchten Besuchs- oder Liefertermine vereinbaren, haben Rückfragen zu vorliegenden Bestellungen oder wollen die Zufriedenheit nach der Lieferung abfragen. Im Prinzip gelten erst einmal die gleichen Spielregeln wie beim persönlichen Verkauf und es kommt hinzu, was für das Telefonieren spezifisch ist. Beide Funktionen gehen ineinander über, manchmal automatisch, manchmal verbindet man sie bewusst.

Das Telefon ist zweitens auch ein Marketinginstrument

Beim Marketinginstrument Telefon ist die gebührende Vorsicht geboten: Manche versuchen, per Telefon nach »Drückermanier« ihre Produkte an die Frau oder den Mann zu bringen. Sie kümmern sich – wie schon mehrfach erwähnt – einfach nicht darum, dass es verboten ist, z.B. Privatpersonen zu Verkaufszwecken anzurufen. Diese Reihe könnte beliebig fortgesetzt werden – ganz klar, so sollten Sie nicht vorgehen. Auch wenn Kunden Hotlines in Anspruch nehmen, können sie Kurioses erleben: Wird mangelnde Fachkompetenz durch vorformulierte Verkaufsargumente ersetzt, werden die Vorteile einer Hotline schnell verspielt.

Fazit:
Beim persönlichen Verkaufsgespräch hat der Kunde zumindest die Chance, mit einem »Nein, danke« das Geschäft zu verlassen. Bei Telefon (und beim Brief) darf man nicht der irrigen Ansicht verfallen, ein »Nein« nicht akzeptieren zu müssen. Fragen Sie Ihren Kunden, ob er per Telefon beworben werden will oder nicht. Er wird, freundlich gefragt, selten von vornherein Nein sagen. Akzeptieren Sie, wenn ein Kunde nicht weiter beworben werden möchte. Kommen doch weitere Anrufe (oder Briefe), so tritt nämlich doch immer wieder nur das Gleiche ein: verärgerte Kunden, Imageschäden und keine Verkäufe.

Fragen Sie Ihren Kunden, ob er per Telefon beworben werden will oder nicht

Seit einigen Jahren gibt es zwar das Datenschutzgesetz, das klare Grenzen festlegt, was erlaubt ist und was nicht, z.B., welche Art von Daten weitergegeben werden dürfen. Es gibt auch gesetzliche Regelungen für Werbung an Privat- und Geschäftspersonen, sowohl für das Telefon, als auch für Brief- und Faxwerbung. Die wenigsten scheinen sich jedoch darum zu kümmern. Das ist besonders ärgerlich für diejenigen, die wirklich seriös auftreten, denn sie geraten in den Strudel der Vorurteile, die die »schwarzen Schafe« erzeugen.

Bei Telefon- und Faxwerbung gilt:

- Neukundenwerbung per Telefon und Fax ist im Privatkundenbereich generell verboten. Im Geschäftsbereich ist Faxwerbung bei neu zu akquirenden Kunden ebenfalls verboten, Telefonwerbung dagegen unter bestimmten Voraussetzungen gestattet.
- Bei eigenen Kunden ist diese Art der Werbung nur bedingt erlaubt, wenn z.B. eine ausdrückliche Genehmigung dazu vorliegt.

Um diese ausdrücklichen Genehmigungen zu erhalten, werden oft seltsame Wege beschritten. Nicht von ungefähr sind bei den Gerichten einige Verfahren, meistens von Endverbrauchern, anhängig. Die Verbraucherschützer haben ein ganz besonderes Auge auf Telefonmarketing und auch der Verbraucher selbst lässt – zu Recht – nicht alles mit sich machen.

Darüber hinaus wird die Angst immer größer, zum so genannten »gläsernen Menschen« zu werden. So ganz genau ist niemandem klar, wer alles auf die eigenen persönlichen Daten Zugriff hat. Diese Sorge ist auch verständlich, wenn man verfolgt wie immer wieder Hiobsbotschaften von Datenmissbrauch oder unsachgemäßem Umgang mit Daten die Runde machen.

Gehen Sie mit Ihren Kunden so um, wie Sie das selbst als Kunde auch erwarten würden

Kundenorientierung ist eigentlich ganz einfach, wenn man verantwortungsbewusst und ehrlich mit seinen Kunden oder Interessenten – und besonders mit deren Daten – umgeht, wenn man seine Kunden ernst nimmt und sich auf Höflichkeit und Respekt besinnt. Schließlich erwartet man all dies umgekehrt auch. Warum die zeitraubende Suche nach Patentrezepten – oder schlimmer noch: nach Tricks?

Bleibt als Fazit: Bei allen telefonischen Kontakten, egal, ob der Kunde Sie oder Sie den Kunden anrufen, muss freundlich und professionell telefoniert werden.

7.4 Briefe schreiben

Bliebe noch der schriftliche Kundenkontakt. Sie meinen, hier könnte nichts schief gehen? Einmal abgesehen davon, welche stereotypen Briefe entstehen, wenn man lediglich Textbausteine aneinander hängt, vergisst mancher bei der Auswahl aus der Vielfalt der vorhandenen Textbausteine, was der Kunde eigentlich wollte. Dann wird zwar viel geschrieben, aber die gestellte Frage nicht beantwortet. (Dieses Thema kann in diesem Buch zum Verkauf nicht erschöpfend behandelt werden kann – auch dazu gibt es einschlägige Fachliteratur.)

Bleiben wir im Zusammenhang mit der Kundenorientierung bei der Bedeutung des eigenen Namens. Die Nennung in einem Brief, der kein reiner Werbebrief ist, ist ganz selbstverständlich und in Werbebriefen ist es erwiesenermaßen vorteilhaft.

Kontrollieren Sie in bestimmten Intervallen Ihre Adressen

Meinen Sie, Sie sind auf der sicheren Seite, weil in ihrem Computer alle notwendigen Angaben gespeichert sind? Darauf sollten Sie sich nicht zu sehr verlassen. Kontrollieren Sie unbedingt hin und wieder Ihre Adressen, die sich in einer Adressendatei oder in einer Datenbank befinden. Immer wieder schleichen sich Fehler ein, die schnell übersehen werden. Abgesehen von Entstellungen eines Namens, die beim Empfänger gar nicht gut ankommen, sind »Geschlechtsumwandlungen« zum Beispiel auch nicht so selten. Da ist dann zum Beispiel zu lesen: »Sehr geehrte Frau ..., auch Sie gehören zu den Männern, die ...« Oder auch: »Sehr geehrte Frau ..., wir zeigen Ihnen, wie Sie das Gehalt Ihrer Ehefrau absetzen können ...« So etwas kommt tatsächlich und nicht nur in Werbebriefen vor.

Sind Änderungen des Ansprechpartners auch in allen entsprechenden Stellen der Adressdatei berücksichtigt?

Wenn Sie mit Computer-Adressdateien arbeiten, achten Sie besonders bei Änderungen des Ansprechpartners darauf, dass dies auch an allen entsprechenden Stellen geändert wird. Sonst kann es passieren, dass in der Briefanschrift zwar Herr Meier steht, in der Anrede aber noch der ursprüngliche Name, z.B. Herr Müller oder – schlimmer noch – Frau Schneider. Diese Fehlerquelle kann ganz einfach ausgeschaltet werden, indem in einer Adressendatei oder Datenbank der Name eines Ansprechpartners nur einmal erfasst wird. Dann kann es auch nicht passieren, dass z.B. Meier einmal mit »ei« und an anderer Stelle für die gleiche Person mit »ey« geschrieben wird. Auch das sind Beispiele, wie sie in der Praxis vorkommen.

8 Aktiv verkaufen mit neuen Medien

Mit großem Entwicklungstempo haben sich in den letzten Jahren die »Neuen Medien« durchgesetzt. Vieles ist so selbstverständlich geworden, dass man es gar nicht mehr als neu empfindet. Videorekorder oder Faxgeräte sind alte Hüte. Geldautomaten, Kontoauszugsdrucker, Informationsterminals auf Bahnhöfen und Flughäfen ... alles Selbstverständlichkeiten. Am Arbeitsplatz wird ein PC ohne CD-ROM-Laufwerk als »Steinzeitmodell« belächelt, und wer heutzutage nicht im Internet vertreten ist, ist schon fast nicht mehr »in«. Der Kunde, so wird argumentiert, begnüge sich heutzutage nicht mehr mit dem Tausch von Geld gegen Ware, er verlange nach Spaß und Unterhaltung. Die werden ihm in zunehmendem Maße geboten.

Die neuen Medien machen fast alles möglich

Die neuen Medien sollen Schwellenängste abbauen, d.h. das Betreten eines Geschäfts erleichtern und den Spieltrieb der Anwender ansprechen. Sie sollen ihn in eine wunderbare Wohlfühl-Welt entführen. Alles easy, alles hipp, alles gut? Shopping am Fernseher, die neue Frisur begutachten, bevor die Haare fallen, Make-up-Beratung per Satellit oder mal schaun wie man in einem neuen Kleid oder neuen Anzug aussieht, ohne lästige Umzieherei ... die neue Medienwelt macht es möglich. Klick hier, klick da – und O.K. Immer Neues lassen sich Marketingstrategen einfallen, alles im Hinblick auf Kundengewinnung.

Dem Kunden scheint es zu gefallen. Da war jüngst zu lesen, dass eine der großen Banken Multimedia-Terminals als »Finanzshops« einführt, um ihren Kunden »Erlebnisbanking« zu bieten. Sie will damit das ungute Gefühl abbauen, das manche Kunden befällt, wenn sie die Bank betreten. Es soll vermieden werden, dass der Kunde seine Bank so ungern besucht wie seinen Zahnarzt.

Eine Meldung auf einem Bildschirm, dass zur Zeit keine Auszahlung möglich ist, ist ja auch angenehmer als die laute Verkündung dieses Umstandes durch den Sachbearbeiter, die die Umstehenden dann auch noch mitbekommen. Der Bank geht es allerdings nicht primär um diese Art von Bequemlichkeit, um »Convenience«, sondern sie will durch die »Finanzshops« neue, finanzkräftige Kunden gewinnen. Dies scheint zu funktionieren. Ihren Angaben zufolge wurden innerhalb von sechs Wochen nach der Eröffnung des ersten Shops in Hamburg im November 1997 im Rahmen eines Pilotprojekts 135 neue Kunden gewonnen. Wie schon hinter dem Namen Multimedia-Terminal zu vermuten ist, handelt es sich hier nicht um simple Geldauszahlungsautomaten. Die Terminals befinden sich in den Innenräumen der Banken. Tresen und Schalter ade – sie mussten ihren Platz räumen für Themeninseln. Spielerisch wird der Kunde an Finanzthemen, wie Geld und Service oder Immobilien und Vermögen, herangeführt. Interaktiv kann er an Touchscreens tätig werden, mit oder ohne Berater, bestimmt aber ohne Maus, Tastatur und herkömmlichen Bildschirm. Die Bilder werden auf die Tischplatte projiziert – soll doch der sterile Eindruck eines Computer-Arbeitsplatzes vermieden werden.

Der Kunde kommt zwar schneller an aktuelle Informationen …

Keine Frage – diese Systeme werden sich durchsetzen, bieten Sie doch als nützlichen »Nebeneffekt« für die Betreiber, dass Anwender einer »Maschine« schneller Informationen preisgeben als einem Menschen aus Fleisch und Blut. Wie schon vorher festgestellt, ist es vorteilhaft, möglichst viele Informationen über seine Kunden zu gewinnen. Über die Art und Weise, die nun ganz weit weg von »Tante Emma« und dem persönlichen Gespräch rückt, kann man dabei geteilter Meinung sein.

… gibt aber – z.B. im Internet – auch schneller Informationen über sich selbst preis

Die Tatsache des leichteren Preisgebens von persönlichen Informationen lässt sich im Internet beobachten, dessen Benutzer oft aus dem Nähkästchen plaudern – über sich, ihre Familie, ihre Vorlieben, Abneigungen, Meinungen usw. usw. Manche Homepages lassen sehr interessante Rückschlüsse zu.

Wo bei (altmodischen) schriftlichen Bestellungen so mancher aus Sorge vor Missbrauch seine Telefonnummer oder sein Geburtsdatum nicht angibt, ist er im Internet sehr mitteilsam. Da gibt z.B. ein Oliver ganz ohne Zwang preis, dass er 25 Jahre alt ist, mit Anke (23) zwar nicht verheiratet ist, aber mit ihr einen süßen Sohn (Maik) von drei Jahren hat. Über Vorlieben bei Film und Musik ist auch noch etwas zu lesen, ach ja, und auch, wann man auszugehen pflegt. Sicher nicht nur für Marktforscher lesenswert …

Der Fortschritt wird sich nicht aufhalten lassen und Multimedia-Terminals werden in Zukunft mehr und mehr auch in

Multimedia-Terminals werden in Zukunft auch in den Verkaufsräumen die Regel sein

den Verkaufsräumen zu finden sein. Sie als Verkäufer werden sich darauf einstellen müssen, haben es zum Teil schon getan. Kaum ein Buchgeschäft, in dem noch Kataloge gewälzt werden, ob ein Buch vorrätig ist oder nicht. Apotheken sind online, Kommunikation läuft konzern- und weltweit über Intranet oder Internet, Lagerbestände werden per Computer gesteuert, verlagert und überwacht.

Die Datenspur, die der einzelne Verbraucher hinter sich zurücklässt, wird immer breiter

Als rückständig und altmodisch werden diejenigen verspottet, die mahnend den Finger heben und – wenigstens ein bisschen – zur Vorsicht raten. Was wird es für Auswirkungen haben, wenn ein übler Zeitgenosse einen verheerenden Virus auf die Datenautobahn jagt? Man kann nur hoffen, dass so etwas nie passiert. Davon abgesehen – welchen Einfluss wird der einzelne Verbraucher auf die Informationsspeicherung über ihn haben, der bei der Bank, im Kaufhaus, beim Friseur, an der Tankstelle, in den öffentlichen Verkehrsmitteln oder beim Einkaufen eine der unzähligen in Umlauf befindlichen Plastikkarten nutzt und damit jedesmal eine Spur auf der Datenautobahn hinterlässt?

Die Datenschützer hinken der rasanten Entwicklung jedenfalls hinterher. Für die Verwendung von Adressen bei Werbung per Brief, Telefon oder Telefax sind Regelungen getroffen worden. Mit der Entwicklungsgeschwindigkeit der Datenautobahn dagegen sind sie bisher überfordert, besonders, wenn man hier den Faden noch ein wenig weiterspinnt und über Persönlichkeitsrechte nachdenkt.

Welche Auswirkungen haben die Neuen Medien auf das Verkaufen?

Doch darum geht es hier nicht, sondern vielmehr um das Verkaufen und welche Auswirkungen die Neuen Medien darauf haben. Erschlagen von der ganzen Vielfalt, kann die Antwort nur lauten: Fast jeder Bereich des Verkaufs ist schon betroffen oder wird in naher Zukunft davon betroffen sein.

Verkäufer/innen werden zunehmend lernen müssen, mit den neuen Medien umzugehen

Einmal abgesehen von den Vor- und Nachteilen, den Chancen und Risiken werden Verkäufer/innen in diese neue Welt hineingezwungen und müssen damit auch umgehen können. Ein Reisebüro, in dem noch nach Katalog gebucht wird, ein Außendienstmitarbeiter oder Dienstleister, der nicht rund um die Uhr über Handy oder E-Mail erreichbar ist ... wie rückständig. Die Höhe eines Autokredits wird in x-fachen Variationen am Computer errechnet, dann wird flugs online bei der zuständigen Bank das »O.K.« eingeholt – natürlich auch noch nach 17 Uhr. Reisebuchungen werden am heimischen PC rund um die Uhr getätigt, und, bevor man losfährt – womit auch immer – schnell noch ein paar Überweisungen losschicken oder den Kontostand abfragen. So sieht unsere Welt zum Teil schon aus und es wird so weitergehen. Wie in allen Generationen werden die Jungen über die Alten nur den Kopf schütteln, die sich mit der rasanten Entwicklung schwer tun oder die wachsende Anonymität beklagen.

Bei aller Begeisterung über die vielen Möglichkeiten und besonders die kundenorientierten Bequemlichkeiten, sei noch einmal daran erinnert, dass jede Aktion per Computer, ohne den neue Medien nicht denkbar sind, eine Spur hinterlässt. Entrüstung oder Verwunderung wären fehl am Platze, wenn wildfremde Leute plötzlich Dinge wissen, die sie eigentlich gar nichts angehen oder von denen wir einfach nicht möchten, dass sie bekannt werden.

Vor ungewollter Briefwerbung versuchen sich Verbraucher durch Aufkleber wie »Bitte keine Werbung« oder einen Eintrag in die so genannte »Robinson-Liste« zu schützen. Die wenigsten wissen, dass der Aufkleber nur vor unpersonalisierter Werbung, d.h. Briefe ohne Name und Anschrift, schützt. Einen Brief mit einer Adresse muss die Post zustellen. Schließlich kann der Postbote nicht entscheiden, ob der Empfänger den Brief bekommen soll oder nicht. Auch die Robinson-Liste schützt nur bedingt, nämlich vor Werbung von Firmen, bei denen man kein Kunde ist. Ein Abgleich mit der Robinson-Liste kann nur bei Adressen durchgeführt werden, die man anmieten kann – klassifiziert nach Kundenstrukturen. Verpflichtet ist dazu allerdings niemand.

Auch vor dem Internet macht Werbung nicht Halt. So genannte »Junk-Mails« (ungewollte Werbung im »Internet-Briefkasten«) sorgen verstärkt für den Unmut der User und Surfer. Mit einem einfachen Aufkleber ist es hier nicht getan, und zur Zeit werden Rechtsanwälte und Gerichte beschäftigt, um diese ungewollte Werbung zu untersagen.

Verlassen wir hier die Feinheiten der Direktwerbung, es würde zu weit führen, alle Möglichkeiten bis ins Kleinste zu erläutern. Kehren wir zurück zu der schönen Welt der Neuen

Medien, die nicht nur ein enormes technisches, sondern auch ein umfangreiches Fremdwort- und Fremdsprachenverständnis verlangt. Was tun, wenn mitten in der schönsten Computer-Animation der Rechner einfach nicht mehr will? Touchscreen und Terminal geben den Geist auf, Schluss mit Interaktion, Entertainment, Edutainment ... nur noch Chaos und Hektik.

Was bleibt übrig von der neuen Medienwelt, wenn die ganze Technik plötzlich »abstürzt«?

Wohl dem, der dann das Sprechen nicht verlernt hat. Und wer weiß, vielleicht erreicht er damit sogar mehr, weil er sein Gegenüber plötzlich wieder wahrnimmt, nicht abgelenkt durch Bilder, die in schneller Reihenfolge wechseln, immer auf dem Sprung zum nächsten Mausklick. Vielleicht macht eine einfache Unterhaltung wieder Spaß, in der allgemein verständliche Worte gesprochen werden. (Wer gibt schon gerne zu, dass er etwas nicht versteht?) Neue Medien, schön und gut.

DER VORMARSCH DER NEUEN MEDIEN WIRD NICHT AUFZUHALTEN SEIN, ABER ES GEHT DOCH GERADE IM VERKAUF NICHTS ÜBER EINEN DIALOG VON MENSCH ZU MENSCH – AUCH IN ZUKUNFT.

Je verfügbarer Informationen und je universeller die technichen Möglichkeiten der Kontaktaufnahme werden, desto mehr Chancen hat auch eine wirklich individuelle Kundenansprache, die ganz direkt auf die ganz konkreten Ansprüche gerade dieses einzelnen Kunden einzugehen versucht.

Nur den multimedialen Spieltrieb des Internet-Surfers anzusprechen ist nicht genug. Ebensowenig werden uns virtuelle Anziehpuppen genügen. Auch Tast- und Geruchssinn werden weiterhin zu ihrem Recht kommen wollen – und etwa das Gefühl, zarte Seide durch die eigenen Hände gleiten zu lassen, wird keine Bildschirmdarstellung ersetzen können.

9 RESÜMEE

Kundenorientierung setzt sich aus vielen Kleinigkeiten zusammen und funktioniert dann reibungslos, wenn – wie bei einem Uhrwerk – ein Rädchen ins andere greift. Ein bisschen »Sand im Getriebe« bringt alles durcheinander oder zumindest ins Stocken. Wie ein Uhrwerk muss auch Kundenorientierung gepflegt werden. Ein Tröpfchen Öl oder eine neue Batterie reichen aber hier nicht aus. Wichtig ist, dass betriebliche Situationen, der Umgang miteinander und der Umgang mit Kunden und Interessenten von Zeit zu Zeit immer wieder überdacht und dort, wo es notwendig ist, verbessert werden.

Kundenorientierung: Das Ganze ist mehr als bloß die Summe der Teile

Es gibt zahlreiche Beispiele, wo Kundenorientierung von allen Mitarbeitern im wahrsten Sinne des Wortes gelebt wird und zum Erfolg geführt hat. Allen gemeinsam ist, dass nicht nur die Kunden, sondern auch die Mitarbeiter ernst genommen und in Entscheidungen und Verantwortungen eingebunden werden. Wie viel Einfluss man darauf hat, ist von Firma zu Firma unterschiedlich und es hängt von jedem Einzelnen ab, wie viel Verantwortung er bereit ist zu übernehmen.

Ein Unternehmen, das aktiv Kundenorientierung betreibt, muss letztlich auch seine Mitarbeiter – und die Verkäufer – ernst nehmen, um glaubwürdig zu sein.

Wenn Sie davon überzeugt sind, dass Kundenorientierung ein entscheidender Bestandteil des aktiven Verkaufens ist, wird Ihnen die Umsetzung leicht fallen. Sie werden es nicht als Belastung empfinden und den Kunden nicht als notwendiges Übel einstufen. Wenn dann noch die Erfolgserlebnisse folgen, wird die Freude daran neue (vielleicht bisher ungeahnte) Fähigkeiten freisetzen.

Vielleicht entdecken Sie ja den einen oder anderen Punkt, den Sie in dem Unternehmen, in dem Sie beschäftigt sind, als Verbesserungsvorschlag einbringen können. »Verkaufen« Sie das Ihrem Chef, Sie wissen ja nun, dass es darauf ankommt, den Kundennutzen hervorzuheben und den Kunden davon zu überzeugen (nicht zu überreden!). Der Kunde wäre in diesem Fall Ihr Chef. Dazu viel Glück und Erfolg. Nicht nur bei Ihrem Vorgesetzten, sondern ganz besonders bei Ihren Kunden.

E AUSBLICK: UND WIE GEHT ES WEITER?

Vor uns liegt der Wechsel ins nächste Jahrtausend. Schon jetzt ist der Jahreswechsel 1999/2000 im Verkauf ein Bestseller. Teilweise, man glaubt es kaum, ausgebuchte Events, zum Teil angeboten und gebucht, ohne dass überhaupt schon ein Preis festliegt! Entscheidend ist das Dabeisein. Doch was erwartet uns in den nächsten Jahren? Der Wechsel ins nächste Jahrtausend fordert zu Ausblicken auf. Zukunftsforscher, Wissenschaftler und andere mehr oder weniger Berufene entwerfen ihr Szenario. Ein, wie wir meinen, ganz exzellentes Beispiel für Veränderungen und deren mögliche Folgen zeigte Professor D. Maedows (New Hampshire) in der Sendung »Umwelt« auf 3Sat (Sendetermin 4. März 1998, Umweltmagazin/2000: Weg und Vision für das 21. Jahrhundert.)

Prof. Maedows nahm ein DIN-A-4-Blatt und faltete es ohne fest zu pressen in der Mitte. Danach folgte wieder mittig eine zweite, dritte und letztlich vierte Faltung. Die Höhe des luftig gefalteten Papieres lag jetzt nach der vierten Faltung bei ca. einem Zentimeter. Prof. Maedows fragte nun die anderen Gäste und Zuschauer, wie hoch wohl das gefaltete Papier würde, wäre man in der Lage (was natürlich realistisch nicht geht), es noch weitere 29-mal mittig zu falten. Keiner der geladenen Gäste gab eine Antwort, aber es gab großes Erstaunen, als er die Höhe der Papierfaltung nach der 33. Faltung mit der Entfernung Frankfurt – Boston (ca. 5.368 Kilometer) verglich.

»Exponentielles Wachstum«: Wir werden uns auf nur schwer prognostizierbare Entwicklungssprünge einstellen müssen

Allein dies war schon eindrucksvoll genug, aber es symbolisierte zugleich das Wachstum der Erdbevölkerung bis heute. Die Menschheit hat sich nämlich seit ihren Anfängen ebenfalls verdreiunddreißigfacht. Stellt man dies in einer Kurve dar, erkennt man zunächst eine langsame Steigung, plötzlich jedoch treten Sprünge auf.

Man spricht in diesem Zusammenhang auch von »exponentiellem Wachstum«. Genau im Rahmen solch erwarteter Entwicklungen liegen potenziell Probleme unserer Zukunft.

Sie werden dann deutlich, wenn wir das Wachstum der Erdbevölkerung in Bezug setzen zu Rohstoffressourcen, Süßwasserverbrauch, Energie etc. Von solchen Entwicklungen wären Handel, Verkauf und Vertrieb direkt (über abhängige Produkte) oder indirekt (über veränderte Umfeld- und Marktbedingungen) in der Folge ebenso betroffen. Nehmen Sie als einfaches Beispiel den Automarkt. Derzeit gibt es ca. 500 Millionen Autos, sehr ungleich verteilt auf der Welt. Schon jetzt spüren wir die Folgen von Verkehrsdichte und die Folgen für die Umwelt. Eine drastische Erhöhung dieser Zahl hat unabsehbare Folgen. Unternehmen reagieren darauf mit der Suche nach energiesparenden Antriebsformen und rohstoffsparenden und langlebigen Materialien etc.

Auch der Markt wird auf die zunehmende Komplexität der Lebensbedingungen reagieren

Der Markt – und damit kehren wir zu unserem zentralen Thema zurück – reagiert sensibel auf Veränderungen. Diese bewusst wahrzunehmen ist Aufgabe aktiven, kundenorientierten Verkaufens. Die Folgen unseres Wirtschaftens und Handelns sind häufig nicht unmittelbar sichtbar. Sind die Befürchtungen von Prof. Meadows berechtigt, treten die hauptsächlichen Probleme, bedingt durch den sprunghaften Anstieg, sehr spontan auf. Vor allen den Jahren nach dem Eventereignis 2000 kommt daher ein sehr hohe Bedeutung zu. Aus Sicht von Prof. Maedows sind daher gerade die Entscheidungen, die wir heute treffen, immens wichtig.

Jetzt – in der Zeit um die Jahrtausendwende – stellen wir die Weichen für die Zukunft

Doch kehren wir nach diesem kurzen Ausflug noch einmal zurück zu eher pragmatischen Aussagen über die weitere Entwicklung. Ein aktuelles Beispiel für solche Aussagen zur Zukunft ist »Delphi 98«, ein Zukunftsbericht, herausgegeben vom Bundesforschungsministerium. Neue Produkte und Märkte werden erwartet: Intelligente Materialien, optische Kommunikationssysteme, Micro- und Molekulareletronik und möglicherweise auch Biochips.

Neue Produkte und Dienstleistungen werden entstehen

Produkte, die es in einer Welt zu verkaufen gilt, die dank wachsender Datennetze zu einem großen globalen Markt herangewachsen sein wird. Wir haben zu Beginn des Buches Formen gesellschaftlichen Wandels beschrieben und dabei auch kritische Sichtweisen vorgestellt. Wir haben dies sehr bewusst getan, denn es gilt genau hinzuhören, immer mit dem Blick darauf, dass die Wahrheit häufig in der Mitte liegt.

Dies entspricht auch dem Nebeneinander von transnationalen Unternehmen und kleinen Einmann(Einfrau)betrieben. In den großen Unternehmen unserer Zeit wandeln sich die Erwartungsprofile an die Arbeitnehmer. Schlüsselqualifikationen, PC-Kenntnisse und -erfahrungen, multikulturelle Um-

Vor dem Hintergrund der Globalisierung und der Technisierung werden sich auch die Erwartungsprofile an die Arbeitnehmer verändern gangsformen und Fremdsprachen bekommen neben der Fachkompetenz grundlegende Bedeutung.

Service- und Dienstleistungsangebote sind gefordert

Produkte werden zunehmend austauschbar und auch den Preisverhandlungen im Verkauf sind Grenzen gesetzt. Daher sind Service- und Dienstleistungsangebote gefordert.

DIE FREUNDLICHKEIT UND OFFENHEIT GEGENÜBER DEM KUNDEN BEKOMMT DAMIT EIN »GELDWERTES« GEWICHT.

Vor diesem Szenario können gerade auch alternative Denkweisen durchaus erfolgreich sein

Die Ausgangsbasis gerade kleiner Betriebe ist oft auch in alternativen Sichtweisen begründet. Denken Sie an die Öko-Bewegung, die noch vor wenigen Jahren als exotische Blüte abgetan wurde. Heute entstehen zunehmend PC-Heimarbeitsplätze und die Zahl derjenigen, die sich selbstständig machen, nimmt zu. Beobachten Sie den Markt und sprechen Sie mit Anbietern und Kunden. Manche ehemals kritische Perspektive ist heute Allgemeingut und kaum jemand wird die bedenkliche Zunahme ökologischer Schäden oder die Veränderungen in unserem sozialen Miteinander anzweifeln.

Die Arbeitsbedingungen im Verkauf werden sich ändern

Das Thema »Arbeiten«: wer?, wann?, wie?, was? und wie viel?, wird sicherlich ein sehr wichtiger Aspekt der Zukunft sein. Hier gibt es ganz unterschiedliche Ansätze, sich diesem Problem zu stellen, die sich auch im Bereich des Verkaufens widerspiegeln und ihren Niederschlag finden werden.

Doch im Kern wird es sich immer lohnen, dem eigenen Empfinden nachzugehen. Wer Spaß am Verkaufen hat, wer den Dialog sucht im Sinne des Überzeugens, Beratens und Verkaufens, dem sei geraten, am Puls der Zeit zu sein. Ein guter Verkäufer braucht seinen Standort und Standpunkt. Er braucht die Identifikation mit dem Produkt, mit dem Unternehmen und die Wertschätzung des Kunden, um sich selbstbewusst im Markt präsentieren zu können.

Es gilt wachsam Markt und Verkaufsumfeld zu beobachten, um im stetigen Dialog mit dem Kunden zu bleiben.

DER KUNDE IST UND BLEIBT IHR LATENTER ARBEITGEBER. BLEIBEN SIE IHM UND DAMIT AUCH SICH SELBST TREU.

Weiterführende Literaturempfehlungen und Quellen

LITERATUR

- Altvater, E./Mahnkopf, B.: GRENZEN DER GLOBALISIERUNG. Münster, 1997
- Barber, B.: COCA COLA UND HEILIGER KRIEG. Bern/München, 1996
- Busch, B. G.: AKTIVE KUNDENBINDUNG. Berlin, 1998
- Carnegie, D.: WIE MAN FREUNDE GEWINNT. München, 1981
- Deelen, Marjan: NLP FÜR VERKÄUFERINNEN. Wien, 1996
- Forrester, V.: DER TERROR DER ÖKONOMIE. Wien, 1995
- Goldmann, H. M: WIE MAN KUNDEN GEWINNT. Berlin, 1994
- Gottschling, S./Rechenauer, H. O: DIREKTMARKETING: KUNDEN FINDEN – KUNDEN BINDEN. München, 1994
- Hierhold, E./Laminger, E.: GEWINNEND ARGUMENTIEREN. Wien, 1995
- Kellner, H: REDEN – ZEIGEN – ÜBERZEUGEN. München, 1998
- Martin, H.-P./Schumann, H.: DIE GLOBALISIERUNGSFALLE. Hamburg, 1996
- Schott, B.: MARKETING. in: Handbuch praktische Betriebswirtschaft Berlin, 1997
- Schott, B.: ENDLICH ENTSPANNT VERKAUFEN. MEHR LUST STATT FRUST DURCH NLP. Landsberg, 1996
- Seelge, R./Hoody, O.: DER VERKAUF BEGINNT, WENN DER KUNDE NEIN SAGT. Landsberg/Lech, 1994

PUBLIKATIONEN UND QUELLEN ZU LIFESTYLE UND KUNDENANALYSEN

- Rehborn, W.: LIFESTYLE TYPOLOGIEN IM DIREKTMARKETING.
  In: Response, Heft 10/91
- DIALOGE
  Gruner + Jahr AG & Co.
  Stern – Anzeigenabteilung
  20444 Hamburg
- GFK GESELLSCHAFT FÜR KONSUM-, MARKT- UND ABSATZFORSCHUNG E.V.
  Postfach 28 54
  90013 Nürnberg
- A. C. NIELSEN WERBEFORSCHUNG
  S + P GMBH
  Heidenkampsweg 74
  20097 Hamburg
- TYPOLOGIE DER WÜNSCHE
  Burda GmbH
  Postfach 12 30
  77601 Offenburg
- VERBRAUCHERANALYSE
  Heinrich Bauer Verlag
  Anzeigen + Marketing KG
  Burchardstraße 11
  20079 Hamburg